PFLEGEWISSEN

Recht

PflegeWissen

Recht

1. Auflage

Mit Textbeiträgen von: Peter Bergen, Hildesheim; Svenja Ehlers, Kassel; Sigrid Fleischer, Germering; Prof. Dr. phil. Wolfgang-Matthias Heffels, Köln; Heidi Heinhold, Overath; Sandra Herrgesell, Drensteinfurt; Manfred Mürbe, Memmingen; Anja Palesch, Coesfeld; Bernd Sauerbrey, Poing; Daniela Weis-Krebs, Elsenfeld

 URBAN & FISCHER München

Zuschriften an:
Elsevier GmbH, Urban & Fischer Verlag, Hackerbrücke 6, 80335 München
E-Mail: pflege@elsevier.de

Wichtiger Hinweis für den Benutzer
Die Erkenntnisse in der Pflege und Medizin unterliegen laufendem Wandel durch Forschung und klinische Erfahrungen. Herausgeber und Autoren dieses Werkes haben große Sorgfalt darauf verwendet, dass die in diesem Werk gemachten therapeutischen Angaben (insbesondere hinsichtlich Indikation, Dosierung und unerwünschter Wirkungen) dem derzeitigen Wissensstand entsprechen. Das entbindet den Nutzer dieses Werkes aber nicht von der Verpflichtung, anhand weiterer schriftlicher Informationsquellen zu überprüfen, ob die dort gemachten Angaben von denen in diesem Werk abweichen, und seine Verordnung in eigener Verantwortung zu treffen.

Für die Vollständigkeit und Auswahl der aufgeführten Medikamente übernimmt der Verlag keine Gewähr.
Geschützte Warennamen (Warenzeichen) werden in der Regel besonders kenntlich gemacht ($^{®}$). Aus dem Fehlen eines solchen Hinweises kann jedoch nicht automatisch geschlossen werden, dass es sich um einen freien Warennamen handelt.

Bibliografische Information der Deutschen Nationalbibliothek
Die Deutsche Nationalbibliothek verzeichnet diese Publikation in der Deutschen Nationalbibliografie; detaillierte bibliografische Daten sind im Internet über http://www.d-nb.de/ abrufbar.

Alle Rechte vorbehalten
1. Auflage 2015
© Elsevier GmbH, München
Der Urban & Fischer Verlag ist ein Imprint der Elsevier GmbH.

15 16 17 18 19   5 4 3 2 1

Für Copyright in Bezug auf das verwendete Bildmaterial siehe Abbildungsnachweis.

Das Werk einschließlich aller seiner Teile ist urheberrechtlich geschützt. Jede Verwertung außerhalb der engen Grenzen des Urheberrechtsgesetzes ist ohne Zustimmung des Verlages unzulässig und strafbar. Das gilt insbesondere für Vervielfältigungen, Übersetzungen, Mikroverfilmungen und die Einspeicherung und Verarbeitung in elektronischen Systemen.

Um den Textfluss nicht zu stören, wurde bei Patienten und Berufsbezeichnungen die grammatikalisch maskuline Form gewählt. Selbstverständlich sind in diesen Fällen immer Frauen und Männer gemeint.

Planung: Regina Papadopoulos, München
Projektmanagement: Anke Drescher, München
Redaktion und Lektorat: Bernd Hein, München
Fachliche Beratung: Manfred Mürbe, Memmingen
Herstellung: Erika Baier, München; Renate Hausdorf, buchundmehr, München
Satz: abavo GmbH, Buchloe/Deutschland; TnQ, Chennai/Indien
Druck und Bindung: Drukarnia Dimograf, Bielsko-Biała, Polen
Umschlaggestaltung: SpieszDesign, Neu-Ulm
Titelfotografie: © anson tsui – Fotolia.com

ISBN Print   978-3-437-25125-2
ISBN e-Book 978-3-437-16812-3

Aktuelle Informationen finden Sie im Internet unter **www.elsevier.de** und **www.elsevier.com**

Vorwort

Die Reihe **Pflegewissen** des *Elsevier Verlags* bringt pflegerisches Knowhow auf den Punkt – kompakt, übersichtlich und verständlich. Jeder Band konzentriert sich auf ein Thema und stellt es entsprechend dem Stand der Wissenschaft dar. Die Leser finden auf jeder Seite Fakten, die das Verständnis vertiefen und als Handlungsanleitung für die praktische Arbeit dienen. Das ist Wissen in handlichem Format.

Pflegewissen wendet sich an professionelle Pflegekräfte in Krankenhäusern, stationären Einrichtungen und in der häuslichen Pflege. Es ist aber auch für Pflegende ohne Ausbildung gedacht, die lediglich Informationen zu einer speziellen Frage benötigen.

Sie alle profitieren von der Struktur der Bücher, die es leicht macht, sich zu orientieren.

Verschiedene Teile des Textes sind durch Kästen herausgehoben, in denen wichtige Informationen leicht zu finden sind:

Definition erläutert komplexe Begriffe und Zusammenhänge.
Achtung nennt mögliche Gefahren.
Merke weist auf besonders wichtige Aspekte hin.
Lese- und Surftipp schlägt verlässliche, weiterführende Literatur vor.
Pflegewissen Recht stellt die zahlreichen gesetzlichen Bedingungen dar, die unmittelbar auf Pflegesituationen wirken. Dazu zählen Rechtsbeziehungen zwischen Menschen, das Verhältnis von Arbeitnehmern und -gebern, Vorschriften zum Umgang mit Arzneimitteln und Medizinprodukten genauso wie etwa detaillierte Normen für den Umgang mit Strahlen.

In der Pflege gibt es keine rechtsfreien Räume. Das heißt, aus juristischer Sicht lässt sich nahezu immer eindeutig bestimmen, welche Handlungen als rechtskonform anzusehen sind, und wie Pflegende sich jeweils zu verhalten haben. Vor allem in kritischen Bereichen, etwa dem Betreuungsrecht oder in der Frage freiheitsentziehender Maßnahmen, entstehen dazu häufig Diskussionen. Sie entzünden sich nicht selten an einer mangelnden Kenntnis darüber, was der Gesetzgeber eigentlich genau festgelegt hat. Unter welchen Umständen darf man einen verwirrten Menschen an der Fortbewegung hindern? Wie muss eine ärztliche Anordnung beschaffen sein, damit sie der ausführenden Pflegekraft Rechtssicherheit bietet? Was heißt eigentlich Fahrlässigkeit? Welche Form benötigt ein Testament, damit es gültig ist?

Die Antworten auf diese und ähnliche Fragen finden sich in den Normen des Zivil- und Strafrechts. Sie sind für jedermann frei zugänglich. Allerdings ist es manchmal nicht ganz leicht, die juristischen Formulierungen in ihrem vollen Umfang zu verstehen. Hier hilft **Pflegewissen Recht**. Es erklärt auf leicht verständliche Weise, wie sich die gesetzlichen Regeln in praktisches Handeln umsetzen lassen. So können Pflegende sicher arbeiten und die ihnen anvertrauten Menschen sowie sich selbst vor Schaden bewahren.

München-Daglfing, April 2014
Bernd Hein

Abbildungsnachweis

Der Verweis auf die jeweilige Abbildungsquelle befindet sich bei allen Abbildungen im Werk am Ende des Legendentextes in eckigen Klammern. Alle nicht besonders gekennzeichneten Grafiken und Abbildungen © Elsevier GmbH, München.

A400	Reihe Pflege konkret, Elsevier GmbH, Urban & Fischer Verlag, München
E221	Kohlhammer GmbH, Formularverlag, Stuttgart
K115	A. Walle, Hamburg
M149	M. Mürbe, Memmingen
M294	B. Hein, München
V161	Optiplan GmbH, Düsseldorf
V229	Medienkontor, Lübeck
V467	Segufix®-Bandagen. Das Humane System GmbH & Co. KG, Jesteburg
W188	Bundesdruckerei, Berlin
W200	Bundesministerium für Familie, Senioren, Frauen und Jugend, Berlin
W267	Deutscher Bundesverband für Pflegeberufe, Bundesverband e.V. – DBfK, Berlin
W329	Bundesinstitut für Arzneimittel und Medizinprodukte, Bonn
W817	ver.di – Vereinte Dienstleistungsgewerkschaft, Berlin
W883	Bundesministerium der Justiz und für Verbraucherschutz, Berlin
W885	Deutsche Stiftung Patientenschutz, Dortmund
W887	Elisabeth Alten- und Pflegeheim der Freimaurer von 1795 e. V., Hamburg

Inhaltsverzeichnis

1 Rechtliche Stellung des Pflegebedürftigen 1
1.1 Menschenwürde 1
1.2 Willensverfügungen 20
1.3 Erbrecht 28
1.4 Betreuungsrecht 34

2 Rechtliche Stellung der Pflegekraft 39
2.1 Delegation ärztlicher Tätigkeiten 39
2.2 Haftung 43
2.3 Umgang mit Sterben und Tod 45
2.4 Schweigepflicht 55
2.5 Dokumentationspflicht 57

3 Weitere berufsbezogene Rechtsbereiche 61
3.1 Arbeitsrecht 61
3.2 Arzneimittelrecht 85
3.3 Medizinprodukterecht 97
3.4 System der sozialen Sicherung 103
3.5 Infektionsschutzgesetz 124
3.6 Heimrecht 135
3.7 Inner- und außerbetriebliche Regelwerke zur Berufsausübung 137

Literaturnachweis 163

Register 165

1 Rechtliche Stellung des Pflegebedürftigen

1.1 Menschenwürde

Definition

Menschenwürde: Prinzip der Unantastbarkeit des Lebens und der weiteren rechtsstaatlich gesicherten Rechte eines Menschen, das als Maßstab aller staatlichen und sonstigen institutionalisierten Gewalt gilt.

Menschenwürde ist ein unveräußerliches und unantastbares Gut, das allen Menschen unabhängig von Herkunft, Geschlecht, Alter, sozialer Stellung, Werthaltung und körperlichen sowie geistigen Eigenschaften zukommt (▶ Abb. 1.1). Es umfasst die gesamte Lebensspanne vom Zeitpunkt der Zeugung bis zum Erlöschen der Lebensfunktionen.

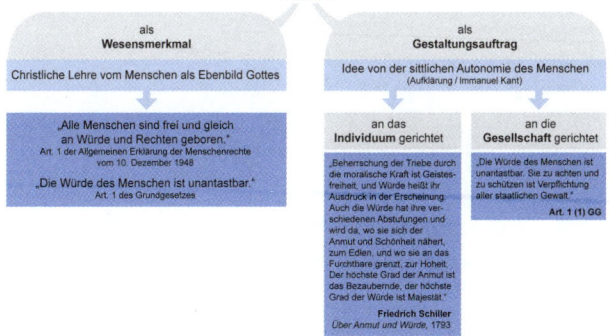

Abb. 1.1 Menschenwürde.

Dieser zunächst abstrakt scheinende Begriff entwickelt speziell für pflegerische Berufe eine entscheidende Bedeutung, weil er ein ethisches Ziel vorgibt. Pflegende sind – nicht zuletzt aufgrund ihrer selbstgegebenen Kodizes – verpflichtet, ihr Handeln so auszurichten, dass die Würde der von ihnen versorgten Menschen zu jedem Zeitpunkt gewahrt ist (▶ Abb. 1.2). [1]

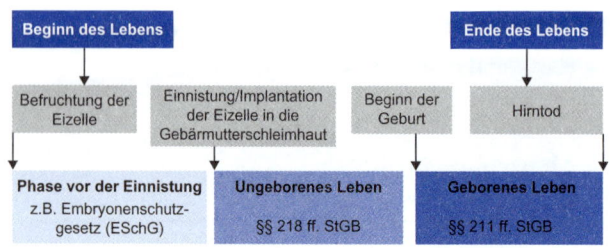

Abb. 1.2 Gesetzlicher Schutz des Lebens in verschiedenen Phasen.

Ethik-Leitlinien für Pflegende

Ein internationaler **Ethikkodex für Pflegende** wurde zum ersten Mal 1953 vom International Council of Nurses (*ICN*) verabschiedet. Nach mehreren Bearbeitungen wurde die neueste Fassung im Jahr 2000 verabschiedet. Neben anderen nationalen Verbänden professionell Pflegender war daran auch der **Deutsche Berufsverband für Pflegeberufe** (*DBfK*) beteiligt.

Dieser Kodex zeigt detailliert, wie die ethischen Leitlinien der Berufsausübung beschaffen sind. Er setzt Pflegende in Beziehung zu den Rahmenbedingungen ihrer Arbeit und nennt dazu vier Aspekte:

- Mitmenschen
- Berufsausübung
- Profession
- Kollegen.

LESE- UND SURFTIPP

Ethikkodex für Pflegende (ICN): www.dbfk.de/download/ICN-Ethikkodex-DBfK.pdf

Bereits in der Einleitung des ICN-Kodex nimmt die Menschenwürde einen zentralen Platz ein (siehe Merke-Kasten). Sie ist das Prinzip, um das sich jede pflegerische Handlung dreht, und die Basis, auf der eine zugewandte, im besten Sinne **pflegerische Haltung** entstehen kann. Pflege, die in Übereinstimmung mit den unveräußerlichen Grundrechten erfolgt, lässt sich ohne den umfassenden Respekt vor dem Menschen nicht denken. Dies beschreibt allerdings nur die grundsätzliche ethische Haltung der Pflegenden und darf nicht so missverstanden werden, dass Pflegende gezwungen wären, allen Menschen, mit denen sie in Ausübung ihres Berufes zusammenkommen, gleichermaßen Zuneigung entgegenzubringen. Die emotionale Dimension zwischenmenschlicher Kontakte soll auch bei Pflegenden Privatsache sein und ist wie in allen anderen gesellschaftlichen Zusammenhängen wesentlich von persönlichen Vorlieben und Abneigungen geprägt. Vielmehr stellt die Forderung nach unbedingter Achtung vor der Menschenwürde einen Rahmen, der jenseits von Sympathien einen ethisch einwandfreien Umgang miteinander garantiert. Pflegende sollen in der

Lage sein, auch solchen Patienten mit Respekt zu begegnen, zu denen sie (aus welchen Gründen auch immer) in ihrem Privatleben niemals einen Kontakt aufbauen würden. [1]

Merke

Die Präambel des Ethikkodexes sagt wörtlich:
„Pflegende haben vier grundlegende Aufgaben: Gesundheit zu fördern, Krankheit zu verhüten, Gesundheit wiederherzustellen, Leiden zu lindern. Es besteht ein universeller Bedarf an Pflege.
Untrennbar von Pflege ist die Achtung der Menschenrechte, einschließlich des Rechts auf Leben, auf Würde und auf respektvolle Behandlung. Sie wird ohne Unterschied auf das Alter, Behinderung oder Krankheit, das Geschlecht, den Glauben, die Hautfarbe, die Kultur, die Nationalität, die politische Einstellung, die Rasse oder den sozialen Status ausgeübt.
Die Pflegende übt ihre berufliche Tätigkeit zum Wohle des Einzelnen, der Familie und der sozialen Gemeinschaft aus; sie koordiniert ihre Dienstleistungen mit denen anderer beteiligter Gruppen."

Die **Rahmenberufsordnung des Deutschen Pflegerats** (*DPR*) weist in dieselbe Richtung, dient aber zusätzlich als Instrument zur Umsetzung berufspolitischer Anliegen, die in einem (noch nicht existierenden) eigenständigen Vertretungsorgan im Sinne einer Pflegekammer verankert sein könnten (siehe Lese- und Surftipp). Die Berufsordnung formuliert ebenfalls, dass Pflegende für ihr Tun und Lassen verantwortlich sind, und nimmt sie damit in die Pflicht, über ihre Handlungen nachzudenken und sie nicht allein an ethischen Maßstäben, sondern auch nach den Forderungen einer fachgerechten Berufsausübung auszurichten (siehe Merke-Kasten). [1]

Merke

Auszug aus der Rahmenberufsordnung des Deutschen Pflegerats (§ 2 Abs. 1 und § 5):
- Professionell Pflegende sind verpflichtet, ihren Beruf entsprechend dem allgemein anerkannten Stand pflegewissenschaftlicher, medizinischer und weiterer bezugswissenschaftlicher Erkenntnisse auszuüben. Sie müssen sich über die für die Berufsausübung geltenden Vorschriften informieren und sie beachten.
- Die Aufsicht über die Einhaltung der berufsrechtlichen Vorschriften liegt bei der jeweiligen Gesundheitsbehörde des Landes. Diese kann die Erlaubnis zum Führen der Berufsbezeichnung entziehen.

LESE- UND SURFTIPP

Rahmenberufsordnung des Deutschen Pflegerats:
www.deutscher-pflegerat.de/Downloads/DPR%20Dokumente/Rahmenberufsordnung.pdf

1

1.1.1 Grundgesetz

Definition

Grundrechte: Grundlegende, individuelle Rechte, die in der Verfassung garantiert sind. Durch die Grundrechte ist der Staat gebunden und seine Macht gegenüber dem Einzelnen begrenzt. In erster Linie wirken die Grundrechte als **Abwehrrechte** der Bürgers gegen den Staat. Mittelbar können sie sich aber auch auf das Verhältnis der Bürger untereinander auswirken.

In Deutschland sind die **Grundrechte** im **Grundgesetz** (*GG*) geregelt. Das Grundgesetz ist die Verfassung der Bundesrepublik Deutschland und wurde am 8. Mai 1949 vom *Parlamentarischen Rat* beschlossen. Darin sind alle wesentlichen staatlichen System- und Werteentscheidungen festgelegt. Es steht über allen anderen deutschen Rechtsnormen (▶ Abb. 1.3).

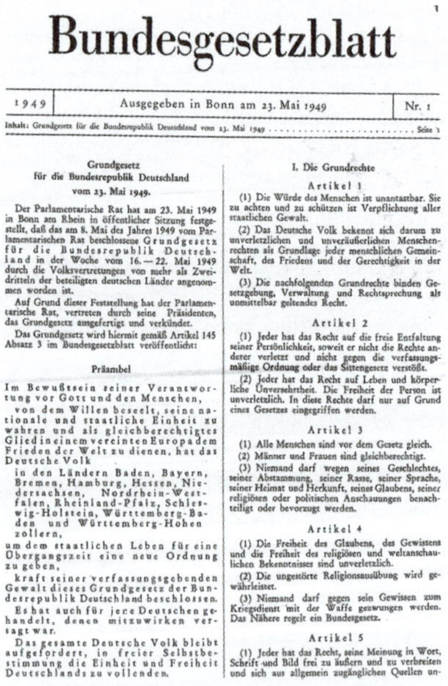

1

Bundesgesetzblatt

1949 | Ausgegeben in Bonn am 23. Mai 1949 | Nr. 1

Inhalt: Grundgesetz für die Bundesrepublik Deutschland vom 23. Mai 1949 .... Seite 1

Grundgesetz
für die Bundesrepublik Deutschland
vom 23. Mai 1949.

Der Parlamentarische Rat hat am 23. Mai 1949 in Bonn am Rhein in öffentlicher Sitzung festgestellt, daß das am 8. Mai des Jahres 1949 vom Parlamentarischen Rat beschlossene Grundgesetz für die Bundesrepublik Deutschland in der Woche vom 16.—22. Mai 1949 durch die Volksvertretungen von mehr als Zweidritteln der beteiligten deutschen Länder angenommen worden ist.

Auf Grund dieser Feststellung hat der Parlamentarische Rat, vertreten durch seine Präsidenten, das Grundgesetz ausgefertigt und verkündet.

Das Grundgesetz wird hiermit gemäß Artikel 145 Absatz 3 im Bundesgesetzblatt veröffentlicht:

Präambel

Im Bewußtsein seiner Verantwortung vor Gott und den Menschen,

von dem Willen beseelt, seine nationale und staatliche Einheit zu wahren und als gleichberechtigtes Glied in einem vereinten Europa dem Frieden der Welt zu dienen, hat das Deutsche Volk

in den Ländern Baden, Bayern, Bremen, Hamburg, Hessen, Niedersachsen, Nordrhein-Westfalen, Rheinland-Pfalz, Schleswig-Holstein, Württemberg-Baden und Württemberg-Hohenzollern,

um dem staatlichen Leben für eine Übergangszeit eine neue Ordnung zu geben,

kraft seiner verfassungsgebenden Gewalt dieses Grundgesetz der Bundesrepublik Deutschland beschlossen.

Es hat auch für jene Deutschen gehandelt, denen mitzuwirken versagt war.

Das gesamte Deutsche Volk bleibt aufgefordert, in freier Selbstbestimmung die Einheit und Freiheit Deutschlands zu vollenden.

I. Die Grundrechte

Artikel 1

(1) Die Würde des Menschen ist unantastbar. Sie zu achten und zu schützen ist Verpflichtung aller staatlichen Gewalt.

(2) Das Deutsche Volk bekennt sich darum zu unverletzlichen und unveräußerlichen Menschenrechten als Grundlage jeder menschlichen Gemeinschaft, des Friedens und der Gerechtigkeit in der Welt.

(3) Die nachfolgenden Grundrechte binden Gesetzgebung, Verwaltung und Rechtsprechung als unmittelbar geltendes Recht.

Artikel 2

(1) Jeder hat das Recht auf die freie Entfaltung seiner Persönlichkeit, soweit er nicht die Rechte anderer verletzt und nicht gegen die verfassungsmäßige Ordnung oder das Sittengesetz verstößt.

(2) Jeder hat das Recht auf Leben und körperliche Unversehrtheit. Die Freiheit der Person ist unverletzlich. In diese Rechte darf nur auf Grund eines Gesetzes eingegriffen werden.

Artikel 3

(1) Alle Menschen sind vor dem Gesetz gleich.

(2) Männer und Frauen sind gleichberechtigt.

(3) Niemand darf wegen seines Geschlechtes, seiner Abstammung, seiner Rasse, seiner Sprache, seiner Heimat und Herkunft, seines Glaubens, seiner religiösen oder politischen Anschauungen benachteiligt oder bevorzugt werden.

Artikel 4

(1) Die Freiheit des Glaubens, des Gewissens und die Freiheit des religiösen und weltanschaulichen Bekenntnisses sind unverletzlich.

(2) Die ungestörte Religionsausübung wird gewährleistet.

(3) Niemand darf gegen sein Gewissen zum Kriegsdienst mit der Waffe gezwungen werden. Das Nähere regelt ein Bundesgesetz.

Artikel 5

(1) Jeder hat das Recht, seine Meinung in Wort, Schrift und Bild frei zu äußern und zu verbreiten und sich aus allgemein zugänglichen Quellen un-

Abb. 1.3 Grundgesetz.

LESE- UND SURFTIPP

Grundgesetz der Bundesrepublik Deutschland: www.gesetze-im-internet.de/gg/index.html

Das Grundgesetz besteht aus einer Präambel, den *Grundrechten* (Artikel 1–19) und einem organisatorischen Teil. Es ist in 14 Abschnitte gegliedert. Die Grundrechte stehen auf Grund ihrer hohen Bedeutung in Abschnitt 1 und bestehen aus 19 Artikeln. Neben dieser expliziten Nennung finden sich auch an anderen Stellen des Grundgesetzes Regelungen, die den Grundrechten gleichgestellt sind (grundrechtsgleiche Rechte). Diese sind in Artikel 93 I Nr. 4 a GG aufgezählt (z. B. Wahlrecht, staatsbürgerliche Gleichstellung). [2]

Merke

Eine Änderung des Grundgesetz-Textes kann nur mit zwei Drittel der Mehrheit des Bundestages und des Bundesrates erfolgen. Es ist allerdings nicht vorgesehen, die grundsätzliche Mitwirkung der Länder bei der Gesetzgebung zu ändern. Die Garantie der Menschenwürde (Artikel 1), das Staatsprinzip der Demokratie und die Recht- und Sozialstaatlichkeit (Artikel 20) sind ebenfalls grundsätzlich unabänderlich (*Ewigkeitsklausel*).

Einteilung

Betrachtet man die Adressaten, lassen sich die Grundrechte in Menschen- und Bürgerrechte unterscheiden. Hinsichtlich des jeweiligen Schutzzweckes ist die Einteilung in Freiheitsrechte, Gleichheitsrechte und Schutzgarantien möglich. Betrachtet man die allgemeinen Ziele der Grundrechte, kann man von Abwehr- und Leistungs- bzw. Teilhaberechten sprechen. [2]

Merke

Die Generalversammlung der Vereinten Nationen verkündete 1948 in Paris die „Allgemeine Erklärung der Menschenrechte". Diese sind von allen Mitgliedsstaaten akzeptiert und unterschrieben. Diese grundlegenden Menschenrechte sind also nicht erst durch den Staat festgelegt, sondern durch sich selbst für diesen verbindlich. Für das deutsche Grundgesetz stellen die Menschenrechte eine wesentliche Grundlage dar.

LESE- UND SURFTIPP

Allgemeine Erklärung der Menschrechte in deutscher Sprache: www.ohchr.org/EN/UDHR/Documents/UDHR_Translations/ger.pdf

Wahrung der Grundrechte

Das **Bundesverfassungsgericht** in Karlsruhe ist ein unabhängiges Verfassungsorgan und bewahrt die Funktion der Grundrechte und das politische und staatsorganisatorische System. Im Falle einer Verletzung der Grundrechte hat jeder Einzelne nach der Ausschöpfung des ordentlichen Rechtsweges das Recht, seine Grundrechte mittels einer Verfassungsbeschwerde vor diesem Gericht kostenfrei einzuklagen. Dies gilt auch für die grundrechtsgleichen Rechte. [2]

Einschränkungen der Grundrechte

Zum Schutz der Allgemeinheit und jedes einzelnen Menschen bedarf es einiger Einschränkungen der Grundrechte. Diese sind jedoch nur innerhalb der rechtmäßigen Gesetze (▶ Abb. 1.4, ▶ Abb. 1.5) möglich, da ansonsten die Gefahr bestünde, dass die Grundrechte außer Kraft gesetzt würden.

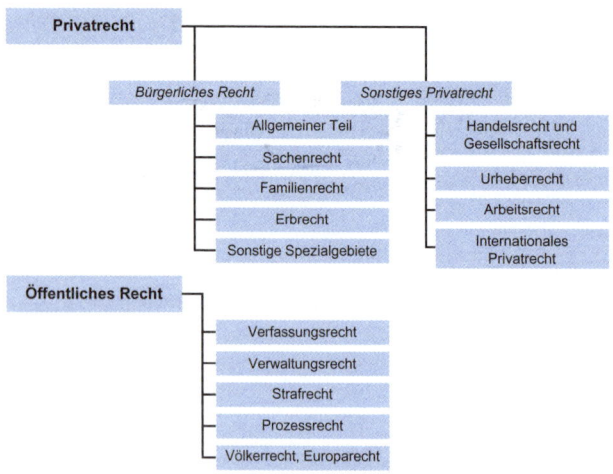

Abb. 1.4 Fachbereiche des deutschen Rechtssystems.

- **Unmittelbare Schranken.** Diese Einschränkungen sind in den jeweiligen Wortlauten der Grundrechte selbst enthalten. Eine solche Schranke steht z. B. in Artikel 2, Abs. 2 GG: „Jeder hat das Recht auf die freie Entfaltung seiner Persönlichkeit, soweit er nicht die Rechte anderer verletzt und nicht gegen die verfassungsmäßige Ordnung oder das Sittengesetz verstößt."
- **Gesetzesvorbehalt.** Einige Grundrechte enthalten Bestimmungen, die eine Einschränkung durch ein anderes Gesetz vorsehen, z. B. in Artikel 2 Abs. 2 GG: „Jeder hat das Recht auf Leben und körperliche Unversehrtheit. Die Freiheit der Person ist unverletzlich. In diese Rechte darf nur auf Grund eines Gesetzes eingegriffen werden."
- **Verfassungsimmanente Schranken.** Wenn Grundrechte Dritter oder andere mit Verfassungsrang ausgestattete Rechtsgüter (etwa der Umweltschutz) miteinander kollidieren, ist im Einzelfall zu entscheiden, ob und in welchem Maß die betroffenen Grundrechte beschränkt werden müssen. Der Artikel 1 des Grundgesetzes kann jedoch nicht eingeschränkt werden.

- **Grundrechtsmissbrauch.** Wer die Grundrechte zum Kampf gegen die freiheitlich-demokratische Grundordnung missbraucht, verwirkt diese Grundrechte. Die Verwirkung (*Aberkennung*) und ihr Umfang darf nur durch das Bundesverfassungsgericht ausgesprochen werden. [2]

Abb. 1.5 Aufteilung der deutschen Rechtsordnung. [A400]

1.1.2 Patientenrecht

Pflegevertrag

Pflegeverträge regeln die Rechtsbeziehung zwischen pflegebedürftigen Menschen und ambulanten, teilstationären sowie stationären Pflegedienstleistern. Sie bedürfen der Schriftform und sollen die erforderlichen Pflegeleistungen detailliert beschreiben (▶ Abb. 1.6). Auch die Höhe der Vergütung ist in dem Vertrag zu regeln. Dazu gehört die genaue Festlegung, wieviel die Pflege- und Krankenversicherung beisteuern und wie hoch entsprechend der Eigenanteil des Betroffenen ist. Weitere Bestandteile des Vertrags legen fest,
- dass der pflegebedürftige Mensch selbst der Vertragspartner des Pflegedienstleisters ist,
- dass der pflegebedürftige Mensch (oder dessen Betreuer) am Monatsende einen Leistungsnachweis erhält und unterschreibt, auf dessen Basis der Dienstleister mit der Pflegeversicherung direkt abrechnet,
- dass der Pflegedienstleister seiner gesetzlichen Verpflichtung zur vollständigen Dokumentation der erbrachten Arbeit nachkommt und dass der pflegebedürftige Mensch (oder dessen Betreuer) jederzeit zu Kontrollzwecken Einsicht in diese Aufzeichnungen nehmen kann,
- in welchen Abständen und zu welchen Zeitpunkten Rechnungen über den ggf. nötigen Eigenanteil des Pflegebedürftigen gestellt werden,
- dass der pflegebedürftige Mensch den Vertrag jederzeit kündigen kann und dass für den Pflegedienstleister eine Kündigungsfrist gilt,
- dass Änderungen des Leistungsumfangs jederzeit möglich sind,
- dass der Vertrag mit dem Tod des pflegebedürftigen Menschen automatisch endet und dass der Vertrag ruht, wenn der Leistungsempfänger z. B. stationär in einem Krankenhaus behandelt wird,

- dass der Pflegedienstleister haftet, wenn seine Mitarbeiter während der Ausübung ihrer beruflichen Pflichten Schäden z. B. am Eigentum des pflegebedürftigen Menschen verursachen.

Heimvertrag
des Elisabeth Alten- und Pflegeheim der Freimaurer von 1795 e.V.

Zwischen der Einrichtung, dem

Elisabeth Alten- und Pflegeheim der Freimaurer von 1795 e.V.
Kleiner Schäferkamp 43
20357 Hamburg   (Heim)

Vertreten durch ▇▇▇▇▇▇▇▇ (Geschäftsführer und Heimleiter), dieser vertreten durch ▇▇▇▇▇▇ (Pflegedienstleitung)

und

(Bewohner *)

Frau / Herr
bisher wohnhaft in:
geboren am:

vertreten durch
Wohnhaft:
Telefon:

Der Betreuer oder der Bevollmächtigte hat seine Berechtigung nachgewiesen durch:

wird folgender

Heimvertrag
mit pflegebedürftigen Bewohnern,

die Leistungen der **vollstationären Pflege** der Pflegeversicherung nach § 43 Elftes Buch Sozialgesetzbuch (SGB XI) in Anspruch nehmen, oder der Pflegestufe 0 zugeordnet sind, für den Bereich Normalstationäre Pflege geschlossen:

I. Einleitung

Vorbemerkungen
Vor Abschluss dieses Vertrages wurde dem Bewohner die Information gemäß § 3 WBVG mit den ergänzenden Unterlagen ausgehändigt und mündlich erläutert. Diese Information ist Grundlage dieses Vertrages.

Allgemeines
Das Heim führt das Haus als Dienstleistungsbetrieb unter Wahrung der Würde und Selbstbestimmung der Heimbewohner gemäß der Pflegecharta des Bundesgesundheitsministeriums. Vertrauensgrundlage für eine gute Zusammenarbeit ist eine sensible und an den Bedürfnissen der Bewohner orientierte Gestaltung der Pflege.
Das Heim unterstützt dabei, dass die Heimbewohner im Geiste friedlicher Nachbarschaft und gegenseitiger Rücksichtnahme zusammenleben. Der Bewohner wird in diesem Sinne sein Leben in der Heimgemeinschaft führen und die Bemühungen des Heimes nach Kräften unterstützen.

Abb. 1.6a Muster eines Pflegevertrags. [W887]

Abb. 1.6b Muster eines Pflegevertrags. [W887]

Behandlungsvertrag

Behandlungsverträge sind seit dem Jahr 2013 in Deutschland durch die §§ 630a – 630h des Bürgerlichen Gesetzbuchs (BGB) geregelt. Sie legen die rechtliche Beziehung zwischen Patienten und Behandlern (z. B. Ärzte, Therapeuten, Pflegenden) während einer medizinischen Behandlung fest. Obwohl

in den meisten Fällen Krankenversicherungen für die Kosten der Behandlung aufkommen, sind sie in diesem Fall keine Vertragspartner, sondern die Rechtsbeziehung entsteht zwischen dem Patienten und dem Dienstleister.
Behandlungsverträge umfassen nicht nur die gegenseitigen Pflichten, die sich unmittelbar auf die Leistungen beziehen, sondern sie garantieren dem Patienten auch umfangreiche Rechte. Dazu gehören z. B.:

- Recht auf Information. Dies bezieht sich auf die Art der Behandlung und den Behandlungsverlauf.
- Recht auf Aufklärung. Dies bezieht sich auf Eingriffe, die im Rahmen der Therapie notwendig werden. Sie dürfen nur nach einer Einwilligung des Patienten (bzw. seines gesetzlichen Vertreters oder seines Betreuers) erfolgen. Eine wirksame Einwilligung ist nur auf der Basis einer Aufklärung möglich, die so beschaffen sein muss, dass der Patient (oder sein Vertreter) die Inhalte verstehen kann. Zur Beweisbarkeit sollten Aufklärung und Einwilligung immer schriftlich dokumentiert werden.
- Recht auf Akteneinsicht. Der Behandelnde ist verpflichtet, seine Therapie nachvollziehbar und vollständig schriftlich zu dokumentieren. Patienten haben das Recht, diese Akten jederzeit einzusehen. Dieses Recht gilt auch über das Ende der Behandlung hinaus, denn die Dokumente sind mindestens 10 Jahre aufzubewahren (siehe unten).

Im Gegenzug sind Patienten verpflichtet, mit dem behandelnden Team zusammenzuwirken, sich also im Sinne einer Therapieunterstützung zu verhalten. Außerdem müssen sie die Kosten der Behandlung tragen, wenn nicht ein Dritter, z. B. die Krankenversicherung, dies tut. Darauf muss im Behandlungsvertrag hingewiesen sein.

LESE- UND SURFTIPP

Bundesministerium der Justiz; Bundesministerium für Gesundheit; Beauftragter der Bundesregierung für die Belange der Patientinnen und Patienten: Ratgeber für Patientenrechte:
www.patientenbeauftragter.de/upload/bilder/aktuell/2013/Ratgeber_fr_Patientenrechte.pdf

Recht auf Akteneinsicht

Das **Bürgerliche Gesetzbuch** (*BGB*) gibt in § 630g Patienten das Recht, jederzeit Einsicht in die Originalakten des behandelnden Teams zu nehmen. Wenn der Betroffene ein solches Begehren ausspricht, ist es ihm unverzüglich zu gewähren.
Diese Akteneinsicht unterliegt allerdings gewissen Regeln. So ist es nicht statthaft, etwa die Originalakte eines Arztes zum gründlichen Studium mit nach Hause zu nehmen. Stattdessen kann der Patient verlangen, dass Fotokopien angefertigt werden. Dafür kann der Behandler eine Gebühr von 50 Cent pro Seite sowie die Erstattung der Portokosten in Rechnung stellen. Insbesondere bei umfangreicheren Dokumentationen ist es deshalb sinnvoll, sie sich als elektronische Datei – etwa auf CD oder einem anderen Speichermedium – aushändigen zu lassen.

Die Einsichtnahme hat grundsätzlich an dem Ort stattzufinden, an dem die Akte verwahrt ist. Bestehen allerdings Umstände, die den Patienten daran hindern, diesen Ort aufzusuchen (etwa wegen Krankheit), sind Ausnahmen von dieser Regel möglich.

Merke

Das Recht auf Akteneinsicht kann auch für Angehörige und Erben bestehen. Erben müssen dazu vermögensrechtliche Interessen nachweisen. Vor der Einsicht von Akten minderjähriger Patienten durch Erziehungsberechtigte ist unbedingt zu klären, ob die Betroffenen ggf. berechtigte und wirksame Interessen haben, ihren Erziehungsberechtigten keine Kenntnis über die Dokumente einer Behandlung zu gewähren. Ein klassischer Fall wäre hier etwa die Verordnung eines hormonellen Kontrazeptivums an eine minderjährige Patientin, die nicht wünscht, dass ihre Eltern darüber informiert sind. Der Arzt muss dann in kritischer Würdigung der individuellen Umstände das Recht auf informationelle Selbstbestimmung achten.
Die Einsicht in Akten erwachsener Patienten durch Angehörige ist in jedem Fall nur mit (mutmaßlicher) Zustimmung des Betroffenen und – nach dem Tod – beim Bestehen immaterieller Interessen möglich.

Verweigerung der Akteneinsicht

Enthält die Akte persönliche Anmerkungen oder Einschätzungen des Behandelnden, ergibt sich daraus normalerweise kein Grund zur Verweigerung der Akteneinsicht. Ihrem Wesen nach ist die Dokumentation ein Dokument, aus dem der professionelle Umgang des Therapeuten mit dem Patienten hervorgeht. Die Patientenrechte sollen eben garantieren, dass sich der Betroffene genau darüber informieren kann.
Es kann jedoch sein, dass konkrete therapeutische Gründe gegen eine Akteneinsicht sprechen. Dies ist z. B. der Fall, wenn zu befürchten steht, dass die Lektüre zu einer Schädigung des Patienten führt, etwa zur Entwicklung suizidaler Absichten. Allerdings darf der Behandler die Einsicht nicht rundweg ablehnen, sondern muss dafür detaillierte und nachvollziehbare Gründe anführen. Außerdem ist es in solchen Fällen auch möglich, lediglich Teile der Dokumentation zur Einsicht freizugeben bzw. dem Patienten qualifizierte Assistenz bei der Einsichtnahme zu gewährleisten.

Merke

Wenn der Gesundheitszustand des Patienten stabil ist, besteht kein Recht des Behandlers, ihm die Dokumentation vorzuenthalten. Patienten dürfen allein entscheiden, wie umfassend sie sich über Diagnosen und Prognosen ihrer Erkrankung informieren wollen.

Ein weiterer Grund zur Einschränkung der Akteneinsicht kann sich ergeben, wenn in der Dokumentation schutzwürdige Informationen über dritte Personen enthalten sind. Dies kann sich bei psychiatrischen Erkrankungen ergeben, deren Behandlung häufig auch unter Berücksichtigung naher Bezugspersonen stattfindet oder bei Kindern, für die Erziehungsberechtigte Entscheidungen treffen.

Selbstbestimmungsrecht

Gemäß dem **Grundgesetz** (▶ Kap. 1.1.1) steht allen erwachsenen Menschen das **Recht auf Selbstbestimmung** zu. In der Rolle eines Patienten umfasst dieses Recht verschiedene Aspekte, die der Behandelnde beachten muss. Grundsätzlich sind therapeutische Maßnahmen nur zulässig, wenn der Betroffene dazu vorher eine informierte Zustimmung gegeben hat. Dies setzt üblicherweise eine angemessene Aufklärung (siehe oben) voraus. In manchen Fällen, etwa wenn der Betroffene sich aktuell nicht äußern kann, ist es auch möglich, nach seinem mutmaßlichen Willen zu verfahren. Bei einem bewusstlosen Unfallopfer wird man zunächst davon ausgehen, dass es den Wunsch hat, weiterzuleben. In diesem Sinne sind lebenserhaltende Maßnahmen sowie therapeutische Interventionen gerechtfertigt, die der Linderung der Unfallfolgen dienen.

Auch wenn ein chronisch kranker Mensch in eine Situation gerät, in der er sich nicht ausreichend artikulieren kann, ist zunächst von diesem Lebenswillen auszugehen. Einschränkungen ergeben sich, wenn der Betroffene etwa auf dem Wege einer Patientenverfügung (▶ Kap. 1.2.1) oder gesprächsweise eine andere Auffassung zum Ausdruck gebracht hat.

Merke

Für Situationen, die eine unmittelbare Äußerung des aktuellen Willens durch den Patienten nicht zulassen, muss es Handlungsoptionen geben. Ansonsten wäre ein großer Teil der Notfallmedizin schlicht nicht durchführbar. In solchen Momenten können die Behandler auf alternative Entscheidungsgrundlagen zurückgreifen – die sie rechtssicher stellen.

Wenn der Patientenwille nicht direkt erkennbar ist, kann für den Patienten entschieden werden. Dabei gelten folgende Grundlagen:

- Die nach ärztlichem Ermessen erforderliche und zielführende Behandlung ist immer zu wählen, erlangt jedoch in Fällen, in denen ein Patientenwille nicht zu erheben ist, auch weiterführenden Charakter.
- Es ist Rücksicht auf den mutmaßlichen Willen des Patienten zu nehmen, selbst wenn er lediglich von Bezugspersonen vorgetragen wird, die nachvollziehbar erklären können, aus welchen Gründen sich der Betroffene zu Zeiten, in der er zur eigenständigen Äußerung seines Willens in der Lage war, auf diese Weise festgelegt hat.
- Die Äußerungen einer Person, die der Betroffene im Rahmen einer Vorsorgevollmacht zu seinem Bevollmächtigten ernannt hat, entfalten bindenden Charakter für therapeutische Entscheidungen.
- Der schriftlich niedergelegte Wille des Patienten, z. B. in Form einer Patientenverfügung, ist für therapeutische Entscheidungen bindend.

ACHTUNG

Wenn ein Patient dezidierte Wünsche bezüglich der Einschränkung therapeutischer Optionen formuliert oder dies in einer Patientenverfügung niedergelegt hat, sind diese Willenserklärungen in die Krankendokumentation an einer prominenten Stelle aufzunehmen. Damit ist sichergestellt, dass zumindest in einem stationären Setting, in dem Angehörige verschiedener Berufsgruppen eng zusammenarbeiten, alle Mitglieder des therapeutischen Teams diesbezüglich über denselben Wissensstand verfügen und ihre Handlungen entsprechend einrichten können – z. B. beim Eintritt eines lebensbedrohlichen Notfalls die eigentlich indizierten lebensrettenden Sofortmaßnahmen unterlassen.

Für Behandler stellt sich im Umgang mit Patienten, die über angemessene Kommunikationsfähigkeiten verfügen, stets die Forderung, eine **informierte Übereinstimmung** (*informed consent*) herzustellen. Für dieses Ziel muss der Betroffene Kenntnis über die Vor- und Nachteile einer Therapie, die möglichen Komplikationen sowie Behandlungsalternativen erlangen. Dies kann nur auf dem Weg eines Aufklärungsgesprächs geschehen, in dessen Verlauf der Behandler alle Aspekte der Therapie so darstellt, dass der Betroffene in der Lage ist, eine eigenverantwortliche Entscheidung zu treffen. In der Praxis stellt diese Pflicht hohe Anforderungen, weil es notwendig ist, sich auf die individuellen Fähigkeiten und das intellektuelle Durchdringungsvermögen des Patienten einzustellen. Ein geringes bestehendes Wissen seitens des Patienten rechtfertigt keinesfalls eine Verletzung der Aufklärungspflicht in der Form, dass der Betroffene über die Konsequenzen seiner Entscheidung im Unklaren bleibt. Beispiel: Wenn ein Arzt einen Patienten aufklärt, der selbst als Arzt oder professionelle Pflegekraft arbeitet, wird er viele Aspekte des therapeutischen Vorgehens als bekannt voraussetzen dürfen. Er muss sich zwar trotzdem davon überzeugen, dass dieser Patient alle relevanten Fakten verstanden hat, wird aber normalerweise keine medizinischen Grundlagen zur Sprache bringen müssen. Bei einem Patienten, der nicht über biografische Schnittmengen mit medizinischem Wissen verfügt, kann es notwendig sein, zunächst ein Basisverständnis zu schaffen, das dem Betroffenen als Rahmen für eine eigenständige Entscheidung dienen kann. Dabei ist darauf zu achten, dass diese Informationen verständlich und wissenschaftlich korrekt sind. Dazu ist in vielen Fällen ein hohes Maß didaktisches Einfühlungsvermögen nötig. Eine stabile therapeutische Beziehung kann den Prozess erleichtern.

Merke

Behandlungen, die gegen den Willen des Patienten erfolgen, sind grundsätzlich als rechtswidrig zu werten. Nach § 223 des **Strafgesetzbuches** (*StGB*) können sie den Straftatbestand der Körperverletzung erfüllen.

Freiheitsbeschränkung

―――――― **Definition** ――――――

Freiheitsbeschränkung: Minderung oder Aufhebung der Bewegungsfreiheit eines Menschen durch Einsperren, Festbinden oder andere Formen der Kontrolle. Kann als Straftatbestand gelten.

Um das Problem **freiheitsentziehender Maßnahmen** in der Pflege richtig bewerten zu können, ist es notwendig, sich das vom Grundgesetz geschützte Rechtsgut der „Freiheit der Person" vor Augen zu führen.
Jeder Mensch hat das Recht, seinen Aufenthaltsort nach eigenem Gutdünken zu wählen. Ausgenommen hiervon sind Menschen, die sich nicht selbstständig fortbewegen können. Diese Ausnahme bezieht sich nicht auf Phasen, in denen der aktuelle Fortbewegungswille regelhaft fehlt, etwa während der Nachtruhe. Deshalb kann aus Sicht des Strafrechts auch ein Schlafender seiner Freiheit beraubt werden.
Gegenüber Strafgefangenen sowie Menschen, die in geschlossenen Einrichtungen untergebracht sind, ist der Entzug der Fortbewegungsfreiheit nicht rechtswidrig.
Von diesen Ausnahmen abgesehen, ist eine allgemeine Abwägung zwischen Sicherheit und Freiheit nicht zulässig. Eine Pflegekraft darf sich also nicht grundsätzlich auf den Standpunkt stellen, es sei notwendig gewesen, pflegebedürftige Menschen durch eine geschlossene Tür am Verlassen einer stationären Einrichtung zu hindern, weil draußen unkalkulierbare Gefahren zu erwarten seien.
Auch die Tatsache, dass ein Mensch aufgrund mangelnder geistiger oder körperlicher Fähigkeiten nicht in ausreichendem Maße für seine eigene Sicherheit sorgen kann, rechtfertigt für sich allein eine Entziehung der Freiheit nicht. [1]

―――――― **Merke** ――――――

Juristen unterscheiden zwischen **Freiheitsbeschränkung** und **Freiheitsentziehung.** Freiheitsbeschränkung (die keinen Straftatbestand verwirklicht) liegt vor, wenn die Fortbewegung zwar erschwert, aber nicht unmöglich gemacht wird. Eine Freiheitsentziehung erfüllt dagegen den Straftatbestand der Freiheitsberaubung (§ 239 StGB). Obwohl eine Freiheitsbeschränkung, die der Sicherheit des Pflegebedürftigen dient, keine richterliche Genehmigung erfordert, sollten Pflegende bei diesem Thema grundsätzlich sehr vorsichtig sein. Die Abgrenzung zur Freiheitsentziehung ist nicht immer leicht zu treffen. So kann das Anbringen eines Rollstuhltisches eine bloße Beschränkung sein oder durch einige (scheinbar unwichtige) Umstände doch den Tatbestand der Entziehung erfüllen. Allgemein gesagt, unterscheiden sich Freiheitsbeschränkung und -entziehung durch die Intensität des Eingriffs.

Freiheitsentziehende Maßnahmen bedürfen der richterlichen Genehmigung. [1]

ACHTUNG
Das Strafgesetzbuch wertet **Freiheitsberaubung** – also die ungerechtfertigte Aufhebung der Fortbewegungsfreiheit – als ein Vergehen, das schon im Grundtatbestand mit bis zu fünf Jahren Haft bestraft werden kann. [1]

Formen freiheitsentziehender Maßnahmen

Grundsätzlich ist jede Handlung, die einen Menschen gegen seinen Willen an einem Ort festhält oder am Verlassen eines Ortes hindert, nicht nur aus juristischen, sondern auch aus ethischen Gründen problematisch.

Es sind vielfältige Möglichkeiten denkbar, eine freiheitsentziehende Maßnahme durchzuführen. So hindert es einen gehunfähigen Menschen vollständig an der Mobilität, wenn man ihm seinen Rollstuhl wegnimmt. Jemanden in sein Zimmer einzusperren, stellt sicher, dass er nicht weglaufen kann. Solche Handlungen sind mit dem pflegerischen Berufsethos aus verschiedenen Gründen nicht zu vereinbaren. Auch wenn eine Maßnahme des Freiheitsentzugs unumgänglich, vom Arzt angeordnet und von einem Richter genehmigt ist, muss sichergestellt sein, dass die Würde des Betroffenen so weit als möglich gewahrt bleibt.

Deshalb bedienen sich Pflegende ausschließlich geeigneter Hilfsmittel, die von fachkundigen Herstellern genau für den gewünschten Zweck angefertigt worden sind.

Außerdem gilt der Grundsatz, stets die mildeste Maßnahme einzusetzen, die in der jeweiligen Situation möglich ist. [1]

Fixierung

Unter **Fixierung** ist die Verwendung von Gurtsystemen zu verstehen, mit deren Hilfe es möglich ist, einen Menschen an einem Ort (vorzugsweise im Bett) festzuhalten.

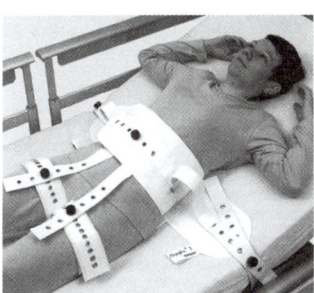 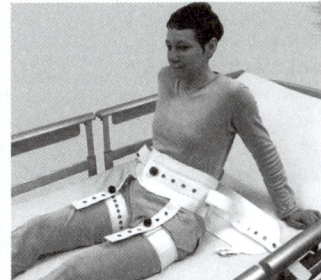

Abb. 1.7 Fixiersystem zum Festhalten eines Menschen im Bett (Segufix®-Standard mit Oberschenkelhalterung). [V467]

Es kommen verschiedene Varianten zum Einsatz:
- **Bauchgurt.** Die Fixierung des Pflegebedürftigen mit einem breiten, größenverstellbaren Gürtel um den Bauch hindert nicht zuverlässig an der selbstständigen Befreiung. Sie ermöglicht weitgehende Mobilität im Bett und ist am ehesten zur Verhütung von unbeabsichtigten Stürzen aus dem Bett geeignet. Pflegende verwenden ihn vorzugsweise in Kombination mit Bettgittern. Wegen der Strangulationsgefahr muss dabei sichergestellt sein, dass der Bauchgurt nicht von der Taille des Pflegebedürftigen Richtung Kopf verrutschen kann. Zudem hat die Gurtkonstruktion eine Verlagerung des Pflegebedürftigen über die Bettkante hinaus zu verhindern. Um diesen Anforderungen gerecht zu werden, gibt es Bauchgurte mit Oberschenkelfixationsriemen. Ein Bauchgurt ohne diese zusätzliche Sicherung gegen Strangulation darf nicht verwendet werden. Unabhängig davon ist eine engmaschige Überwachung des Fixierten erforderlich, um Verletzungen zu verhindern. Deshalb ist die Anwendung in stationären Einrichtungen untersagt, die eine ständige Überwachung nicht gewährleisten können (▶ Abb. 1.7).
- **5-Punkt-Fixierung.** Befestigung mit Bauchgurt sowie Riemen um beide Hand- und beide Fußgelenke; eine selbstständige Befreiung oder Selbstverletzung ist ausgeschlossen. Das System lässt nur wenig Mobilität im Bett zu (geringgradiges Anheben des Oberkörpers; geringgradige Beugung von Knien und Ellenbogen). Auch dieses System erfordert eine engmaschige Überwachung des Fixierten. [1]

Bettgitter

Bei **Bettgittern** handelt es sich nicht im engeren Sinne um Hilfsmittel zur Einschränkung der Freiheit, da sie meist kein wirksames Hindernis gegen ein Verlassen des Bettes darstellen. Viel eher eignen sie sich als Schutz gegen einen unbeabsichtigten Sturz während des Schlafens.

Trotzdem wird ihre Anwendung von Juristen je nach den Umständen des Einzelfalls immer wieder als Freiheitsentziehung eingestuft. Pflegende wenden sie ausschließlich an, wenn ein einsichtsfähiger Pflegebedürftiger dies wünscht, bzw. wenn ärztlicherseits zuverlässig geklärt ist, dass keine Einwände bestehen. Vor einer dauernden Anwendung beim nicht einsichtsfähigen Pflegebedürftigen ist die Einholung einer richterlichen Genehmigung dringend zu empfehlen.

Obwohl die Bewegungseinschränkung durch Bettgitter nur ein vergleichsweise geringes Maß erreicht, ist ihr Einsatz nicht unproblematisch. Ein desorientierter Pflegebedürftiger, der ohne weitere Sicherung in einem Bett mit aufgestellten Gittern liegt, kann sich durch ein unbedachtes Herausklettern schwerer verletzen als ohne Gitter. Die Überwindung der Seitenteile vergrößert die Fallhöhe. Deshalb sind sie bei stark verwirrten Pflegebedürftigen kontraindiziert, sofern nicht zusätzlich ein Bauchgurt angebracht ist.

Bettgitter haben eine Berechtigung zur Sicherung des Pflegebedürftigen während der Pflegehandlung. Außerdem vermitteln sie den Betroffenen auch subjektiv ein gutes Gefühl, weil er sich daran festhalten kann. In diesem Zusammenhang sind Bettgitter nicht als Mittel zur Einschränkung der Freiheit zu betrachten und ihr Einsatz benötigt keine Genehmigung – vorausgesetzt, Pflegende entfernen sie nach dem Ende der Pflegemaßnahme sofort. [1]

Rollstuhltische
Rollstuhltische können (ebenso wie Bettgitter) zwei Funktionen erfüllen. Grundsätzlich sind sie als ein orthopädietechnisches Hilfsmittel gedacht, das es Betroffenen erleichtert, Tätigkeiten im Sitzen auszuführen (z. B. Essen, Lesen).
Vor allem Tische, die sich fest mit den Seitenlehnen des Rollstuhls verbinden lassen, werden jedoch nicht selten genutzt, um Pflegebedürftige am Aufstehen zu hindern. Dann stellen diese Hilfsmittel ein Instrument dar, das unter dem Aspekt der Freiheitsentziehung kritisch zu betrachten ist. [1]

Verschlossene Türen
Mit **verschlossenen Türen** kann man Pflegebedürftige zuverlässig am Verlassen eines Gebäudeteils hindern, wenn gleichzeitig sichergestellt ist, dass auch die Fenster nicht zu öffnen sind. Allerdings ist diese Strategie der Freiheitsentziehung geschlossenen Einrichtungen vorbehalten, weil sie z. B. nicht nur auf einzelne Betroffene zu beschränken ist, sondern alle gleichermaßen betrifft. Das bedeutet, für jeden Bewohner muss eine richterliche Genehmigung dieser Maßnahme vorliegen.
Zum Prinzip der „verschlossenen Tür" gehören auch Detektorsysteme (z. B. an der Kleidung anzubringen), die einen Alarm auslösen, wenn Pflegebedürftige einen Bereich verlassen, sowie das Zurückhalten der Betroffenen durch Pflegende oder Pförtner. [1]

Arzneimittel
Freiheitsentziehung durch **Arzneimittel** nennt man auch „medikamentöse Fixierung". Es ist für Pflegende nicht leicht, diese Kategorie korrekt einzuordnen. In diesem Zusammenhang kommen verschiedene Arzneimittelgruppen zur Anwendung, etwa Neuroleptika (z. B. Haloperidol). Es entspricht nicht dem bestimmungsgemäßen Gebrauch der Wirkstoffe, sie zu verabreichen, um Menschen in ihrer freien Bewegung zu behindern. Allerdings wirken sie auch antriebsmindernd und entwickeln deshalb einen entsprechenden Effekt.
Arzneimittelgaben erfordern immer eine ärztliche Anordnung. [1]

Regeln zum Umgang mit Freiheitsbeschränkung
Da die Fragen, die sich aus dem Problem der Freiheitsbeschränkung ergeben, juristisch nicht abschließend geklärt sind, können Pflegende sich bislang nur an allgemeinen Verhaltensregeln orientieren. [1]

Abwägung der Notwendigkeit
Pflegende sind bestrebt, freiheitsentziehende Maßnahmen so selten wie möglich anzuwenden. Es ist notwendig, zuerst alle anderen Möglichkeiten auszuschöpfen. Folgende Fragen helfen bei der Abwägung:

- Lassen sich die Ursachen für das aktuelle Problem mit anderen Maßnahmen beheben?
- Überwiegt der Nutzen der Freiheitsbeschränkung deren Nachteile?

In der Pflege setzt sich zunehmend eine kritische Haltung gegenüber allen Formen freiheitsentziehender Maßnahmen durch. Modellprojekte haben ergeben, dass der Verzicht auf Zwang nicht zu erhöhten Sicherheitsrisiken führt und überdies das Klima in Pflegeeinrichtungen verbessert. Pflegende haben die Möglichkeit, Mechanismen einzuführen, die eine kritische Beurteilung der Maßnahmen fördern und gleichzeitig ihre ungerechtfertigte Anwendung verhindern oder zumindest eindämmen. Dazu zählen:

- Fortbildungen über die Alternativen von Fixierungen; Besuch von Einrichtungen, in denen freiheitsentziehende Maßnahmen nicht angewendet werden
- Teambesprechungen oder Supervisionssitzungen zur Analyse der Situationen, in denen freiheitsentziehende Maßnahmen angewendet wurden
- Erarbeitung von Leitlinien
- Kontrolle der Ausgabe und der Rücknahme von Hilfsmittel zur Fixierung
- Führung von Fixierungsprotokollen
- Anwendung freiheitsentziehender Maßnahmen statistisch erfassen und Ergebnisse im Team diskutieren [1]

Rechtsgrundlagen

Entscheidend ist der persönliche Wille des Pflegebedürftigen. Wenn z. B. ein einwilligungsfähiger Pflegebedürftiger zur Erhöhung seiner Sicherheit nichts dagegen hat, dass die Pflegenden nachts an seinem Bett Gitter anbringen, ist diese Maßnahme zulässig.

Auch eine echte freiheitsentziehende Maßnahme, etwa das Einsperren eines Schlafwandlers in sein Zimmer zur Vermeidung unkontrollierter „Ausflüge", ist mit dem Einverständnis eines Einsichtsfähigen erlaubt.

Anders sieht es aus, wenn ein Pflegebedürftiger eine Freiheitsbeschränkung oder -entziehung ablehnt oder nicht einwilligungsfähig ist. In diesem Fall müssen Pflegende schon bei freiheitsbeschränkenden Maßnahmen eine ärztliche Anordnung einholen, und jede vorhersehbar notwendige Freiheitsentziehung bedarf der vorherigen richterlichen Genehmigung. Dies gilt unabhängig davon, ob für diese Person ein Bevollmächtigter handelt oder ein Betreuer bestellt ist, und unabhängig davon, ob diese Personen mit der Maßnahme einverstanden sind, wie § 1906 des **Bürgerlichen Gesetzbuchs** (*BGB*) ausdrücklich festgelegt.

Das gesetzeskonforme Verfahren:
- Zunächst den Betreuer (bevollmächtigte Person) informieren.
- Der Betreuer kontaktiert das Vormundschaftsgericht.
- Das Gericht hört den Betroffenen persönlich an und holt ggf. ein ärztliches Gutachten ein.

- Das Gericht lehnt die freiheitsentziehenden Maßnahmen ab oder genehmigt sie mit einer genauen Beschreibung, welche Maßnahme für welchen Zeitraum eingesetzt werden darf. Diese Festsetzung ist als Höchstgrenze zu betrachten.

Merke
Der Einsatz freiheitsentziehender Maßnahmen zur Erleichterung der Pflege ist nicht zulässig.

Kurzfristige Freiheitsbeschränkungen zur Abwendung eines Notstands kann ein Arzt anordnen, ohne dafür eine Genehmigung durch ein Gericht einholen zu müssen. Allerdings ist er verpflichtet, die Notwendigkeit der Maßnahme alsbald zu überprüfen. [1]

Vermeidung freiheitsentziehender Maßnahmen
Die bislang umfassendste Studie zur Häufigkeit von freiheitsentziehenden Maßnahmen in Deutschland wurde in Hamburg durchgeführt. Sie zeigte, dass bis zu knapp 65 % aller pflegebedürftigen Menschen in stationären Einrichtungen mindestens einmal am Tag einer freiheitsentziehenden Maßnahme ausgesetzt sind. In Münchner Einrichtungen liegt diese Zahl nach Angaben des Amtsgerichts München vom November 2011 bei 25–41 %, wobei die Maßnahmen teilweise über mehr als acht Stunden pro Tag andauern.

Diese hohen Zahlen erregen Besorgnis unter allen Berufsgruppen, die mit der Anordnung und Durchführung freiheitsentziehender Maßnahmen betraut sind.

Das Amtsgericht Garmisch-Partenkirchen hat im Jahre 2007 eine Strategie entwickelt, Fixierungen und andere Einschränkungen der Bewegungsfreiheit zu vermeiden, die als **Werdenfelser Weg** bekannt geworden ist, inzwischen deutschlandweit an vielen Orten zum Einsatz kommt und zu einer erstaunlichen Reduktion der umstrittenen Maßnahmen führt.

Im Zentrum steht der Einsatz spezialisierter Verfahrenspfleger, die gleichermaßen über pflegerischen und juristischen Sachverstand verfügen. Wenn ein Antrag für die Anwendung freiheitsentziehender Maßnahmen bei Gericht eingeht, begibt sich einer dieser Verfahrenspfleger in die Einrichtung, beurteilt die jeweilige Situation sorgfältig und überlegt in Kooperation mit allen Beteiligten – den Betroffenen, Pflegekräften, Einrichtungsleitung und Angehörigen – ob Alternativen möglich sind und wie sie sich umsetzen lassen könnten. Im Fokus steht dabei eine detaillierte Abwägung zwischen dem Sturzrisiko und den Folgen der Fixierung. Häufig ergeben diese gemeinsamen Überlegungen, dass freiheitsentziehende Maßnahmen nicht gerechtfertigt sind und führen dann zu einer gerichtlichen Versagung der Fixierungsgenehmigung. [1]

> **LESE- UND SURFTIPP**
> Landratsamt Garmisch-Partenkirchen zum „Werdenfelser Weg": www.lra-gap.de/550.0.html
> Leitlinie „Freiheitsentziehende Maßnahmen": www.leitlinie-fem.de
> Freiburger Innovations- und Forschungsverbund e.V. der Evangelischen Hochschule Freiburg. Redufix – Ein Projekt zur Reduzierung körpernaher Fixierung: www.redufix.de

1.1.3 Rechte hilfe- und pflegebedürftiger Menschen

Grundsätzlich entsprechen die Rechte hilfe- und pflegebedürftiger Menschen den geltenden allgemeinen Menschenrechten, wie sie auch im Grundgesetz (▶ Kap. 1.1.1) zum Ausdruck kommen (▶ Abb. 1.8). Da jedoch die Betroffenen aufgrund ihrer krankheits- oder altersbedingten Defizite in besonderer Weise schutzbedürftig sind, haben die Mitglieder des „Runden Tisches Pflege", darunter Experten aus Ethik, Recht und Pflegewissenschaft, auf Veranlassung des des Bundesministeriums für Familie, Soziales, Frauen und Jugend und des Bundesministeriums für Gesundheit zwischen 2003 und 2005 die **Charta der Rechte hilfe- und pflegebedürftiger Menschen** formuliert.

Abb. 1.8 Die Charta der Rechte hilfe- und pflegebedürftiger Menschen umfasst acht Artikel. [W200]

Es war das ausgesprochene Ziel dieses Gremiums, die grundlegenden Ansprüche von hilfe- und pflegebedürftigen Menschen darzustellen, um damit zu einer verbesserten Pflege und Betreuung beizutragen und die Akteure des Gesundheitssystems auf die sensiblen Themen unzureichender bzw. menschenunwürdiger Pflege aufmerksam zu machen.

Die Aussagen dieser Charta postulieren allgemeine Erwartungen der Gesellschaft an alle Einrichtungen und Personen, die sich hilfe- und pflegebedürftiger Menschen annehmen. [1]

> **LESE- UND SURFTIPP**
> Nähere Erläuterungen zu den acht Artikeln der Charta der Rechte hilfe- und pflegebedürftiger Menschen unter: www.pflege-charta.de

1.2 Willensverfügungen

1.2.1 Patientenverfügung

---------- **Definition** ----------

Patientenverfügung: Willensverfügung eines Menschen, in der festgelegt ist, welche ärztlichen Eingriffe oder Behandlungsstrategien er in einer konkreten Behandlungssituation (in der er seine Wünsche nicht unmittelbar zum Ausdruck bringen kann) bewilligt und welche er untersagt.

Eine **Patientenverfügung** muss schriftlich aufgesetzt und vom Patienten eigenhändig unterschrieben (oder notariell beglaubigt) sein (▶ Abb. 1.9). Der Patient muss urteilsfähig sein und darf beim Verfassen nicht unter Druck stehen. Es ist notwendig, dass die Krankheitssituationen und Behandlungsmöglichkeiten, die der Patient für eine bestimmte Situation wünscht oder nicht wünscht, möglichst konkret benannt sind. Deshalb ist es sinnvoll, sich beim Abfassen der Patientenverfügung z. B. durch den Hausarzt beraten zu lassen. Daneben gibt es auch zahlreiche Muster und fertig formulierte Textbausteine, die dem Patienten ermöglichen sollen, eine möglichst eindeutige Verfügung aufzusetzen. Angeboten werden diese z. B. vom Bundesministerium für Justiz (siehe Lese- und Surftipp).

LESE- UND SURFTIPP
Textbausteine für das Verfassen einer Patientenverfügung:
- Bundesministerium für Justiz und Verbraucherschutz: www.bmj.de/SharedDocs/Downloads/DE/Broschueren/DE/Patientenverfuegung.pdf?__blob=publicationFile
- Zentrum für angewandte Ethik in Recklinghausen: www.ethikzentrum.de/patientenverfuegung

Hat man eine Patientenverfügung verfasst, ist es sinnvoll, gelegentlich zu überprüfen, ob sie in der jeweils aktuellen Fassung noch die derzeitigen Wünsche zum Ausdruck bringt. Eine jährliche Bestätigung der Patientenverfügung, wie früher manchmal empfohlen, ist dagegen nicht erforderlich. Dies wurde vom Gesetzgeber deutlich gemacht.

Eine Patientenverfügung kann jederzeit schriftlich, mündlich oder durch nonverbale Signale widerrufen werden. Die Verfügung benötigt dann keine besondere Form. Es reicht aus, wenn der Testierende unmissverständlich zum Ausdruck bringt, dass sein Wille sich geändert hat.

Merke
Patientenverfügungen sind grundsätzlich gültig, müssen aber auf den konkreten Behandlungsfall anwendbar sein.

Ein Problem beim Umgang mit Patientenverfügungen ist, dass die medizinischen Situationen im modernen Betrieb des Gesundheitswesens oft so komplex sind, dass der Patient die genaue Situation, in die er geraten könnte, oft nicht vorher abschätzen kann und seinen Willen daher nicht ausreichend deutlich formuliert.

Oft sind **Patientenverfügungen** mit einer Vorsorgevollmacht verbunden (▶ Kap. 1.2.3). [3]

Die Textbausteine für eine schriftliche Patientenverfügung

2.1 Eingangsformel

Ich ... (Name, Vorname, geboren am, wohnhaft in) bestimme hiermit für den Fall, dass ich meinen Willen nicht mehr bilden oder verständlich äußern kann ... .

2.2 Exemplarische Situationen, für die die Verfügung gelten soll

Wenn

→ ich mich aller Wahrscheinlichkeit nach unabwendbar im unmittelbaren Sterbeprozess befinde ...

→ ich mich im Endstadium einer unheilbaren, tödlich verlaufenden Krankheit befinde, selbst wenn der Todeszeitpunkt noch nicht absehbar ist ...

→ infolge einer Gehirnschädigung meine Fähigkeit, Einsichten zu gewinnen, Entscheidungen zu treffen und mit anderen Menschen in Kontakt zu treten, nach Einschätzung zweier erfahrener Ärztinnen oder Ärzte (können namentlich benannt werden) aller Wahrscheinlichkeit nach unwiederbringlich erloschen ist, selbst wenn der Todeszeitpunkt noch nicht absehbar ist. Dies gilt für direkte Gehirnschädigung z. B. durch Unfall, Schlaganfall oder Entzündung ebenso wie für indirekte Gehirnschädigung z. B. nach Wiederbelebung, Schock oder Lungenversagen. Es ist mir bewusst, dass in solchen Situationen die Fähigkeit zu Empfindungen erhalten sein kann und dass ein Aufwachen aus diesem Zustand nicht ganz sicher auszuschließen, aber unwahrscheinlich ist[4].

→ ich infolge eines weit fortgeschrittenen Hirnabbauprozesses (z. B. bei Demenzerkrankung) auch mit ausdauernder Hilfestellung nicht mehr in der Lage bin, Nahrung und Flüssigkeit auf natürliche Weise zu mir zu nehmen[5].

→ Eigene Beschreibung der Anwendungssituation:

(Anmerkung: Es sollten nur Situationen beschrieben werden, die mit einer Einwilligungsunfähigkeit einhergehen können.)

2.3 Festlegungen zu Einleitung, Umfang oder Beendigung bestimmter ärztlicher Maßnahmen

2.3.1 Lebenserhaltende Maßnahmen

In den oben beschriebenen Situationen wünsche ich,

→ dass alles medizinisch Mögliche und Sinnvolle getan wird, um mich am Leben zu erhalten.
oder
→ dass alle lebenserhaltenden Maßnahmen unterlassen werden. Hunger und Durst sollen auf natürliche Weise gestillt werden, gegebenenfalls mit Hilfe bei der Nahrungs- und Flüssigkeitsaufnahme. Ich wünsche fachgerechte Pflege von Mund und Schleimhäuten sowie menschenwürdige Unterbringung, Zuwendung, Körperpflege und das Lindern von Schmerzen, Atemnot, Übelkeit, Angst, Unruhe und anderer belastender Symptome.

Abb. 1.9 Beispielhafter Teil einer Patientenverfügung. [W883]

LESE- UND SURFTIPP

Schiedsstelle der **Deutschen Stiftung Patientenschutz** für Konflikte um Patientenverfügungen: www.stiftung-patientenschutz.de/service/patientenverfuegung_vollmacht/schiedsstelle_patientenverfuegung

1.2.2 Betreuungsverfügung

Definition

Betreuungsverfügung: In die Zukunft gerichtete Willensbekundung, die eine oder mehrere Personen des Vertrauens bezeichnet, die ggf. mit der Personensorge betraut werden sollen, und die Art bestimmt, wie die zur Rede stehenden Geschäftsbereiche stellvertretend zu führen sind.

Mit einer **Betreuungsverfügung** können Menschen für den Fall vorsorgen, dass sie nicht mehr in der Lage sind, sich selbstständig um ihre Angelegenheiten zu kümmern (▶ Abb. 1.10). Diese Erklärung wird erst dann wirksam, wenn tatsächlich Umstände eintreten, die eine Vertretung in den verschiedenen Bereichen der persönlichen Rechtsbeziehungen erforderlich machen. Die gesetzliche Grundlage dafür findet sich im Bürgerlichen Gesetzbuch (siehe Lese- und Surftipp).

```
Doris Dreier                    Ulm, den
Wagnerstraße 3                  22. 7. 2013
89077 Ulm

Alterstestament

Hiermit bitte ich, die Unterzeichnende, für den Fall
der Anordnung einer Betreuung meine nachfolgend
genannten Wünsche zu beachten:
1. Betreuer soll nach Möglichkeit mein Schwager Peter
Pause, derzeit wohnhaft Filsstraße 12, 70376 Stutt-
gart, werden. Sollte er zur Übernahme der Betreuung
nicht in der Lage sein, soll meine Nichte Petra Pause,
derzeit wohnhaft wie mein Schwager, meine Betreu-
erin werden.
2. Keinesfalls sollen mein Bruder Ferdinand Fischer
oder dessen Frau Franziska Fischer, beide wohnhaft
Wilhelmstraße 8, 80801 München, als meine Betreuer
bestellt werden.
3. Mit meinem langjährigen Bekannten Kurt Krause
gehe ich mehrmals im Jahr in Konzerte oder Opern-
aufführungen. Da er in ungünstigen finanziellen Ver-
hältnissen lebt, übernehme ich alle Kosten. Dies

möchte ich beibehalten, solange diese Besuche statt-
finden.
4. Meine beiden Neffen Bernd und Michael Pause
sind jetzt 12 und 13 Jahre alt. Ich habe ihnen für
den Führerschein einen Zuschuss versprochen und
möchte, dass jeder von ihnen zum 18. Geburtstag je-
weils 1000,– € erhält.
5. Im Pflegefall möchte ich nach Möglichkeit zu Hause
versorgt werden. Ist dies nicht möglich, so möchte ich
einen Pflegeplatz hier in der Stadt nur im Senioren-
heim Waldfrieden. In anderen Heimen in Ulm möchte
ich ausdrücklich nicht untergebracht werden.
6. Für den Fall einer Erkrankung, durch die ich nicht
mehr handlungsfähig bin, bestimme ich Folgendes:
Konservative Behandlungsmethoden sind vor operati-
ven anzuwenden. Auf lebensverlängernde Maßnah-
men soll verzichtet werden, wenn nach der überein-
stimmenden Ansicht zweier unabhängig voneinander
befragter Fachärzte, die schriftlich niederzulegen ist,
eine Verbesserung meines Zustandes mit hoher Wahr-
scheinlichkeit nicht mehr zu erreichen sein wird.

                            Doris Dreier
                            (Unterschrift)
```

Abb. 1.10 Betreuungsverfügung. [M149]

LESE- UND SURFTIPP
§ 1896 BGB

(1) Kann ein Volljähriger auf Grund einer psychischen Krankheit oder einer körperlichen, geistigen oder seelischen Behinderung seine Angelegenheiten ganz oder teilweise nicht besorgen, so bestellt das

Betreuungsgericht auf seinen Antrag oder von Amts wegen für ihn einen Betreuer. Den Antrag kann auch ein Geschäftsunfähiger stellen. Soweit der Volljährige auf Grund einer körperlichen Behinderung seine Angelegenheiten nicht besorgen kann, darf der Betreuer nur auf Antrag des Volljährigen bestellt werden, es sei denn, dass dieser seinen Willen nicht kundtun kann.

(1a) Gegen den freien Willen des Volljährigen darf ein Betreuer nicht bestellt werden.

(2) Ein Betreuer darf nur für Aufgabenkreise bestellt werden, in denen die Betreuung erforderlich ist. Die Betreuung ist nicht erforderlich, soweit die Angelegenheiten des Volljährigen durch einen Bevollmächtigten, der nicht zu den in § 1897 Abs. 3 bezeichneten Personen gehört, oder durch andere Hilfen, bei denen kein gesetzlicher Vertreter bestellt wird, ebenso gut wie durch einen Betreuer besorgt werden können.

(3) Als Aufgabenkreis kann auch die Geltendmachung von Rechten des Betreuten gegenüber seinem Bevollmächtigten bestimmt werden.

(4) Die Entscheidung über den Fernmeldeverkehr des Betreuten und über die Entgegennahme, das Öffnen und das Anhalten seiner Post werden vom Aufgabenkreis des Betreuers nur dann erfasst, wenn das Gericht dies ausdrücklich angeordnet hat.

Grundsätzlich erfolgt die Bestellung eines Betreuers durch das zuständige Betreuungsgericht. Dieses Gericht ist gehalten, vorliegende Vorschläge zu berücksichtigen, die z. B. durch eine entsprechende Verfügung fixiert sind. Um dem eigenen Willen größeres Gewicht zu verschaffen, können die Verfügenden das Dokument in mehreren Bundesländern (z. B. Bayern, Bremen, Hessen, Niedersachsen, Saarland, Sachsen, Sachsen-Anhalt, Thüringen) vorab bei Gericht hinterlegen. Alternativ ist es möglich, die persönliche Bestimmung beim Zentralen Vorsorgeregister der Bundesnotarkammer kostenpflichtig listen zu lassen (siehe Lese- und Surftipp).

LESE- UND SURFTIPP
Zentrales Vorsorgeregister der Bundesnotarkammer:
www.vorsorgeregister.de

Die Betreuungsverfügung kann verschiedene Themen abdecken. Mit ihrer Hilfe bestimmt der Willensbekundende, wen er als Betreuer wünscht und wo er selbst im Falle eingeschränkter Geschäftsfähigkeit wohnen will. Es ist auch möglich, einige Direktiven zu geben, wie der Betreuer mit dem vorhandenen Vermögen umgehen soll.

Die Betreuungsverfügung bedarf der Schriftform, eine handschriftliche Abfassung ist nicht zwingend. Es empfiehlt sich ggf., für die Abfassung professionelle Hilfe in Anspruch zu nehmen. Dabei können Notare und Rechtsanwälte ebenso nützlich sein wie Betreuungsvereine (siehe Lese- und Surftipp).

> **LESE- UND SURFTIPP**
> Liste der anerkannten Betreuungsvereine in Deutschland:
> www.bundesanzeiger-verlag.de/betreuung/wiki/
> Kategorie:Bundesländer

1.2.3 Vorsorgevollmacht

Definition

Vorsorgevollmacht: In die Zukunft gerichtete Willenserklärung, mit deren Hilfe der Verfügende eine Person benennt, die ihn nach eingetretener Geschäftsunfähigkeit in bestimmten, genau abgrenzbaren Bereichen, vertreten soll.

Mit einer **Vorsorgevollmacht** lässt sich in den meisten Fällen die Bestellung eines Betreuers vermeiden.

Der Willensbekundende sollte umfassendes Vertrauen in die Person haben, die er mit dem Recht ausstattet, stellvertretend für ihn selbst zu handeln. Grundsätzlich ist für eine Vorsorgevollmacht keine spezielle Form vorgeschrieben, das heißt, auch eine mündliche Vereinbarung ist wirksam. Da es sich jedoch um eine Entscheidung mit großer Tragweite handelt, ist es empfohlen, die Vollmacht schriftlich niederzulegen. Dies kann bei einem Notar geschehen, der ein passgenaues Dokument aufsetzt und auch eine Beratung über die Dimensionen der Vereinbarung liefert. Es ist aber auch möglich, ein fertig ausgearbeitetes Dokument zu verwenden, wie es etwa das Bundesjustizministerium auf seiner Internetpräsenz anbietet (siehe Lese- und Surftipp). Dieses Formular ist im Wesentlichen lediglich zu unterschreiben, mit den persönlichen Daten zu versehen und an den passenden Stellen anzukreuzen (▶ Abb. 1.11).

Die Vereinbarung kann jederzeit und ohne Einhaltung von Fristen gekündigt werden.

Zum Schutz des Willensbekundenden ist es möglich, einen *Kontrollbevollmächtigten* zu benennen. Dieses Vorgehen hilft, eine Veruntreuung des Privatvermögens durch den Bevollmächtigten zu verhindern.

> **LESE- UND SURFTIPP**
> Formular einer Vorsorgevollmacht vom Bundesministerium für Justiz und Verbraucherschutz: www.bmj.de/SharedDocs/Downloads/DE/Broschueren/Anlagen/Vorsorgevollmacht_Formular.pdf?__blob=publicationFile

Vollmacht Seite 1

VOLLMACHT

Ich, _____ (Vollmachtgeber/in)
Name, Vorname

_____
Geburtsdatum   Geburtsort

_____
Adresse

_____
Telefon, Telefax, E-Mail

erteile hiermit Vollmacht an

_____ (bevollmächtigte Person)
Name, Vorname

_____
Geburtsdatum   Geburtsort

_____
Adresse

_____
Telefon, Telefax, E-Mail

Diese Vertrauensperson wird hiermit bevollmächtigt, mich in allen Angelegenheiten zu vertreten, die ich im Folgenden angekreuzt oder angegeben habe. Durch diese Vollmachtserteilung soll eine vom Gericht angeordnete Betreuung vermieden werden. Die Vollmacht bleibt daher in Kraft, wenn ich nach ihrer Errichtung geschäftsunfähig geworden sein sollte.

Die Vollmacht ist nur wirksam, solange die bevollmächtigte Person die Vollmachtsurkunde besitzt und bei Vornahme eines Rechtsgeschäfts die Urkunde im Original vorlegen kann.

Muster Vollmacht – Bundesministerium der Justiz

Abb. 1.11a Muster einer Vorsorgevollmacht. [W883]

1.2 Willensverfügungen

Vollmacht Seite 2

1. Gesundheitssorge/Pflegebedürftigkeit

- Sie darf in allen Angelegenheiten der Gesundheitssorge entscheiden, ebenso über alle Einzelheiten einer ambulanten oder (teil-)stationären Pflege. Sie ist befugt, meinen in einer Patientenverfügung festgelegten Willen durchzusetzen. ○ JA ○ NEIN

- Sie darf insbesondere in sämtliche Maßnahmen zur Untersuchung des Gesundheitszustandes und zur Durchführung einer Heilbehandlung einwilligen, diese ablehnen oder die Einwilligung in diese Maßnahmen widerrufen, auch wenn mit der Vornahme, dem Unterlassen oder dem Abbruch dieser Maßnahmen die Gefahr besteht, dass ich sterbe oder einen schweren oder länger dauernden gesundheitlichen Schaden erleide (§ 1904 Absatz 1 und 2 BGB). ○ JA ○ NEIN

- Sie darf Krankenunterlagen einsehen und deren Herausgabe an Dritte bewilligen. Ich entbinde alle mich behandelnden Ärzte und nichtärztliches Personal gegenüber meiner bevollmächtigten Vertrauensperson von der Schweigepflicht. ○ JA ○ NEIN

- Sie darf über meine Unterbringung mit freiheitsentziehender Wirkung (§ 1906 Absatz 1 BGB), über ärztliche Zwangsmaßnahmen im Rahmen der Unterbringung (§1906 Absatz 3 BGB) und über freiheitsentziehende Maßnahmen (z. B. Bettgitter, Medikamente u. Ä.) in einem Heim oder in einer sonstigen Einrichtung (§ 1906 Absatz 4 BGB) entscheiden, solange dergleichen zu meinem Wohle erforderlich ist. ○ JA ○ NEIN

- _____

- _____

- _____

2. Aufenthalt und Wohnungsangelegenheiten

- Sie darf meinen Aufenthalt bestimmen, Rechte und Pflichten aus dem Mietvertrag über meine Wohnung einschließlich einer Kündigung wahrnehmen sowie meinen Haushalt auflösen. ○ JA ○ NEIN

- Sie darf einen neuen Wohnungsmietvertrag abschließen und kündigen. ○ JA ○ NEIN

- Sie darf einen Vertrag nach dem Wohn- und Betreuungsvertragsgesetz (Vertrag über die Überlassung von Wohnraum mit Pflege- oder Betreuungsleistungen; ehemals: Heimvertrag) abschließen und kündigen. ○ JA ○ NEIN

- _____

3. Behörden

- Sie darf mich bei Behörden, Versicherungen, Renten- und Sozialleistungsträgern vertreten. ○ JA ○ NEIN

- _____

Abb. 1.11b Muster einer Vorsorgevollmacht. [W883]

1.3 Erbrecht

Das Erbrecht regelt den Übergang des **Vermögens** (*Erbe*) auf eine oder mehrere Personen. Den Verstorbenen bezeichnet das Gesetz als Erblasser.

1.3.1 Gesetzliche Erbfolge

___
Merke

Die gesetzliche Erbfolge tritt nur ein, wenn kein gültiges Testament vorliegt.
___

Das Gesetz unterteilt die Erben in verschiedene Ordnungen (▶ Abb. 1.12).
- Erben erster Ordnung sind die direkten Nachkommen des Erblassers (Kinder, Enkel)
- Erben zweiter Ordnung: Eltern des Erblassers und deren Nachkommen (Geschwister des Erblassers)
- Erben dritter Ordnung: Großeltern des Erblassers und deren Nachkommen (Onkel, Tanten des Erblassers).

Wenn mehrere Personen einer Ordnung von Erben angehören, bezeichnet man sie als *Stämme*.

___
Merke

- Das Vorhandensein von Erben einer vorangehenden Ordnung schließt Erben der nachfolgenden Ordnungen aus.
- Ehepartner erben neben Erben der erster Ordnung zu ¼ und neben Erben der zweiter Ordnung zu ½; für den Güterstand der Zugewinngemeinschaft (siehe unten) gelten aber praktisch bedeutsame Ausnahmen.
___

Der Ehepartner nimmt in der gesetzlichen Erbfolge eine Sonderstellung ein. Die Höhe seines Anteils an dem Erbe bemisst sich nach dem Güterstand, in dem die Ehegatten zum Todeszeitpunkt gelebt haben.

Der gesetzliche Güterstand ist die **Zugewinngemeinschaft.** Diese Form des Güterstandes gilt automatisch ab der Eheschließung, wenn die Partner nichts anderes vereinbart haben. In dieser Rechtsform bleiben die Ehepartner jeweils allein Eigentümer aller Vermögenswerte, die sie in die Ehe eingebracht

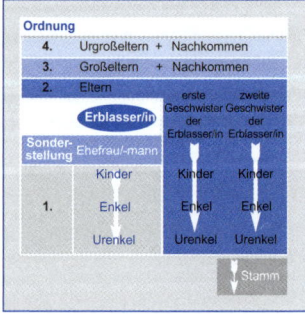

Abb. 1.12 Gesetzliche Erbfolge [V229]

haben. Auch während der Ehe erwerben sie grundsätzlich kein Miteigentum, sondern jeder Ehegatte bekommt grundsätzlich für sich Alleineigentum. Nur bedeutsame Vermögenswerte (etwa ein Haus oder eine Wohnung) erwerben solche Ehegatten in der Regel – was aber eine gesonderte Erklärung voraussetzt – zu Miteigentum. Lassen sich solche Ehegatten scheiden, so nimmt der Gesetzgeber an, dass der während der Ehe eingetretene Vermögenszuwachs auf gleichwertige Leistungen beider Ehegatten zurückzuführen ist. Deshalb erhält derjenige Ehegatte, dessen Vermögenszuwachs (Zugewinn) niedriger geblieben ist, von dem anderen Ehegatten die Hälfte desjenigen Betrages, um den dessen Vermögenszuwachs den des anderen Ehepartners übersteigt.

Endet eine Ehe im Güterstand der Zugewinngemeinschaft dadurch, dass einer der Partner stirbt, ist dieser Ausgleich nicht mehr möglich. Das Erbrecht gleicht dies dadurch aus, dass der überlebende Ehepartner neben Erben der ersten Ordnung zu ½ und neben Erben der zweiten Ordnung zu ¾ Erbe wird.

Alternativ zur Zugewinngemeinschaft können die Ehepartner per Vertrag festlegen:

- **Gütertrennung.** Dabei bleiben beide Ehepartner Eigentümer ihres jeweils vorhandenen Vermögens sowie der weiteren Vermögenswerte, die sie jeweils in der Zeit der Ehe erwerben.
- **Gütergemeinschaft.** Das Vermögen beider Ehepartner und das, was sie im Laufe der Ehe erwerben, wird gemeinschaftliches Eigentum (Gesamtgut).

1.3.2 Gewillkürte Erbfolge

Die **gewillkürte Erbfolge** tritt ein, wenn ein Erblasser etwas anderes bestimmt, als die gesetzliche Erbfolge (▶ Kap. 1.3.1) vorsieht.

Ein Erblasser kann grundsätzlich selbst bestimmen, wer sein Erbe sein soll. Dazu muss er entweder einen **Erbvertrag** schließen oder ein **Testament** (▶ Kap. 1.3.5) errichten. So könnte ein Erblasser etwa nur eines seiner Kinder bedenken und alle übrigen Angehörigen nicht Erbe werden lassen.

Die Testierfreiheit im Rahmen der gewillkürten Erbfolge findet aber gewisse Grenzen:

- **Sittenwidrigkeit.** Bezeichnet einen Verstoß gegen die gesellschaftlich anerkannten moralischen Normen. Ein Beispiel ist etwa eine Erbeinsetzung als Gegenleistung für eine kurzfristige sexuelle Hingabe. Enthält ein Testament nur eine sittenwidrige Klausel, ist es insgesamt hinfällig und statt der dort getroffenen Bestimmungen tritt die gesetzliche Erbfolge (▶ Kap. 1.3.1) ein.
- **Testierverbot.** Diese Schranke besteht lediglich im Heimrecht. Beschäftigte in Heimen dürfen von den dort betreuten Personen nicht als Erben eingesetzt werden. Würde es diese Regel nicht geben, wäre die Versuchung, eine gute Betreuung nur gegen eine Erbeinsetzung zu gewähren, sehr naheliegend.

- **Pflichtteilsrecht.** Dabei akzeptiert der Gesetzgeber zwar prinzipiell den im Testament zum Ausdruck gekommenen Willen des Erblassers, spricht aber nahen Angehörigen einen gewissen Anteil an der Erbmasse zu. [4]

Merke

Nahe Angehörige haben in jedem Fall Anspruch auf einen **Pflichtteil** des Erbes. Er beträgt die Hälfte des Wertes des gesetzlichen Erbteils (▶ Kap. 1.3.1).

1.3.3 Erbschein

Der **Erbschein** ist ein Dokument, mit dem die Erben ihren Anspruch rechtssicher nachweisen können. Er beschreibt die Aufteilung des ererbten Vermögens detailliert und nennt die Rechte der jeweiligen Erben. In fast allen Teilen Deutschlands stellt das Amtsgericht in seiner Funktion als Nachlassgericht Erbscheine auf Antrag aus.

1.3.4 Annahme und Ausschlagung der Erbschaft

Erben können innerhalb von sechs Wochen, nachdem sie von dem Erbfall Kenntnis erlangt haben, das Erbe ausschlagen. Das ist insbesondere wichtig, weil zu einer Erbschaft neben aktivem Vermögen auch Schulden gehören können.

Merke

Das Gesetz sieht auch Fälle von **Erbunwürdigkeit** vor. § 2339 BGB bezeichnet damit Personen, die nicht das Recht haben, ein Erbe anzutreten. Dazu gehören Personen,
- die den Erblasser mit Vorsatz getötet oder einen entsprechenden Versuch unternommen haben,
- die auf den Erblasser bei der Errichtung oder Aufhebung eines Testamentes Zwang ausgeübt haben, z. B. indem sie ihm drohten,
- die ein Testament gefälscht haben.

1.3.5 Testament

Definition

Testament: Einseitige letztwillige Verfügung eines Menschen.

Ein **Testament** muss, um wirksam zu sein, entweder zur Niederschrift eines Notars errichtet sein oder als vom Erblasser eigenhändig ge- und unterschriebenes Dokument vorliegen.

LESE- UND SURFTIPP
Zentrales deutsches Testamentsregister, in dem alle amtlich verwahrten Testamente verzeichnet sind: www.testamentsregister.de

Ordentliches Testament

Ein **ordentliches Testament** kann ein Erblasser, sobald er testierfähig geworden ist, zu jedem Zeitpunkt errichten, an dem er sich im Vollbesitz seiner geistigen Kräfte befindet. Der Erblasser kann dabei im Prinzip frei (▶ Kap. 1.3.2) über die Verteilung seines Vermögens verfügen. Die wichtigste faktische Einschränkung dieser Testierfreiheit ist das Pflichtteilsrecht, das nahen Angehörigen einen gewissen wirtschaftlichen Anteil am Erbe sichert.

Das Recht sieht vor, dass ein privatschriftliches Testament, soll es wirksam sein, vollständig durch den Erblasser von Hand geschrieben und von ihm eigenhändig unterschrieben ist. Allein diese Form führt zu einer wirksamen Urkunde. Es ist allerdings möglich, dem Testament eine gleichlautende maschinengeschriebene Fassung beizufügen, um eine unleserliche Handschrift leichter entzifferbar zu machen. Um Zweifel zu vermeiden, sollte eine solche Fassung ausdrücklich als „Lesehilfe" gekennzeichnet werden.

Das Testament sollte mit einer Überschrift versehen sein, die zur Vermeidung von juristischen Unwägbarkeiten ausschließlich „Testament" oder „Mein letzter Wille" lauten sollte. Andere Worte können Zweifel an der Letztwilligkeit der Verfügung aufkommen lassen. Am Ende des Testaments steht eine eigenhändige Unterschrift des Erblassers sowie Datum und Ort der Testamentserrichtung. Die Signatur sowie die beiden anderen Angaben sollten das Dokument sichtbar abschließen, um jeden Zweifel an der Schlüssigkeit des Testaments zu vermeiden. Insbesondere das Datum ist von Bedeutung, da jeweils das zuletzt errichtete Testament gilt. In diesem Zusammenhang ist es wesentlich, eine Formulierung aufzunehmen, die alle ggf. vorher errichteten Testamente für ungültig erklärt. Fehlt diese Formulierung, kann es dazu kommen, dass das neuere Testament die ältere Version nicht vollständig, sondern nur in den abweichenden Teilen ersetzt.

Wenn ein Testament sich handschriftlich nicht auf einem einzelnen zur Verfügung stehenden Blatt Papier unterbringen lässt, ist es absolut notwendig, die verschiedenen Blätter handschriftlich mit Seitenzahlen zu bezeichnen. Diese Nummerierung soll eindeutig sein und zeigen, dass die Blätter ein zusammenhängendes Dokument bilden.

Es ist zwar nicht problematisch, einzelne Wörter in dem Text zu streichen und sie durch andere zu ersetzen, doch sollte das Testament insgesamt den Eindruck machen, in einem inhaltlichen Zusammenhang geschrieben worden zu sein. Ist der Name eines Erben gestrichen und über der Streichung ggf. später durch einen anderen Namen ersetzt, könnte dies zu Streitigkeiten Anlass geben – vor allem, wenn das Testament nicht behördlich verwahrt worden ist. Bei solchen Schreibfehlern empfiehlt es sich, das Testament erneut handschriftlich aufzusetzen.

Jedes Testament kann in behördliche Verwahrung gegeben werden. Wenn der Erblasser es wünscht, kann er es einem Notar in einem verschlossenen Umschlag überreichen. Der Notar wird den Umschlag nicht öffnen. Allerdings ist es – insbesondere, wenn der Erblasser im Testament über bedeutende Werte verfügt – ratsam, fachlichen Rat einzuholen, mit dessen Hilfe sich anschließende juristische Auseinandersetzungen weitgehend vermeiden lassen.

Merke

Testamente, die nicht von Hand geschrieben sind oder sonstige Formfehler aufweisen, sind ungültig. In diesem Fall verfährt das Gericht so, als ob es kein Testament gäbe. Dann tritt die gesetzliche Erbfolge in Kraft.

Testierfähigkeit

Definition

Testierfähigkeit: Eigenschaften einer Person, die sie befähigen, ein gültiges Testament zu errichten.

Eine Person verfügt über **Testierfähigkeit,** wenn sie lebt und sich außerdem (zumindest für die Zeit der Aufsetzung des Testaments) im Vollbesitz ihrer geistigen Kräfte befindet. Voraussetzungen zur Errichtung eines Testaments sind:
- Vollendung des 16. Lebensjahrs (nur notarielles Testament)
- Volljährigkeit (alle Arten von Testamenten)
- Freiheit von Geistesschwäche, Bewusstseinsstörungen oder Geisteskrankheiten, die es unmöglich machen würden, die Bedeutung der Willenserklärung zu verstehen.

Nottestament

Definition

Nottestament: Stehen der Tod oder die Testierunfähigkeit eines Menschen nahe bevor (und hat er bislang noch kein Testament errichtet), kann dieser ein Nottestament schreiben (lassen).

Das Erbrecht kennt verschiedene Arten von **Nottestamenten.** Für Pflegende ist v. a. das **Dreizeugentestament** (§ 2250 BGB) von Bedeutung, da es in der Praxis dazu kommen kann, dass sie selbst als Zeugen der Testamentserrichtung bestellt werden (▶ Abb. 1.13).

Niederschrift zum Dreizeugentestament

```
Krankenhaus                              Neustadt, den 4.5.2013
Neustadt/Bayern
Dauer der Aufnahme: 18.30-19.00 Uhr


Anwesend:    1. Als Testierender Herr Ferdinand Fischer
             2. Als Zeugen:
                a) Krankenschwester Ulrike Meier, Postplatz 5, Neustadt
                b) Krankenschwester Anke Auer, Bahnstraße 7, Neustadt
                c) Krankenpfleger Karl Müller, Stadtplatz 2, Neustadt

Herr Ferdinand Fischer, geboren am 20.1.1960 in Neustadt, wohnhaft am
Alten Markt 3, Neustadt, ausgewiesen durch den deutschen Personalausweis
Nr. 8877000975, wurde heute gegen 18.00 Uhr mit schweren Verletzungen ein-
geliefert. Mit dem Eintritt des Todes von Herrn Fischer ist nach seiner und
der Überzeugung aller Zeugen zu rechnen, ehe in anderer als in dieser Form
ein Testament errichtet werden kann. Herr Fischer ist bei klarem Bewusstsein.
Zweifel an seiner Testierfähigkeit bestehen nicht. Herr Fischer ist wegen des
Bruchs beider Arme nicht mehr in der Lage, diese Erklärung zu unterschreiben.

Seinen letzten Willen erklärte Herr Fischer in deutscher Sprache wie folgt:
»Meine alleinige Erbin soll meine Ehefrau Renate Fischer sein.«

Vorstehende Niederschrift wurde Herrn Fischer im Beisein aller Zeugen
laut vorgelesen und von ihm uneingeschränkt gebilligt.

Genehmigt und unterschrieben:

(Ulrike Meier)           (Anke Auer)            (Karl Müller)
```

Abb. 1.13 Dreizeugentestament. [M149]

Ein Testament vor drei volljährigen Zeugen ist gültig, wenn folgende Bedingungen erfüllt sind:
- Die Zeugen sind nicht in gerader Linie mit dem Erblasser verwandt.
- Die Zeugen sind während der gesamten Zeit der Testamentserrichtung anwesend und unterzeichnen das Dokument eigenhändig.
- Die Zeugen sind der Sprache mächtig, in der das Testament aufgesetzt ist.
- Der Erblasser ist bei Bewusstsein und geschäftsfähig.
- Der Erblasser befindet sich in Todesgefahr.
- Der Erblasser unterschreibt eigenhändig oder im Testament ist darauf hingewiesen, dass er dazu nicht in der Lage ist.
- Im Testament sind Datum und Ort der Testamentserrichtung vermerkt.

Ein Dreizeugentestament ist ab dem Tag seiner Errichtung drei Monate lang gültig, sofern der Erblasser nach dieser Frist noch lebt und ein reguläres Testament verfassen kann. [3]

1.4 Betreuungsrecht

Definition

Betreuungsrecht: Regelt, unter welchen Voraussetzungen, wie und in welchem Umfang vom Gericht ein Betreuer bestellt wird.

Das **Betreuungsrecht** ist seit dem 1.1.1992 im Bürgerlichen Gesetzbuch (*BGB*) als Teil des Familienrechts geregelt (BGB §§ 1896–1908k). Das Betreuungsrecht wurde eingerichtet, um hilfsbedürftigen Personen den notwendigen Schutz und die gebotene Fürsorge bei gleichzeitiger Erhaltung der größtmöglichen Selbstbestimmung zu gewähren. [2]

1.4.1 Betreuungsverfahren

Das Betreuungsgericht am Amtsgericht des Ortes, an dem der Betroffene wohnt, führt das Betreuungsverfahren. Es kann von Amts wegen oder auf Antrag eingeleitet werden. Die Inhalte des Betreuungsverfahrens sind im Betreuungsrecht geregelt und daher zwingend einzuhalten. Dazu gehören:
- Einleitung des Verfahrens, ggf. Bestellung eines Verfahrenspflegers
- Persönliche Anhörung durch den zuständigen Betreuungsrichter
- Sachverständigengutachten
- Beschluss des Gerichts.

Damit es nach einem Unfall, im Alter oder bei einer plötzlich auftretenden schweren Krankheit nicht erforderlich ist, einen gesetzlichen Betreuer zu bestellen, kann jeder Einzelne rechtzeitig Vorsorge treffen. Dazu müssen die vorsorglichen Regelungen, die jeder für sich individuell bestimmen kann, in einer Vorsorgevollmacht festgehalten werden. Professionell Pflegende fragen Pflegebedürftige oder deren Angehörige immer nach dem Vorliegen einer solchen Vollmacht und legen ggf. eine Kopie davon zur Dokumentation oder fügen eine entsprechende Bemerkung in das Stammblatt ein. [2]

Einstweilige Anordnung

Wenn schnell gehandelt werden muss, kann das Gericht in einem verkürzten Verfahren durch eine **einstweilige Anordnung** einen vorläufigen Betreuer bestellen, den Aufgabenbereich erweitern, einen einstweiligen Einwilligungsvorbehalt anordnen oder auch einen Betreuer entlassen. Solche Eilmaßnahmen sind jedoch nur unter bestimmten Voraussetzungen zulässig und dürfen nicht länger als ein Jahr gültig bleiben. Ebenfalls hat das Gericht die Möglichkeit, in besonders eiligen Fällen (wenn noch kein Betreuer bestellt ist) selbst die notwendigen Maßnahmen zu treffen. [2]

1.4.2 Bereiche der Betreuung

Für wen eine gesetzliche Betreuung eingerichtet werden kann, ist im Betreuungsgesetz (§ 1896 BGB) niedergelegt. Sie kommt nur für Volljährige in Frage, die aufgrund einer psychischen Krankheit, einer körperlichen, geistigen oder seelischen Behinderung nicht in der Lage sind, ihre Angelegenheit selbst ganz oder teilweise zu regeln.

Eine Betreuung darf nur vom Betreuungsgericht angeordnet werden. Das Gericht prüft genau, ob eine grundsätzliche Notwendigkeit für eine Betreuung besteht und in welchen Bereichen der Hilfsbedürftige die Unterstützung eines Betreuers benötigt. Dazu können gehören:

- Vermögenssorge
- Gesundheitsfürsorge
- Aufenthaltsbestimmung
- Regelung der Wohnungsangelegenheiten
- Vertretung gegenüber Behörden. [2]

Merke

Eine Betreuung berührt nicht die Geschäftsfähigkeit des Betroffenen. Geschäftsunfähigkeit kann zu einer Betreuung führen, aber die Betreuung führt nicht automatisch zur Geschäftsunfähigkeit. Geschäftsunfähigkeit liegt vor, wenn ein Mensch sich in einem Zustand befindet, in dem seine freie Willensbildung wegen einer krankhaften Störung seiner Geistestätigkeiten ausgeschlossen ist.

Ärztliche Maßnahmen und Unterbringung

Im Pflegebereich beziehen sich die Aufgaben des Betreuers oftmals auch auf die Gesundheitsfürsorge und die Aufenthaltsbestimmung. Das Gesetz enthält besondere Vorschriften für besonders wichtige Angelegenheiten in diesen Bereichen.

Ärztliche Maßnahmen dürfen nur durchgeführt werden, wenn der Betroffene ausreichend über die mit der Maßnahme verbundenen Risiken aufgeklärt wurde und darin einwilligt (▶ Kap. 1.1.2). Selbst wenn der Betroffene einen Betreuer hat, kann er nur selbst in die Maßnahme einwilligen. Dazu muss er einwilligungsfähig, d. h. in der Lage sein, die Art, Bedeutung und Tragweite der beabsichtigten Maßnahme zu erfassen.

Ist der Betroffene einwilligungsunfähig, darf der Betreuer nach der notwendigen ärztlichen Aufklärung über die Maßnahme entscheiden. Dabei gilt, dass dies so weit wie möglich mit dem Betreuten zu besprechen ist und die Maßnahme nicht im Konflikt mit seinem Wohl und seinen Wünschen steht. Die Einwilligung bedarf der Genehmigung des Gerichts, wenn die begründete Gefahr besteht, dass der Betreute aufgrund der Maßnahme stirbt oder einen schweren, länger anhaltenden gesundheitlichen Schaden nimmt und mit einem Aufschub keine Gefahren verbunden sind (§ 1904 Abs. 1 BGB). Hat der Betroffene keinen gesetzlichen Vertreter und ist nicht einwilligungsfähig, darf die ärztliche Maßnahme nur dann durchgeführt werden, wenn Gefahr für Leib und Leben besteht. Grundsätzlich ist in diesen Fällen das Betreuungsgericht einzuschalten.

Unter bestimmten Voraussetzungen können Betreuer einen Betreuten mit Genehmigung des Gerichts in einer geschlossenen Einrichtung (z. B. psychiatrisches Krankenhaus, psychiatrische Klinik, geschlossene gerontopsychiatrischer Wohnbereich) unterbringen. Die Voraussetzungen sind in § 1906 Abs. 1 BGB näher bestimmt. Eine **Unterbringung** ist demnach nur zulässig, wenn die Gefahr einer erheblichen gesundheitlichen Selbstschädigung oder Selbsttötung besteht oder wenn eine notwendige ärztliche Maßnahme ohne Unterbringung nicht durchgeführt werden kann. [2]

ACHTUNG
Die Entscheidung über das Öffnen und das Anhalten der Post gehört nur dann zu den Aufgaben eines Betreuers, wenn das Gericht dies ausdrücklich angeordnet hat (§ 1896 BGB).

1.4.3 Stellung des Betreuers

Wen das Betreuungsgericht eine Betreuung als notwendig erachtet, setzt es einen **gesetzlichen Betreuer** ein. Dieser übernimmt die gesetzliche Vertretung innerhalb des verfügten Aufgabenbereichs. Gesetzliche Betreuer können Verwandte, nahestehende aber auch fremde Personen sein. Bei der Wahl dieser Person hat der Wunsch des Betreuten Vorrang vor anderen Interessen. Der Betreuer hat in dem festgelegten Aufgabenbereich folgende Pflichten (▶ Abb. 1.14):

Abb. 1.14 Aufgaben eines Betreuers.

- **Gesetzliche Vertretung.** In seinem Aufgabenbereich vertritt der Betreuer den Betreuten gerichtlich und außergerichtlich (§ 1902 BGB).
- **Persönliche Betreuung.** Die Betreuung darf sich nicht nur auf die Erledigung von Schriftverkehr beschränken, sondern muss auch den persönlichen Kontakt umfassen (§ 1901 BGB).
- **Berücksichtigung des Wohls und der Wünsche des Betreuten.** Der Betreuer hat die Angelegenheiten so zu erledigen, wie es dem Wohl und dem Wunsch des Betroffenen entspricht (§ 1901 Abs. 2 BGB).
- **Einhaltung der Informationspflicht und ggf. Genehmigung des Vormundschaftsgerichts** (z. B. vor Wohnungsauflösungen § 1907 BGB). [2]

Merke

Um vorzusorgen, kann jeder erwachsene Mensch in einer Betreuungsverfügung (▶ Kap. 1.2.2) oder Vorsorgevollmacht (▶ Kap. 1.2.3) niederschreiben, wen er sich im Falle eines Betreuungsbedarfs als Betreuer wünscht und welche Aspekte ihm dabei besonders wichtig sind. Diese Verfügungen können beim Vormundschaftsgericht hinterlegt werden oder auch Teil einer Vollmacht sein.

Voraussetzungen eines Betreuers
Ein Betreuer muss volljährig und geeignet sein, die erforderlichen Angelegenheiten für und im Sinne des Betreuten zu regeln und ihn dabei in dem erforderlichen Umfang zu unterstützen. [2]

2 Rechtliche Stellung der Pflegekraft

2.1 Delegation ärztlicher Tätigkeiten

Pflegekräfte übernehmen zahlreiche **ärztliche Tätigkeiten.** Voraussetzung ist, dass sie über das dazu notwendige praktische und theoretische Fachwissen verfügen. Zu den ärztlichen Tätigkeiten, deren Ausführung an Pflegende delegierbar (*übertragbar*) ist, gehört z. B. die Verabreichung von Arzneimitteln (▶ Abb. 2.1). [1]

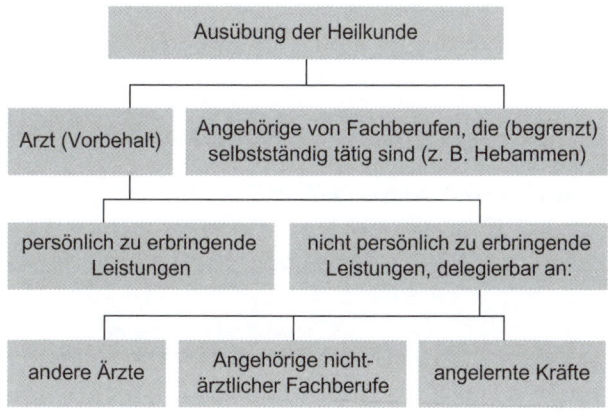

Abb. 2.1 Delegation ärztlicher Tätigkeiten.

2.1.1 Form und Umfang der Delegation

Bei der Delegation von Tätigkeiten trägt der Arzt die **Anordnungsverantwortung.** Sie bezieht sich darauf, dass er nur solche Tätigkeiten auf andere Berufsgruppen übertragen darf, die nicht an eine ärztliche Qualifikation gebunden sind. Deshalb ist es nicht zulässig, z. B. chirurgische Eingriffe von Pflegenden ausführen zu lassen.

Darüber hinaus muss der Arzt sich vergewissern, dass die Person, der er eine Aufgabe überträgt, aufgrund ihrer Ausbildung in der Lage ist, sie korrekt zu erledigen. Er muss auch eine Qualitätskontrolle in der Form gewährleisten, dass er die ordnungsgemäße Ausführung seiner Anordnungen zumindest stichprobenartig überprüft oder durch andere geeignete Personen (z. B. Pflegedienstleitung) überprüfen lässt.

Selbstverständlich gehört es auch zu der Verantwortung des Arztes, seine Anordnungen so zu treffen, dass sie den allgemeinen Regeln der Heilkunst entsprechen und dem Behandelten nicht schaden. Diese Pflicht berührt Pflegende jedoch nicht unmittelbar, da sie sich im Allgemeinen darauf verlassen dürfen, dass die angeordneten Maßnahmen dem Ziel der Behandlung dienen.

Merke

Wenn Pflegende eine Anordnung des Arztes, die angemessen schien, ordnungsgemäß ausgeführt haben, tragen sie keine Verantwortung, wenn die Maßnahme nicht das gewünschte Ergebnis erzielte. Auch wenn dem Behandelten dadurch ein Schaden entstand, haftet ausschließlich der Arzt.

Ärzte benötigen eine Einwilligung des Behandelten in die Therapie (▶ Kap. 1.1.2). Für viele ärztliche Maßnahmen ist diese Einwilligung bereits dadurch gegeben, dass der Betroffene den Arzt konsultiert. Vor Eingriffen, z. B. Operationen oder Untersuchungen, die mit einem Risiko behaftet sind, benötigt der Arzt hingegen eine gesonderte schriftliche Einwilligungserklärung vom Behandelten. Dazu muss er den Betroffenen (oder den für ihn Handelnden, z. B. Betreuer) so aufklären, dass dieser den Sinn der Maßnahme und die damit verbundenen Risiken verstehen und gegeneinander abwägen kann. Auch hier gelten Ausnahmen für den Notfall. [1]

Merke

Pflegende dürfen sich bei der Ausführung ärztlicher Tätigkeiten darauf verlassen, dass eine Einwilligung des Patienten vorliegt.

Form der Anordnung

Die **Anordnung** eines Arztes, auf deren Grundlage Pflegekräfte tätig werden, muss grundsätzlich schriftlich vorliegen. Die juristische Formulierung „grundsätzlich" bedeutet, dass diese Regel nur in Ausnahmefällen unbeachtet bleiben darf.

Die Anordnung muss folgende Angaben enthalten:
- Name des Pflegebedürftigen
- Genaue Beschreibung der durchzuführenden Tätigkeit (z. B. Art und Dosierung des Arzneimittels, Art und Zeitpunkt der Verabreichung)
- Name des verantwortlichen Arztes, z. B. in Form eines Handzeichens.

Die schriftliche Anordnung soll zeitgerecht, das heißt vor der Ausführung durch die Pflegenden, an der dafür in der Dokumentation vorgesehenen Stelle erfolgen. [1]

ACHTUNG

Eine Anordnung per Telefon erfüllt die genannten Voraussetzungen nicht. Ausnahmen sind juristisch sehr umstritten. Im Zweifel könnte ein Arzt sich nach der Durchführung einer von ihm telefonisch erteilten Anweisung stets von seinen Aussagen distanziert. In diesem Fall ist es Pflegenden sehr schwer, die Anordnung zu beweisen.

2.1.2 Art und Umfang pflegerischer Verantwortung

Im Zusammenhang mit der Übernahme ärztlicher Tätigkeiten tragen Pflegende eine **Verantwortung,** die sich auf verschiedene Bereiche bezieht (▶ Abb. 2.2). Vor der Ausführung einer Anordnung müssen Pflegende verschiedene Aspekte prüfen. Die bloße Tatsache, dass eine entsprechende Anordnung vorliegt, bedeutet noch nicht, dass jede Pflegekraft in jedem Fall daraus die Berechtigung zur Durchführung ableiten kann. [1]

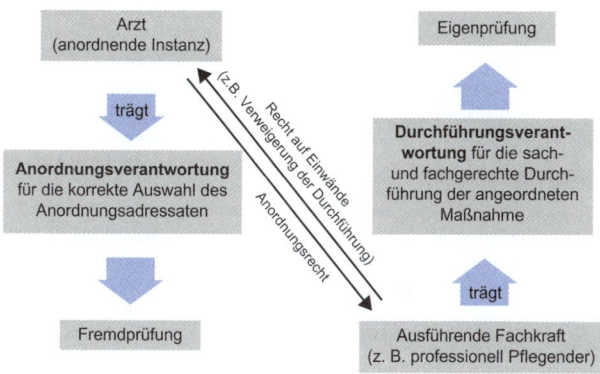

Abb. 2.2 Pflegerische Verantwortung bei der Übernahme ärztlicher Tätigkeiten.

Durchführungsverantwortung

Unter der **Durchführungsverantwortung** von Pflegenden versteht man in Bezug auf ärztliche Tätigkeiten ein Bündel von Anforderungen, die zu erfüllen sind.

Zunächst muss eine Pflegekraft abschätzen, ob sie die fachlichen Qualifikationen besitzt, die zur Ausführung der jeweiligen Tätigkeit notwendig sind. Falls sie den Eindruck gewinnt, nicht über das entsprechende Fachwissen und Fertigkeiten zu verfügen, ist sie verpflichtet, die Ausführung zu verweigern. Dies gilt insbesondere deshalb, weil es nach der Rechtsprechung Ärzten angesichts einer fortschreitenden Spezialisierung der Berufe im Gesundheitswesen nicht zuzumuten ist, in jedem Einzelfall die Tätigkeiten des nichtärztlichen Personals zu kontrollieren.

Merke

Die begründete Weigerung, eine bestimmte Anordnung auszuführen, darf nicht zu arbeitsrechtlichen Konsequenzen führen, etwa dem Verlust des Arbeitsplatzes.

Das entbindet den Arzt aber nicht von den bereits angesprochenen Kontrollpflichten. Diese werden in der ambulanten Pflege – was fast immer niedergelassene Ärzte betrifft – sogar noch weiter reichen als in stationären Einrichtungen. Denn wenn die Person, die versorgt wird, zu Hause ohne ständige fachkundige Betreuung lebt, gibt es sonst niemanden, der Fehler rasch bemerken könnte. [1]

Merke

Pflegende sind für ihr Handeln verantwortlich. Sie müssen also gewährleisten, dass sie die ärztliche Anordnung fachgerecht ausführen. Dabei dürfen sie diese Anordnung eigenmächtig weder unter- noch überschreiten. Sie müssen auch die jeweils geltenden Regeln zur Durchführung beachten, z. B. die sachgerechte Hautdesinfektion vor einer Injektion, ohne dass diese eigens angeordnet worden wäre.

Kontrollverantwortung
Nach der Ausführung einer ärztlich verordneten Maßnahme sind die Pflichten der Pflegenden nicht erschöpft. Sie tragen eine **Kontrollverantwortung,** sind also verpflichtet, die Wirkungen der ausgeführten Handlungen zu beobachten und ggf. geeignete Maßnahmen einzuleiten. [1]

Dokumentations- und Kommunikationsverantwortung
Fallen der Pflegekraft während der Ausführung einer angeordneten Maßnahme ungewöhnliche Umstände auf, z. B. unerwünschte Wirkungen eines Arzneimittels, muss sie diese dem Arzt sowie dem pflegerischen Team mitteilen.
Um eine reibungslose **Kommunikation** zwischen den Pflegenden zu gewährleisten, sind ausgeführte Handlungen gemäß den üblichen Vorgaben korrekt, zeitnah und schriftlich zu **dokumentieren** (▶ Kap. 2.5).
Dieser Dokumentationspflicht müssen Pflegende idealerweise unmittelbar nach der ausgeführten Handlung, mindestens aber vor dem Ende der Arbeitsschicht nachkommen. [1]

Ausführung offenkundig falscher Anordnungen
Sofern Pflegende erkennen können, dass eine ärztliche Anordnung nicht den therapeutischen Zweck erreichen würde und geeignet ist, den Behandelten zu schädigen, führen sie sie nicht aus. Andernfalls würden sie nicht ihrer Durchführungsverantwortung (siehe oben) entsprechen.
Falls ein bloßes Versehen vorliegt, setzen Pflegende sich direkt mit dem Arzt in Verbindung und klären die Situation. Bleibt der Arzt bei einer

Einschätzung, die den Beobachtungen der Pflegekraft nicht entspricht und lässt er aus diesem Grund die Anordnung bestehen, führen Pflegende die Anweisung trotzdem nicht aus, sondern informieren ihre Dienstvorgesetzten. [1]

Fehlerhafte Ausführung einer Anordnung

Mit einer **fehlerhaften Ausführung** der ärztlichen Anordnungen verstoßen Pflegende gegen ihre Sorgfaltspflicht. Fällt ihnen selbst der Fehler auf, z. B. die Verabreichung eines falschen Arzneimittels, informieren sie umgehend den zuständigen Arzt. Er kann Maßnahmen einleiten, die ggf. Folgeschäden beim Pflegebedürftigen verhindern. [1]

Merke

Pflegende versuchen niemals, Fehler zu verheimlichen, die ihnen während der Arbeit unterlaufen sind. Eine sofortige Benachrichtigung des Arztes kann weitergehende Schäden abwenden.

2.2 Haftung

Definition

Haftung: Übernahme der Verantwortung für fehlerhaftes eigenes oder fremdes Verhalten. Grundsätzlich gilt, dass Haftung aus Verschulden folgt. Ausnahme bildet die Gefährdungshaftung (z. B. muss der Halter eines Kraftfahrzeugs – ausgenommen höhere Gewalt – Schadensersatz für Schäden leisten, die durch den Betrieb seines Kraftfahrzeugs verursacht worden sind, unabhängig davon, ob er diese verschuldet hat).

Pflegekräfte gehören zu den Berufsgruppen, die allein aufgrund ihrer Tätigkeit der Gefahr ausgesetzt sind, Fehler mit haftungsrechtlichen Konsequenzen zu begehen, die den Pflegebedürftigen einen Schaden zufügen. In der Regel haben die Arbeitgeber im Gesundheitswesen eine Betriebs- bzw. Berufshaftpflichtversicherung abgeschlossen oder werden im Rahmen der Vereinbarungen mit den Kostenträgern dazu verpflichtet. Sollte dies nicht der Fall sein, empfiehlt es sich, eine eigene Berufshaftpflichtversicherung abzuschließen. Einige Berufsverbände bieten ihren Mitgliedern durch die Mitgliedschaft zudem ebenfalls einen Versicherungsschutz an (z. B. Deutscher Pflegeverband ▶ Kap. 3.1.5). [2]

2.2.1 Rechtliche Folgen bei Fehlern

Bei der Haftung ist zu unterscheiden zwischen der strafrechtlichen und zivilrechtlichen Haftung. Somit können Fehler von Pflegenden unterschiedliche Rechtsfolgen auslösen:

- **Strafrecht;** Freiheits- und Geldstrafe (▶ Abb. 2.3)
- **Zivilrecht;** Schadenersatzansprüche
- Andere Rechtsfolgen: z. B. Abmahnungen, Schadenskündigung [2]

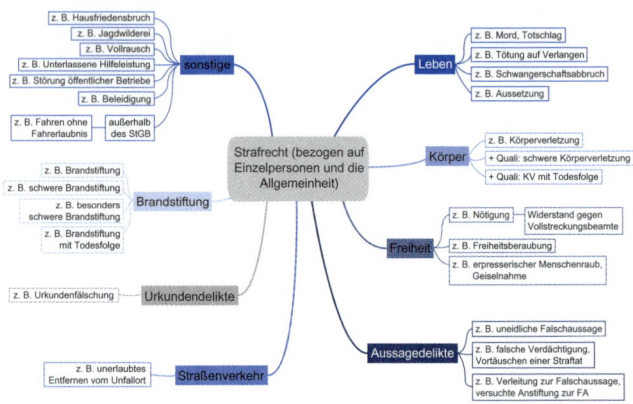

Abb. 2.3 Bereiche des Strafrechts.

Sorgfaltspflicht und Sorgfaltspflichtverletzungen

Sorgfaltspflichten der Pflegenden richten sich nach den aktuellen wissenschaftlichen Erkenntnissen des Berufsstandards. Beispiele für Grundlagen der Sorgfaltspflichten sind:
- Gesetzliche Berufspflichten und gesetzliche Vorgaben (z. B. Medizinprodukte ▶ Kap. 3.3)
- Ausbildungs- und Prüfvorschriften (▶ Kap. 3.1.3)
- Wissenschaft und Forschung
- Leitlinien der Fachgesellschaften und Berufsverbände, dazu gehören auch die Expertenstandards
- Stellenbeschreibungen

Verletzungen der berufsspezifischen Sorgfaltspflichten gehören zu der wichtigsten Gruppe fehlerhaften Verhaltens mit haftungsrechtlicher Wirkung. Rechtlich gesehen haftet man für widerrechtliche und schuldhafte Verletzungen der Sorgfaltspflicht, die ursächlich für einen Schaden sind. [2]

2.2.2 Beispiele für Haftungssituationen

Wann und welche Haftung einsetzt, ist von vielen Bedingungen abhängig. Risikobehaftete Situationen, in denen bei nachweisbarem Fehlverhalten eine Haftungssituation eintreten sind z. B.:
- Fehler bei delegierten ärztlicher Tätigkeiten (▶ Kap. 2.1)
- Dekubitus und Sturz
- Verletzung der Schweigepflicht (▶ Kap. 2.4)
- Freiheitsentzug ohne Einwilligung (▶ Kap. 1.1.2)

- Mangelnde Hygiene
- Verkennen lebensbedrohlicher Situationen
- Aktive Sterbehilfe (▶ Kap. 2.3.2) [2]

Merke

Je wahrscheinlicher ein Haftungsrisiko besteht, desto geringer ist die Pflegequalität zu bewerten. Demzufolge kommt der Qualitätssicherung auch im Sinne des Haftungsrechts eine hohe Bedeutung zu.

2.2.3 Vorsatz und Fahrlässigkeit

In Veröffentlichungen über Straftaten wird z. T. von **Vorsatz**, z. T. aber auch von **Fahrlässigkeit** des Täters gesprochen. Das Gesetz sieht eine Strafbarkeit grundsätzlich nur für vorsätzliches Verhalten vor und verlangt für die Strafbarkeit der Fahrlässigkeit eine ausdrückliche Anordnung.

Vorsatz bedeutet, dass ein Täter mit *Wissen* und *Wollen* einen Tatbestand verwirklicht. Dabei muss diese Verwirklichung aber nicht sein endgültiges Ziel sein; es genügt schon, wenn er einen entsprechenden Erfolg nur bewusst hinnimmt.

Fahrlässigkeit bedeutet, dass der Täter an die Folgen seines Verhaltens entweder gar nicht gedacht hat oder dass er davon ausgegangen ist, dass sie nicht eintreten würden. Es muss ihm aber bei seinen Fähigkeiten erkennbar gewesen sein, welche Folgen sein Verhalten mit sich bringen konnte.

Gerade im medizinischen und pflegerischen Bereich bestehen beim Umgang mit Geräten vielfältige Gefahren. Sie können durch die Beachtung von Unfallverhütungsvorschriften und Bedienungsanleitungen vermieden werden. Passiert doch etwas, kann sich ein Bediensteter meist nur dann erfolgreich gegen den Vorwurf fahrlässigen Verhaltens zur Wehr setzen, wenn er diese Bestimmungen beachtet hat. [4]

2.3 Umgang mit Sterben und Tod

2.3.1 Sterbehilfe

Definition

Euthanasie (*griech. eu = schön, thanatos = Tod*): Unterstützung eines Menschen bei einem würdigen Sterben. Der Begriff ist durch die deutsche Geschichte schwer belastet.

Für Historiker ist **Euthanasie** ein Begriff, der eng mit dem Nationalsozialismus verknüpft ist. In dieser Zeit ermordete man in Deutschland Menschen, die man als „lebensunwert" ansah. Damals wurden etwa 5.000 Kinder und 100.000 Erwachsene mit Behinderungen getötet. Die Nationalsozialisten verwendeten für diesen Massenmord den beschönigenden Begriff „Euthanasieprogramm". Deshalb wird das Wort in Deutschland gemieden. Für das aktuelle medizinische und pflegerische Verständnis bedeutet Euthanasie „Hilfe im Sterben", Sterbebeistand, Sterbebegleitung. Das Themenfeld **Sterbehilfe** berührt in rechtlicher Hinsicht in erster Linie Bestimmungen der Strafgesetzgebung und das ärztliche Standesrecht.

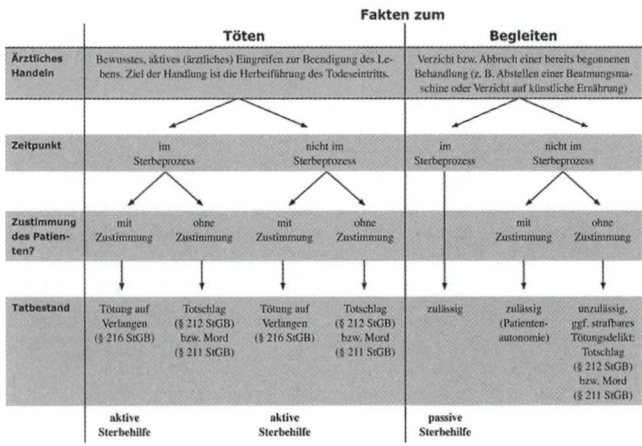

Abb. 2.4 Verschiedene Formen der Sterbehilfe im Überblick. [W885]

Es sind vier Formen von Sterbehilfe zu unterscheiden (▶ Abb. 2.4):
- **Passive Sterbehilfe** („Sterbenlassen"). Verzicht auf lebensverlängernde Maßnahmen unter Beibehaltung von „Grundpflege" und schmerzlindernder Behandlung: keine Beatmung, keine Dialyse, keine Ernährung und Flüssigkeitszufuhr, keine Medikamente außer Schmerz- und Beruhigungsmitteln. Hierzu zählt auch das Abschalten von Maschinen, die bis zu diesem Zeitpunkt ein Weiterleben ermöglicht haben.
- **Indirekte Sterbehilfe** (*indirekte aktive Sterbhilfe*). Schmerzlindernde Behandlung unter Inkaufnahme eines nicht beabsichtigten Lebensverkürzungsrisikos.
- **Beihilfe zur Selbsttötung** (*Freitodbegleitung*). Hilfeleistung zur Selbsttötung, z. B. durch Beschaffung und Bereitstellung eines tödlich wirkenden Medikaments.
- **Aktive Sterbehilfe** (*direkte aktive Sterbehilfe, Tötung auf Verlangen*) Absichtliche und aktive Beschleunigung oder Herbeiführung des Todeseintritts. Im Gegensatz zur indirekten Sterbehilfe ist der Tod nicht nur in Kauf genommen, sondern beabsichtigt. Im Unterschied zur *Beihilfe zur Selbsttötung* liegt die entscheidende Tatherrschaft nicht beim Betroffenen selbst, sondern bei einem Dritten. Aktive Sterbehilfe, auch wenn sie dem Wunsch des Kranken entspricht, ist nach § 216 StGB „Tötung auf Verlangen" strafbar. Der Tod wird z. B. durch eine

2.3 Umgang mit Sterben und Tod

Überdosis von Schmerz- und Beruhigungsmitteln, Narkosemittel oder Kalium-/Kalziuminjektionen herbeigeführt.

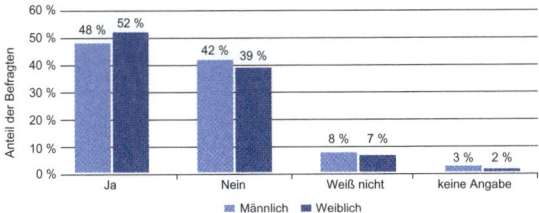

Abb. 2.5 Statistik über die Häufigkeit von Wünschen nach Suizidbegleitung.

Die **Deutsche Gesellschaft für humanes Sterben** (*DGHS*) versteht sich als Bürgerrechtsbewegung und Patientenschutzorganisation zur Verwirklichung des Selbstbestimmungsrechts bis zur letzten Lebensminute (siehe Lese- und Surftipp). Sie fordert eine umfassende gesetzliche Regelung der Sterbebegleitung und -hilfe.

Die Rechtslage zur „Sterbehilfe" in Deutschland ist derzeit nur schwer überschaubar. Ein diesbezüglicher Gesetzesentwurf von 2012 wurde bisher nicht verabschiedet. [1]

Der **Nationale Ethikrat** (seit 2008 **Deutscher Ethikrat**) hat 2006 eine umfangreiche Stellungnahme (*„Selbstbestimmung und Fürsorge am Lebensende"*) vorgelegt (siehe Lese- und Surftipp). Darin gibt er zahlreiche Empfehlungen für einen angemessenen, moralisch vertretbaren und ethisch gesicherten Umgang mit Menschen im Sterbeprozess. Außerdem machte der Ethikrat sich für eine neue Benennung der unterschiedlichen Entscheidungen und Handlungen am Lebensende stark. Einige der Empfehlungen (modifiziert zitiert nach [5]; wörtliche Textübernahmen sind mit An- und Abführungszeichen gekennzeichnet):

- **„Sterbebegleitung und Therapien am Lebensende"**
  - „(1) Jeder unheilbar kranke und sterbende Mensch hat Anspruch darauf, unter menschenwürdigen Bedingungen behandelt, gepflegt und begleitet zu werden."
  - „(2) Bei allen Maßnahmen der Sterbebegleitung und der Therapien am Lebensende ist der Wille des Betroffenen maßgebend."
  - „(6) Das ehrenamtliche Engagement bei der Sterbebegleitung sollte gefördert und unterstützt werden."
  - „(7) Angehörigen sollte eine kompetente Beratung über Pflege- und Versorgungsmöglichkeiten schwer kranker Menschen zur Verfügung stehen." [5]
- **„Sterbenlassen"**
  - „(1) Jeder Patient hat das Recht, eine medizinische Maßnahme abzulehnen. Dies gilt auch dann, wenn die medizinische Maßnahme sein Leben verlängern könnte."

- „(2) Ärzte, Pflegende und Angehörige sollten daher gemäß dem Willen des Patienten lebenserhaltende Maßnahmen unterlassen, begrenzen oder beenden dürfen, ohne deshalb strafrechtliche oder berufsrechtliche Sanktionen befürchten zu müssen."
- „(5) In Zweifelsfällen hat die Erhaltung des Lebens Vorrang." [5]

- **„Suizid, Suizidintervention und Beihilfe zum Suizid"**
  - „(1) Rechtsordnung und gesellschaftliche Praxis sollten weiterhin darauf ausgerichtet sein, Menschen, auch wenn sie schwer krank sind, von dem Wunsch, sich selbst das Leben zu nehmen, abzubringen und ihnen eine Perspektive für ihr Leben zu eröffnen."
  - „(2) Bestehen bei einem Suizidversuch eines schwer kranken Menschen klare Anhaltspunkte, dass der Versuch aufgrund eines ernsthaft bedachten Entschlusses erfolgt und dass der Betroffene jegliche Rettungsmaßnahme ablehnt, so sollen nach Auffassung der Mehrheit der Mitglieder des Nationalen Ethikrates Personen, die z. B. als Ärzte oder Angehörige eine besondere Einstandspflicht für den Suizidenten haben, von einer Intervention absehen dürfen, ohne Strafverfolgung befürchten zu müssen. Einige Mitglieder des Nationalen Ethikrates halten es für erforderlich, diese Möglichkeit auf Situationen zu beschränken, in denen die schwere Krankheit absehbar zum baldigen Tod führen wird."
  - „(3) Suizidversuch und Beihilfe zum Suizid sind in Deutschland grundsätzlich straflos. Dies sollte so bleiben […]" [5]

Merke

Zu Punkt (3) wurden im Ethikrat unterschiedliche Ansichten zum Ausdruck gebracht.
Manche Mitglieder stellten das ärztliche Berufsethos in einen Gegensatz zur Beihilfe zum Suizid, andere sahen es als gerechtfertigt an, dass Ärzte Patienten mit einem endgültig bestehenden Todeswunsch aufgrund eines „unheilbaren und unerträglichen Leidens" beim Suizid unterstützen (▶ Abb. 2.5). Ein Teil der Mitglieder des Ethikrats wünschte ein strafrechtliches Verbot organisierter Suizidhilfe. Andere befürworteten hingegen deren Etablierung in Deutschland unter der Voraussetzung, dass „Beratung und Bedenkzeit" gewährleistet sind. Einigkeit bestand unter den Ethikrats-Mitgliedern bei der Ablehnung von „gewinnorientiert betriebener Beihilfe zum Suizid". Die einhellige Meinung lautete, dass dies strafrechtlich verboten sein müsse. [5; in An- und Abführungszeichen stehende Textabschnitte in diesem Kasten entsprechen Formulierungen aus der zitierten Stellungnahme des Nationalen Ethikrats]

- **„Tötung auf Verlangen"**
  - „Die Strafbarkeit der Tötung auf Verlangen (§216 StGB) sollte beibehalten werden. Um Fällen gerecht zu werden, in denen jemand aus Gewissensnot handelt und einen anderen auf dessen

Verlangen hin tötet, ist nicht eine ausdrückliche gesetzliche Verbotsausnahme in Betracht zu ziehen, sondern der getroffenen Abwägung zwischen der Erhaltung des Lebens und der Beendigung des Leidens durch Absehen von Bestrafung Rechnung zu tragen." [5]

LESE- UND SURFTIPP

Stellungnahme des Nationalen Ethikrats zur Sterbehilfe:
www.ethikrat.org/dateien/pdf/Stellungnahme_Selbstbestimmung_
und_Fuersorge_am_Lebensende.pdf
Deutsche Gesellschaft für humanes Sterben: www.dghs.de

2.3.2 Umgang mit verstorbenen Menschen

Feststellung des Todes

Beim Stillstand von Herztätigkeit, Kreislauf und Atmung tritt zunächst der **klinische Tod** ein, bei dem innerhalb der ersten Minuten Wiederbelebungsmaßnahmen noch erfolgreich sein können. Daran schließt sich der irreversible Zellzerfall und damit der Tod aller Organe an, der als **biologischer Tod** bezeichnet wird. Der **Zeitpunkt des Todes** ist durch den Untergang der Gehirnzellen und dem damit verbundenen Erlöschen der Hirnfunktion, dem **Hirntod,** festgelegt. Der Hirntod kann bei beatmeten Patienten schon vor dem Stillstand des Herzschlags eintreten. Die durch den Kreislauf weiterhin noch durchbluteten Organe können bei vorliegendem Einverständnis als Spenderorgane für Transplantationen (▶ Kap. 3.7.6) entnommen werden. [4]

Leichenschau

Das **Leichenschaurecht** ist Länderrecht und nicht bundeseinheitlich geregelt. In allen Bundesländern einheitlich ist die Leichenschau eine ärztliche Aufgabe und Pflicht. Sie muss vor der Bestattung zur Feststellung des Todes, der Todesart und der Todesursache durchgeführt werden. Die Verpflichtung zur Leichenschau und Ausstellung der Todesbescheinigung gilt für die örtlich niedergelassenen Ärzte, für Notärzte und Krankenhausärzte und zwar zu jeder Tages- und Nachtzeit sowie an Sonn- und Feiertagen. Zur Veranlassung der Leichenschau verpflichtet sind z. B. die Angehörigen und Sorgeberechtigten, die leitenden Abteilungsärzte der Krankenhäuser und die Leiter von Heimen, Gefängnissen, Lagern. [4]

Merke

Damit im Fall eines unnatürlichen Todes oder eines Scheintodes nicht wertvolle Zeit verloren geht, muss die Leichenschau unverzüglich veranlasst werden.

Aufgaben

Die Leichenschau dient vor allem der Feststellung des eingetretenen Todes. Der Tod ist festgestellt, wenn mindestens eines der drei **sicheren Todeszeichen** zuverlässig nachgewiesen ist:

- **Totenflecke** (*Livores*). Sie kommen nach dem Kreislaufstillstand durch das Absacken des Blutes in die mittleren und unteren Körperteile zustande. Sie treten frühestens nach 20–30 Minuten beidseits des Halses auf und bilden sich dann weiter fortschreitend je nach Körperlage an den tief gelegenen Stellen aus. Die volle Ausprägung findet sich nach sechs bis zwölf Stunden. Nach 12–24 Stunden sind sie nicht mehr wegdrückbar.
- **Totenstarre** (*Rigor mortis*). Sie ist durch Veränderungen an der Muskulatur verursacht und breitet sich beginnend im Kieferbereich nach unten aus. Sie beginnt etwa zwei Stunden nach Todeseintritt und ist nach sechs bis zwölf Stunden voll ausgeprägt. Drei bis vier Tage nach Todeseintritt beginnt sie sich bei normaler Umgebungstemperatur zu lösen.
- **Fäulnisveränderungen.** Sie beginnen mit einer Trübung der Hornhäute und Grünverfärbung im Unterbauch und schreiten umso rascher fort, je höher die Umgebungstemperatur ist.

Die Festlegung des **Todeszeitpunkts** kann durch Aussagen von Zeugen des Todeseintritts oder schätzungsweise in den ersten Stunden durch die Bestimmung der Körpertemperatur und später durch das Fortschreiten der Todeszeichen ermittelt werden.

Bei der Ermittlung der **Todesursache** treten häufig Schwierigkeiten auf, vor allem, weil in vielen Fällen der zur Leichenschau gerufene Arzt den Verstorbenen und seine Lebensumstände nicht kennt. Die Vorgeschichte und die Befragung der Umgebung über das Todesgeschehen können wichtige Anhaltspunkte geben. Um Gewalteinwirkungen und Verbrechensfolgen nicht zu übersehen, muss die Leiche in vollständig unbekleidetem Zustand unter Einbeziehung aller Körperregionen einschließlich aller Körperöffnungen, des Rückens und der behaarten Kopfhaut sorgfältig untersucht werden.

Die Entscheidung, ob es sich um einen natürlichen oder nicht natürlichen Tod handelt ist ebenfalls eine wichtige Aufgabe der Leichenschau. Hier werden für die mögliche Entdeckung von Verbrechen die entscheidenden Weichen gestellt.

- Ein **natürlicher Tod** liegt vor, wenn eine natürliche Todesursache sicher festgestellt werden kann.
- Ein **nicht natürlicher Tod** liegt vor bei Tod durch Unfall oder Selbsttötung und Tod durch strafbare Handlung oder sonstige Gewalteinwirkung. Ist der Arzt im Zweifel, so kann er ankreuzen: „Todesart ungeklärt".

Nach ordnungsgemäßer Durchführung der Leichenschau muss der Arzt die **Todesbescheinigung** auf einem vorgeschriebenen mehrteiligen Formblatt ausstellen (▶ Abb. 2.6). Wenn ein natürlicher Tod darauf bestätigt wurde, wird die Todesbescheinigung samt Durchschrift der Person ausgehändigt, die die Leichenschau veranlasst hat. Bei Anhaltspunkten für einen nicht natürlichen Tod muss der Arzt die Polizei verständigen. Sie erhält dann die Todesbescheinigung und leitet weitere Maßnahmen ein. In den meisten Fällen wird durch die Staatsanwaltschaft oder das Amtsgericht eine **Obduktion** zur weiteren Klärung der Todesursache angeordnet. [4]

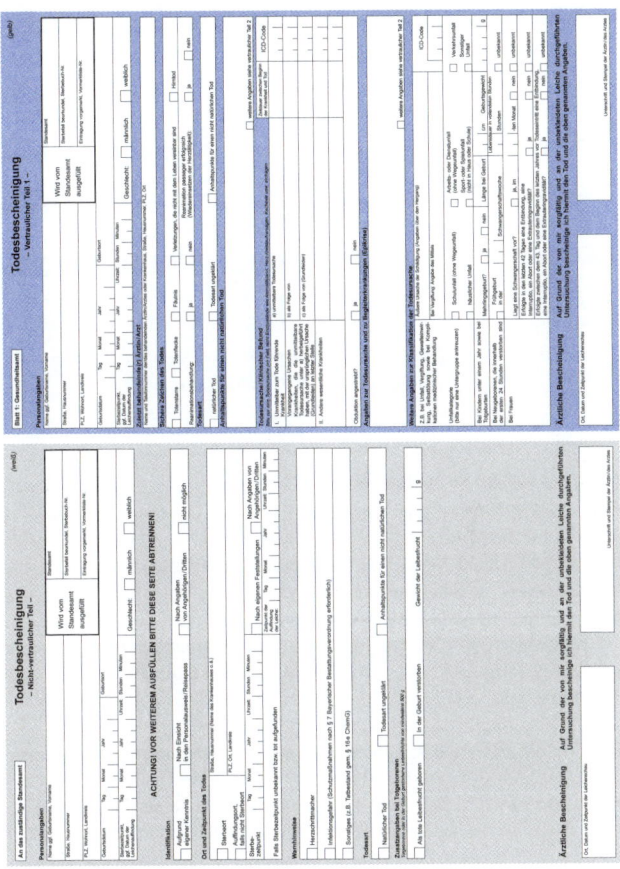

Abb. 2.6 Todesbescheinigung. [E221]

Bestattungsrecht

Die Vorschriften über die Leichenschau, die Behandlung von Leichen vor der Bestattung, die Art, den Zeitpunkt, den Ort und die Durchführung der Bestattung, die Bestattungseinrichtungen und die Ruhezeiten sind in den Bestattungsgesetzen der Länder enthalten. Das **Bestattungsgesetz**

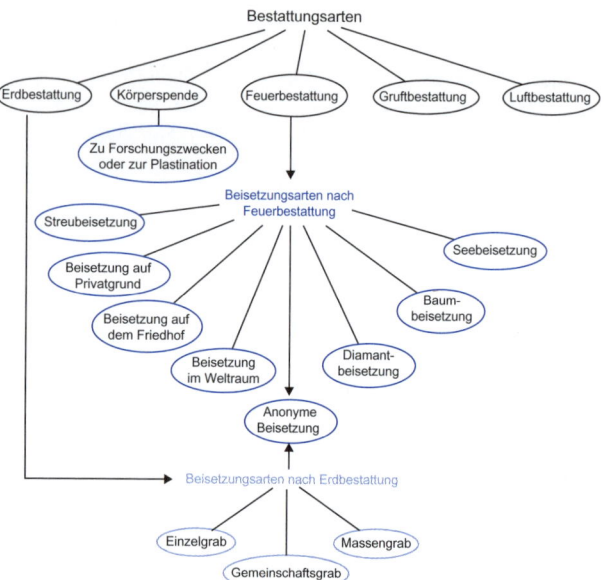

Abb. 2.7 Zulässige Formen der Bestattung.

wird von Durchführungsverordnungen ergänzt (▶ Abb. 2.7). Die Vorschriften im Bestattungsrecht sind Länderrecht.

Die weiteren Ausführungen beziehen sich auf das Landesrecht in Bayern. Die wichtigsten Regelungen lauten:

- Jede Leiche muss bestattet werden und zwar durch Beisetzung in einer Grabstätte (Erdbestattung) oder durch Einäscherung in einer Feuerbestattungsanlage und Beisetzung der in einer festen Urne verschlossenen Aschenreste in einer Grabstätte (Feuerbestattung) oder von einem Schiff aus auf hoher See (Seebestattung).
- Leichen und Urnen müssen bis auf wenige genehmigungspflichtige Ausnahmen in Friedhöfen beigesetzt werden.
- Für Art, Ort und Durchführung der Bestattung ist der Wille des Verstorbenen zu berücksichtigen. Ist dieser Wille nicht nachweisbar, bestimmen dies die Angehörigen, die für die Bestattung zu sorgen haben.
- Totgeborene und unter der Geburt verstorbene Kinder mit einem Geburtsgewicht von mindestens 500 g müssen bestattet werden. Fehlgeburten oder Embryonen und Feten aus Schwangerschaftsabbrüchen können auf Wunsch der Eltern bestattet werden. Die Gemeinden als Träger der Bestattungseinrichtungen sind verpflichtet, dies zuzulassen.

- Jede Leiche muss vor der Bestattung zur Feststellung des Todes, der Todesart und der Todesursache von einem Arzt untersucht werden. Wer den Verstorbenen unmittelbar vor dem Tod gepflegt hat, muss dafür dem Arzt, der die Leichenschau vornimmt, die erforderlichen Auskünfte erteilen und Unterlagen vorlegen. Der Pflegende kann dies nur verweigern, wenn er sich selbst dadurch der Gefahr aussetzt, wegen einer Ordnungswidrigkeit oder Straftat verfolgt zu werden.
- Die nach der Leichenschau vom Arzt ausgestellte Todesbescheinigung besteht aus einem Formblatt mit einem vertraulichen und einem nicht vertraulichen Teil. Die Todesbescheinigung wird beim Gesundheitsamt des Sterbeorts aufbewahrt. Liegt der Sterbeort außerhalb des Geltungsbereichs des Gesetzes, ist das Gesundheitsamt des Wohnorts dafür zuständig.
- Mit Leichen und Ascheresten Verstorbener darf nur so verfahren werden, dass keine Gefahren, insbesondere für die Gesundheit, zu befürchten sind und die Würde des Verstorbenen und das sittliche Empfinden der Allgemeinheit nicht verletzt werden.
- Körper- und Leichenteile müssen in schicklicher und gesundheitlich unbedenklicher Weise beseitigt werden, wenn sie nicht als Beweismittel oder zu medizinischen und wissenschaftlichen Zwecken benötigt werden.
- Die Gemeinden sind verpflichtet, Friedhöfe nach den vorgeschriebenen baulichen Voraussetzungen herzustellen und zu unterhalten.
- Die Ruhezeit für Leichen ist nach Anhörung des Gesundheitsamts unter Berücksichtigung der Verwesungsdauer festzusetzen. Sie hängt von der Bodenbeschaffenheit des Friedhofs ab.
- Für die Bestattung und die ihr vorausgehenden notwendigen Verrichtungen haben die Angehörigen zu sorgen.
- Eine Erdbestattung darf erst vorgenommen werden, wenn
  - der Arzt die Todesbescheinigung ausgestellt hat,
  - der Standesbeamte auf der Todesbescheinigung die Beurkundung des Sterbefalls vermerkt hat,
  - bei nicht natürlichem Tod oder wenn die Leiche eines Unbekannten aufgefunden wird, die schriftliche Genehmigung der Staatsanwaltschaft oder des Richters beim Amtsgericht vorliegt.
- Für die Feuerbestattung gelten dieselben Voraussetzungen wie für die Erdbestattung. Außerdem muss die für den Sterbeort zuständige Polizeidienststelle bestätigen, dass ihr keine Anhaltspunkte für einen nicht natürlichen Tod bekannt sind.
- Die Bestattung ist frühestens 48 Stunden nach Eintritt des Todes zulässig. Spätestens 96 Stunden nach Eintritt des Todes muss die Bestattung erfolgt sein. Aus besonderen Gründen können diese Zeiträume aber geändert werden, z. B. bei Obduktion, Feiertag, berechtigtem Interesse des Verstorbenen oder seiner Angehörigen.
- Die Träger von Friedhöfen und Feuerbestattungsanlagen müssen *Bestattungsverzeichnisse* führen.

- Wenn der Verstorbene vor seinem Tod an einer nach dem Infektionsschutzgesetz meldepflichtigen, übertragbaren Krankheit (▶ Kap. 3.5) gelitten hat oder der Verdacht dazu bestand, müssen die vorgeschriebenen Schutzmaßnahmen beachtet werden.
- Für die Einhaltung der Bestimmungen des Bestattungsgesetzes müssen die Gemeinden und die Landratsämter sorgen.

Einige Bundesländer beginnen damit, die Vorschriften für Beerdigungen zu liberalisieren und den Friedhofzwang und Sargzwang einzuschränken:
- Totenasche darf auf einem besonderen Feld des Friedhofs oder in einem „Friedwald" außerhalb des Friedhofs verstreut oder beigesetzt werden, wenn der Verstorbene es so verfügt hat. Bis zu einer solchen Form der Beisetzung oder einer Seebestattung darf den Angehörigen die Totenasche vorübergehend ausgehändigt werden.
- Der generelle Sargzwang wurde aufgehoben, die Friedhöfe und Kommunen dürfen über die Sargpflicht frei entscheiden. Dadurch kann den Angehörigen anderer Religionen, z. B. den Muslimen, auch die in ihrem Herkunftsland übliche Bestattung in Leinentüchern ermöglicht werden. [4]

Obduktion

── **Definition** ──

Obduktion (*Sektion, Autopsie*): Leicheneröffnung zur Feststellung der Todesursache.

Bei einer vollständigen Obduktion werden Brust-, Bauch- und Kopfhöhle eröffnet. Eine Obduktion wird durchgeführt
- bei nicht natürlicher Todesursache oder dem Verdacht auf eine nicht natürliche Todesursache auf Anordnung des Staatsanwalts oder des Amtsgerichts,
- bei natürlichen Todesursachen, falls dies der Verstorbene vor seinem Tod ausdrücklich gewünscht hat oder nach Zustimmung der nächsten Angehörigen aus medizinwissenschaftlichem Interesse.

Außer für juristische Zwecke bringt die Obduktion für die Fortschritte in der Medizin entscheidende und wichtige Erkenntnisse. Durch die Obduktion können die genaue Ausbreitung der Erkrankung, die Veränderungen an den einzelnen Organen und Folgen oder Nutzen der angewendeten Therapie ermittelt und überprüft werden. Nach der Obduktion werden die zur Leicheneröffnung erforderlichen Schnitte wieder sorgfältig vernäht, sodass an der bekleideten Leiche keine Spuren der Obduktion mehr sichtbar sind. [4]

LESE- UND SURFTIPP
Riepertinger, Alfred: Mein Leben mit den Toten. Ein Leichenpräparator erzählt. Heyne Verlag, München, 2012.

2.4 Schweigepflicht

Für Ärzte und Pflegende besteht eine Schweigepflicht. Das Gesetz ordnet diese Pflicht zusammen mit den Verschwiegenheitspflichten anderer Berufsgruppen dem Tatbestand der **Verletzung von Privatgeheimnissen** (§ 203 StGB) zu. Die **Verschwiegenheitspflicht** (*Schweigepflicht*) verfolgt zwei Ziele: Zum einen soll sich der Patient anvertrauen können, ohne befürchten zu müssen, dass seine Informationen anderen Personen bekannt werden. Zum anderen hat auch der Staat Interesse an dieser Verschwiegenheit. Häufig ist nur durch vollständige Information des Arztes eine zutreffende Diagnose und Behandlung möglich. Würde der Patient aus Angst, gewisse Dinge könnten weiterverbreitet werden, den Arzt nur unvollständig informieren, so würden vielfach Heilungschancen vertan. Als Folge würden erhebliche volkswirtschaftliche Schäden entstehen. [4]

2.4.1 Verletzung der Schweigepflicht

Ein **Geheimnis** im Sinne des Gesetzes ist nicht nur die genaue Diagnose. Vielmehr fällt darunter alles, was nicht bereits bekannt ist und was bei vernünftiger Betrachtung auch nicht anderen bekannt werden soll. Dadurch ist schon die Tatsache ärztlicher Behandlung an sich ein Geheimnis.
Weiteres Merkmal einer Verletzung der Schweigepflicht ist das **Offenbaren.** Dies bedeutet, dass ein Geheimnis einer anderen Person mitgeteilt oder sonst zugänglich gemacht wird. Dazu genügt es, wenn Vorgänge, die der Schweigepflicht unterfallen, offen herumliegen und von Unberechtigten eingesehen werden können (z.B. die Patientendokumentation).
Die Schweigepflicht gilt auch gegenüber anderen Ärzten. Sie darf nur dort durchbrochen werden, wo dies die Behandlung erfordert. Das ist z.B. bei Anweisungen an das Pflegepersonal oder bei Überweisungen der Fall. Werden aber Erfahrungen mit Kollegen ausgetauscht oder wissenschaftliche Veröffentlichungen vorgenommen, sind Angaben über Patienten nur in anonymer Form erlaubt. [4]

2.4.2 Entbindung von der Schweigepflicht

Die ärztliche Schweigepflicht besteht im Interesse des Patienten und nicht im Interesse des Arztes. Deshalb kann der Patient die Schweigepflicht aufheben. Das hat in der Praxis erhebliche Bedeutung: Einerseits ist an Gerichtsverfahren zu denken, in denen die Aussage des Arztes zum Nachweis z.B. von Unfallverletzungen notwendig ist. Hier wird die entsprechende Erklärung zur Entbindung der Schweigepflicht oft erst in der Gerichtsverhandlung zu Protokoll gegeben. Andererseits ist der Gesundheitszustand eines Menschen für den Abschluss eines Arbeitsvertrags oder einer Versicherung oft von so großer Bedeutung, dass die andere Seite Einsicht in ärztliche Unterlagen haben will. In diesen Fällen wäre auch eine mündliche Entbindung von der Schweigepflicht wirksam. Um sich selbst gegen den Vorwurf einer unbefugten Äußerung zu schützen, sollte der Arzt aber stets auf eine schriftlichen Abfassung der Entbindungserklärung bestehen. [4]

2.4.3 Durchbrechen der Schweigepflicht

Eine Strafbarkeit nach § 203 StGB besteht nur, wenn eine Offenbarung des Geheimnisses *unbefugt* erfolgt. So muss ein Arzt etwa nach § 4 des **Gesetzes zur Kooperation und Information im Kinderschutz** (*Kinderschutzgesetz*) das Jugendamt informieren, wenn er an einem Kind Zeichen entdeckt, die auf Misshandlung hinweisen. Ärzte, aber auch Pflegende und Angehörige vieler anderer Berufsgruppen, die beruflichen Verschwiegenheitspflichten unterliegen, müssen nach dieser bundesweit geltenden Regelung bei einem begründeten Verdacht auf eine erhebliche Vernachlässigung oder Misshandlung eines Kindes zunächst dessen Erziehungsberechtigte auf den Sachverhalt ansprechen. Bleibt dieser Versuch ohne Erfolg, so ist als nächster Schritt das zuständige Jugendamt zu informieren.

Ist die Situation besonders kritisch – etwa bei schweren Verletzungen eines Kindes, bei Nichterreichbarkeit des Jugendamtes oder bei fraglicher Identität der Betroffenen – ist unter dem Gesichtspunkt des befugten Handelns auch die direkte Information der Polizei erlaubt.

Seit dem Inkrafttreten des Kinderschutzgesetzes sind die früher in diesem Bereich geltenden landesrechtlichen Regelungen aufgehoben.

Insgesamt lassen sich folgende Gruppen zusammenfassen, bei denen die ärztliche Schweigepflicht befugt durchbrochen werden darf:

- Der Arzt ist von der Schweigepflicht entbunden.
- Gesetzliche Bestimmungen erfordern oder erlauben die Meldung an bestimmte Stellen (▶ Kap. 2.4.4).
- Eine Mitteilung ist durch Erfordernisse der Behandlung geboten.
- Eine Mitteilung ist zur Wahrung berechtigter eigener Interessen notwendig, z. B. Einklagen von Honoraren, Abrechnung gegenüber gesetzlichen Krankenkassen, Verteidigung gegenüber zu Unrecht erhobenen Vorwürfen.
- Eine Mitteilung ist zur Wahrung höherwertiger Rechtsgüter nötig. Höherwertig als die Schweigepflicht ist etwa der Anspruch eines Kindes auf Schutz vor Misshandlungen.

ACHTUNG
Die Schweigepflicht endet **nicht** mit dem Tod eines Patienten. Sie ist ein höchstpersönliches Rechtsgut. Das bedeutet, dass nach dem Tod nicht einmal die Erben eine wirksame Entbindung von der Schweigepflicht aussprechen können.

Wird die gesundheitliche Situation eines Verstorbenen aus irgendeinem Grund bedeutsam – etwa im Rahmen einer Erbrechtsstreitigkeit – hat der Schweigepflichtige, wenn keine ausdrückliche Regelung über die Aufhebung der Schweigepflicht nach dem Tod getroffen war, den mutmaßlichen Willen des Verstorbenen zu erforschen. Geht dieser seiner Auffassung nach dahin, dass eine Offenbarung im Interesse des Verstorbenen liegt, darf er Angaben machen, andernfalls nicht.

Verstöße gegen die Schweigepflicht werden nur auf Strafantrag (§ 205 StGB) verfolgt. Strafantrag darf derjenige stellen, zu dessen Lasten der Verstoß gegen die Schweigepflicht gegangen ist. Im Gerichtsverfahren wird die ärztliche Schweigepflicht durch ein **Zeugnisverweigerungsrecht** abgesichert. Es gilt aber nur dann, wenn die Schweigepflicht des Arztes nicht durch Entbindung aufgehoben ist. Trotz einer bestehenden Schweigepflicht kann ein Arzt übrigens aussagen. Diese Aussage muss im Prozess unter Umständen auch verwertet werden. Der Arzt riskiert allerdings, wegen Verletzung der Schweigepflicht bestraft zu werden. [4]

2.4.4 Meldepflicht

Schließlich soll noch kurz dargestellt werden, wann **Meldepflichten** Mitteilungen des Arztes erfordern. Hier ist vor allem an folgende Gesetze zu denken:

- Nach dem **Infektionsschutzgesetz** (▶ Kap. 3.5) sind bestimmte übertragbare Krankheiten sowie das Auftreten bestimmter Krankheitserreger dem zuständigen Gesundheitsamt mitzuteilen. Meist löst schon ein Krankheitsverdacht oder der indirekte Nachweis entsprechender Krankheitserreger die Mitteilungspflichten aus. Überwiegend müssen die Mitteilungen den Betroffenen namentlich bezeichnen; in den übrigen Fällen genügt zumindest zunächst eine anonymisierte Meldung.
- Geburt und Tod sind nach dem **Personenstandsgesetz** (▶ Kap. 3.7.5) mitzuteilen.
- Das **Kinderschutzgesetz** verpflichtet bei dem Verdacht der Vernachlässigung, der Misshandlung oder des Missbrauchs nach einer ohne Erfolg bleibenden Abklärung mit den zur Personensorge Berechtigten zu einer Meldung an das Jugendamt (▶ Kap. 2.4.3).
- Die früher nach dem Bundessozialhilfegesetz bestehende Pflicht zur Meldung bestimmter Behinderungen ist durch eine Hinweispflicht für Ärzte und Pflegende auf Beratungsmöglichkeiten nach dem SGB IX ersetzt worden. [4]

2.5 Dokumentationspflicht

_____ **Definition** _____

Pflegedokumentation: Aufzeichnung und Sammlung von Daten zur Sicherung von Informationen über den Pflegeprozess; gesetzliche Pflicht, Instrument einer prozessorientierten Pflegeplanung sowie Teil des Informationsmanagements.

An der Pflege und Therapie erkrankter oder alter Menschen sind viele Personen und Berufsgruppen beteiligt, z.B. Pflegekräfte, Ärzte, Physiotherapeuten, Ergotherapeuten und Sozialarbeiter. Alle Informationen, die über diesen Menschen verfügbar sind, werden schriftlich in einem **Dokumentationssystem** zusammengefasst. Die vielen Einzelinformationen aus jeder Disziplin ergeben das Gesamtbild (▶ Abb. 2.8). Auf diese Weise gehen Informationen nicht verloren und alle Mitglieder des therapeutischen Teams können sich schnell über die aktuellen Bedürfnisse des Pflegebedürftigen informieren.

Die Pflegedokumentation ist **gesetzlich** für jeden Pflegebedürftigen in jeder Einrichtung des Gesundheitswesens vorgeschrieben.

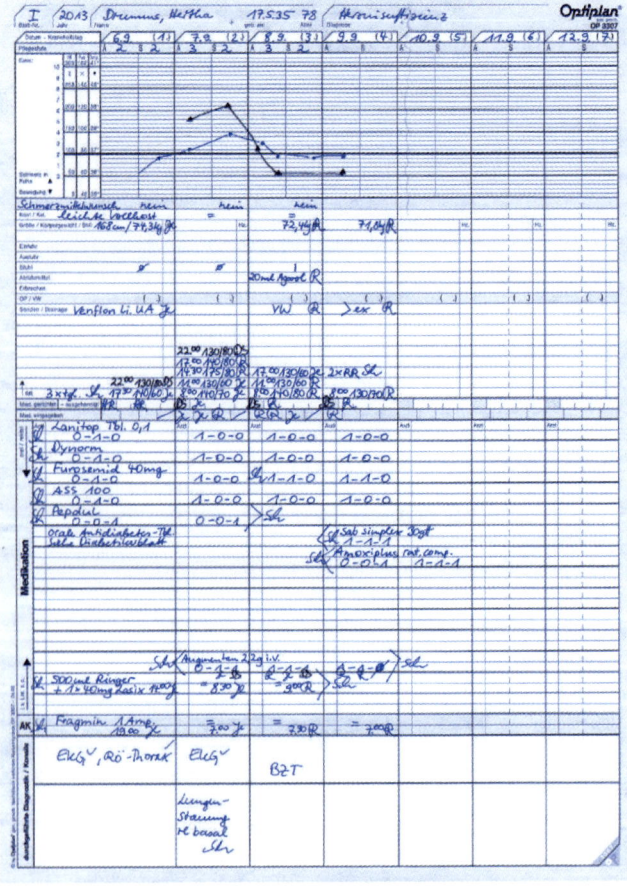

Abb. 2.8 Beispielhafte Dokumentation der Vitalzeichen. [V161]

2.5 Dokumentationspflicht

Merke

Gesetzliche Grundlagen der Pflegedokumentation:
- SGB XI: § 113, insbesondere die gemeinsamen Maßstäbe und Grundsätze für die Qualität und Qualitätssicherung
- SGB V: Verpflichtung laut Rahmenvertrag gemäß §132a
- Landesheimgesetze
- Rahmen-Berufsordnung des deutschen Pflegerates: §2

Haftungsrechtliche Aspekte ergeben sich, weil die Dokumentation eine Nebenpflicht ist, wenn der Träger der Pflegeeinrichtung und der Pflegebedürftige bei der Aufnahme den Vertrag abschließen.

Für Pflegekräfte hat die Dokumentation einen wichtigen Stellenwert, weil sie die Grundlage ist, um die Professionalität des pflegerischen Handelns nachzuweisen. Pflegende unterliegen der **Durchführungsverantwortung,** die nur durch eine regelgerechte Pflegedokumentation nachzuweisen ist. Im Falle einer Schadensersatzklage, liegt die Beweislast beim Klagenden. Ist die Dokumentation allerdings mangelhaft, kann dies bis zur Beweislastumkehr führen, und die Einrichtung muss nachweisen, dass die pflegerischen Maßnahmen ordnungsgemäß erbracht wurden. [1]

Regeln für die Pflegedokumentation

- In der Pflegedokumentation ist pflegerische und medizinische Fachsprache zu verwenden. Innerhalb einer Einrichtung ist eine Einigung auf bestimmte pflegetheoretische Begriffe sinnvoll.
- Die Pflegedokumentation ist von den Pflegenden für Pflegende zu erstellen, und es ist nicht notwendig, sie so abzufassen, dass ein Berufsfremder sie ohne Hilfe versteht.
- Pflegende übernehmen nicht die Dokumentationspflichten anderer Kollegen oder Berufsgruppen. Alle an der Betreuung des Pflegebedürftigen beteiligten Personen nehmen die Dokumentation ihrer Handlungen sowie erhobenen Befunde eigenhändig vor.
- Medizinische Anordnungen sind vom Arzt einzutragen und abzuzeichnen. Eine telefonische Anordnung genügt diesen Anforderungen nicht und ist rechtlich umstritten.
- Im Falle von Rechtsstreitigkeiten kann nicht dokumentierte Pflege als nicht erbrachte Pflege gelten.
- Die Formulierungen sind knapp und präzise zu halten. Stichwortartige Beschreibungen reichen häufig aus.
- Die Dokumentation muss unmittelbar auf den Pflegebedürftigen bezogen sein. Bewertungen und Interpretationen sind bei subjektiven Angaben des Pflegebedürftigen (evtl. der Bezugsperson) zu vermeiden. Die Aussagen des Pflegebedürftigen sind ggf. zu zitieren und in Anführungsstriche zu setzen.
- Die Einwilligung zur Pflegedokumentation ist vom Pflegebedürftigen einzuholen. Die Pflegebedürftigen haben grundsätzlich ein Einsichts-

recht in ihre Pflegedokumentation (▶ Kap. 1.1.2). Verletzende Äußerungen über den Pflegebedürftigen dürfen nicht Eingang in die Pflegedokumentation finden.
- Es ist lückenlos und logisch nachvollziehbar zu dokumentieren.
- Es sind die üblichen pflegerischen oder medizinischen Abkürzungen zu verwenden, hausinterner Sprachgebrauch ist nicht geeignet. Ein Abkürzungsverzeichnis soll auf jeder Pflegeeinheit hinterlegt sein.
- Pflegende dokumentieren zeit- und ortsnah. Als Faustregel gilt: Die Dokumentation hat spätestens zum Schichtende zu erfolgen. Sie darf auf keinen Fall vor Ausführung der dokumentierten Handlung vorgenommen werden.
- Aktuelle Probleme und die daraus resultierenden Maßnahmen (evtl. vom Arzt angeordnete Medikamente) und deren weiterer Verlauf sind sofort zu dokumentieren. [2]

3 Weitere berufsbezogene Rechtsbereiche

3.1 Arbeitsrecht

3.1.1 Arbeitsvertrag

Der **Arbeitsvertrag** gehört rechtlich zur Gruppe der **Dienstverträge.** Kennzeichen dieser Verträge ist, dass gegen Zahlung einer Vergütung eine Tätigkeit zu erbringen ist. Darin unterscheidet sich der Dienstvertrag vom **Werkvertrag,** bei dem ein bestimmter Erfolg (das Werk) geschuldet wird. Die Abgrenzung des **Arbeitsvertrags** zu den anderen Dienstverträgen erfolgt dadurch, dass beim Arbeitsvertrag der eine Teil, nämlich der *Arbeitnehmer,* seine Tätigkeit fremdbestimmt und unselbstständig erbringt. Art und Inhalt seiner Tätigkeit und der zeitliche Rahmen werden ihm regelmäßig vorgegeben. Der Arbeitnehmer ist mit seiner Tätigkeit in einen bestimmten Betriebsablauf eingebunden. [4]

Abschluss

Arbeitsverträge können grundsätzlich *formfrei* abgeschlossen werden. Eine mündliche Vereinbarung ist also wirksam.

In einigen Bereichen sehen aber gesetzliche Bestimmungen für den Abschluss von Arbeitsverhältnissen *Schriftform* vor, und vielfach ist die Schriftform durch Tarifverträge vorgeschrieben. Unabhängig davon ist im eigenen Interesse darauf zu achten, einen Arbeitsvertrag schriftlich abzuschließen. Denn nur so lässt sich sein Inhalt zweifelsfrei beweisen.

Die bessere Beweisbarkeit war auch der Grund für die Schaffung des **Nachweisgesetzes.** Es bestimmt für alle Arbeitsverhältnisse von mehr als einem Monat Dauer, dass der Arbeitgeber dem Arbeitnehmer spätestens einen Monat nach dem Beginn eines Arbeitsverhältnisses einen unterzeichneten schriftlichen Nachweis über den Arbeitsvertrag auszuhändigen hat. Darin sind alle wesentlichen Regelungen, insbesondere über die Tätigkeit, Zeit und Ort der Arbeitsleistung, das vereinbarte Entgelt und die Kündigungsfristen, aufzunehmen. Für **Ausbildungsverträge** (▶ Kap. 3.1.7) galt schon länger die Regelung, dass der Arbeitgeber den wesentlichen Inhalt spätestens unmittelbar nach dem Abschluss eines Vertrags schriftlich niederlegen musste.

Auf die Einhaltung der Schriftform muss aber auch geachtet werden, wenn ein Arbeitsvertrag wirksam **befristet** werden soll. § 14 Abs. 4 des Gesetzes über Teilzeitarbeit und befristete Arbeitsverträge schreibt zwingend vor, dass eine Befristung schriftlich vereinbart wird. Beachtet ein Arbeitgeber diese Form nicht, kommt der Arbeitsvertrag auf unbestimmte Zeit zustande und endet später nicht von selbst. Vielmehr kann er dann nur durch eine Kündigung beendet werden.

An dieser Stelle ist auch darauf einzugehen, aus welchen Quellen sich der Inhalt eines Arbeitsvertrags ergibt. Diese sind:
- Verfassung (1)
- Gesetz (2)
- Tarifvertrag (3)
- Betriebsvereinbarung (4)
- Arbeitsvertrag (5)

Dabei gelten das Rang- und das Günstigkeitsprinzip: Das **Rangprinzip** besagt, dass innerhalb der oben genannten Quellen eine Regelung auf niedrigerer Stufe einer höherrangigen grundsätzlich nicht widersprechen darf. Ausnahme ist das **Günstigkeitsprinzip**. Es bedeutet, dass auf einer tieferen Stufe Regelungen getroffen werden dürfen, die für den Arbeitnehmer besser sind als diejenigen der höheren Stufe. Eine Verschlechterung ist dagegen unzulässig. [4]

Inhalt

Der Arbeitsvertrag regelt die gegenseitigen Pflichten von Arbeitgebern und Arbeitnehmern (▶ Abb. 3.1). Eine abschließende Aufzählung ist kaum möglich, da sich aus der Eigenart einzelner Arbeitsverträge zu viele Besonderheiten ergeben können. Es lassen sich aber Hauptgruppen regelmäßig bestehender **Pflichten** nennen.

Für den Arbeitnehmer sind besonders bedeutsam:
- **Pflicht zur Arbeitsleistung.** Der Arbeitnehmer muss *persönlich* die Aufgaben erfüllen, die er laut Arbeitsvertrag übernommen hat. Ort und Zeit der Arbeitsleistung ergeben sich entweder aus dem Vertrag selbst oder aus den dort festgelegten Regelungsbefugnissen. Der Arbeitnehmer ist verpflichtet, seine Tätigkeit so gut auszuführen, wie es ihm möglich ist. Jeder Arbeitsvertrag steht aber unter dem Vorbehalt, *zumutbare Nottätigkeiten* zu übernehmen, wenn dies erforderlich ist.
- **Pflicht zum Gehorsam.** Anordnungen, die einem Arbeitnehmer im Rahmen seiner Aufgaben gegeben werden, hat er bestmöglich auszuführen. Der Arbeitnehmer muss jedoch nichts tun, was eine Straftat oder Ordnungswidrigkeit darstellen würde.
- **Treuepflicht.** Der Arbeitnehmer hat generell die Interessen des Arbeitgebers bestmöglich zu wahren. Er ist zur Verschwiegenheit verpflichtet. Es ist ihm untersagt, selbstständig oder durch eine Tätigkeit bei einem anderen Arbeitgeber seinem Arbeitgeber Konkurrenz zu machen (*Wettbewerbsverbot*).

Für den Arbeitgeber sind besonders bedeutsam:
- **Pflicht zur Zahlung des Arbeitsentgelts.** Der Arbeitgeber muss dem Arbeitnehmer zum Fälligkeitszeitpunkt die vereinbarte Vergütung bezahlen. Normalerweise steht im Arbeitsvertrag ausdrücklich, ob *Brutto-* oder *Nettobezüge* vereinbart sind. Fehlt es daran, ist der vereinbarte Arbeitslohn Bruttolohn. Zur Einbehaltung der Lohnsteuer und der Arbeitnehmeranteile zur Sozialversicherung ist der Arbeitgeber gesetzlich verpflichtet.

- **Fürsorgepflicht.** Sie umfasst insbesondere, dass der Arbeitgeber den Arbeitsplatz so sicher wie möglich ausgestalten muss.
- **Gleichbehandlungsgrundsatz.** Dem Arbeitgeber ist es nicht erlaubt, ohne vernünftigen Grund einzelne Arbeitnehmer oder Arbeitnehmergruppen anders als andere zu behandeln. Zahlt ein Arbeitgeber z. B. ab einer gewissen Dauer der Betriebszugehörigkeit Gehaltszuschläge, dann muss er sie allen Arbeitnehmern mit entsprechender Beschäftigungsdauer gewähren.
- **Beschäftigungspflicht.** Der Arbeitnehmer hat einen Anspruch darauf, die vereinbarte Tätigkeit ausüben zu dürfen. Das ist insbesondere bei Berufen bedeutsam, wo die einschlägigen Fähigkeiten nur durch ständige Berufsausübung erhalten werden, z. B. bei Berufsmusikern.
- **Schutz vor Übergriffen.** Der Arbeitgeber muss Sorge tragen, dass seine Arbeitnehmer von Kollegen – vor allem Vorgesetzten – korrekt behandelt werden und vor Übergriffen Dritter so gut wie möglich geschützt sind. Letzteres gilt vor allem bei sexuell motivierten Belästigungen und kann dazu führen, dass ein Arbeitgeber unter Umständen auch einmal auf bestimmte „Kunden" verzichten muss. So kann ein Krankenhaus, in dem ein Patient Pflegepersonal sexuell belästigt, gehalten sein, diesen Patienten des Hauses zu verweisen. [4]

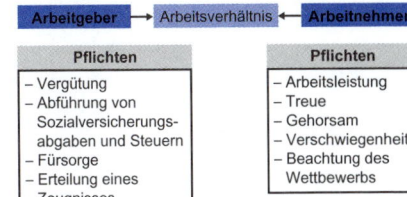

Abb. 3.1 Verhältnis zwischen Arbeitgeber und -nehmer.

Folgen von Pflichtverletzungen

Pflichtverletzungen können sowohl Arbeitgeber als auch Arbeitnehmer begehen. Sie können zu *Schadensersatzansprüchen* führen. Zu beachten ist, dass Arbeitgeber für **Personenschäden** persönlich nicht haften. Diese Regelung trifft das Sozialgesetzbuch (SGB) VII in § 104, weil die Arbeitnehmer durch die Ansprüche gegen die Unfallversicherung bereits abgesichert sind. Dasselbe gilt für Personenschäden, die sich Arbeitnehmer eines Betriebs gegenseitig zufügen (§ 105 SGB VII).

Ausnahme: Wird ein Personenschaden **vorsätzlich** herbeigeführt, gilt die persönliche Haftung.

Für **Sachschäden** haften Arbeitgeber und Arbeitnehmer im Grundsatz voll. Für Arbeitnehmer gab es früher bereits eine wichtige Einschränkung: die **gefahrgeneigte Arbeit.** Darunter verstand die Rechtsprechung Tätigkeiten, bei denen auch einem an sich sorgfältigen Arbeitnehmer einmal ein Fehler unterlaufen kann. Das bekannteste Beispiel dafür war das

Führen von Kraftfahrzeugen. Hier hatte ein Arbeitnehmer bei nur leichter Fahrlässigkeit keine Ersatzansprüche des Arbeitgebers zu befürchten. Bei mittlerer Fahrlässigkeit wurde der Schaden geteilt; lediglich bei grober Fahrlässigkeit und Vorsatz haftete ein Arbeitnehmer voll.

Inzwischen beschränkt eine gefestigte Rechtsprechung die **Haftung des Arbeitnehmers** generell und nicht mehr nur bei den gefahrgeneigten Tätigkeiten. Diese Rechtsprechung hat sich daraus ergeben, dass Arbeitnehmer vielfach mit so hohen Sachwerten umgehen müssen, dass sie durch eine Regressleistung ihr Leben lang finanziell ruiniert wären. Zum anderen machte es der zunehmende Fortschritt der Technik immer schwieriger, gefahrgeneigte und nicht gefahrgeneigte Tätigkeiten sinnvoll voneinander abzugrenzen. Der Grad an **Fahrlässigkeit,** der einem Arbeitnehmer vorgeworfen werden kann, ist jetzt nur noch einer von mehreren Umständen, die für die Bemessung seiner Haftung eine Rolle spielen. Daneben werden vor allem folgende Umstände herangezogen:

- Erfahrung eines Arbeitnehmers mit seiner Tätigkeit
- Stellung eines Arbeitnehmers im Betrieb
- Drohender Schadensumfang und Möglichkeiten des Arbeitgebers, sich dagegen abzusichern
- Gefährlichkeit der Arbeit

Auf dieser Grundlage wird ein Arbeitnehmer nur noch bei schwerwiegendem Fehlverhalten für einen nicht allzu hohen Schaden voll einstehen müssen.

Ist ihm bei einer Gesamtabwägung nur ein geringer Vorwurf zu machen, so ist er von seiner Haftung befreit. In dem weiten Bereich eines mittelschweren Vorwurfs wird der Arbeitnehmer nur anteilig und das zudem auf einen bestimmten Betrag – etwa die Selbstbeteiligung einer Versicherung – beschränkt haften müssen. [4]

Abmahnung

Eine weitere Folge der Pflichtverletzung eines Arbeitnehmers kann die **Abmahnung** sein. In einer auf Dauer angelegten Rechtsbeziehung wie einem Arbeitsvertrag berechtigen Pflichtverletzungen der einen Seite die andere zwar grundsätzlich zu einer Kündigung. Gerade ein Arbeitnehmer ist aber oft in seiner gesamten Existenz davon abhängig, überhaupt arbeiten zu können. Es wäre deshalb unverhältnismäßig, wenn eine Kündigung als Folge eines kleinen Fehlers seine Existenz vernichten könnte.

Auch einem Arbeitgeber wird vielfach daran gelegen sein, eine an sich gut arbeitende Kraft nach einem kleineren Fehler nicht zu verlieren, sie aber doch auch nachdrücklich auf einen Fehler hinweisen zu können. Diese Ziele können mit einer Abmahnung erreicht werden: Mit ihr wird der Arbeitnehmer auf sein Fehlverhalten hingewiesen und gleichzeitig für die Zukunft vor einer Wiederholung gewarnt.

Die Abmahnung verbleibt eine angemessene Zeit (etwa zwei–drei Jahre) in den Personalakten. Ist es bis dahin zu keinem neuen Vorfall gekommen, wird sie ohne weitere Folgen entfernt. Wiederholt sich dagegen das abgemahnte Verhalten oder treten Gründe für eine anderweitige Abmahnung auf, können diese Abmahnungen in ihrer Summe die Grundlage für eine Kündigung des Arbeitnehmers bilden. [4]

Beendung des Arbeitsverhältnisses

Normalerweise wird ein Arbeitsverhältnis durch **Kündigung** beendet. Daneben gibt es eine Reihe anderer Gründe:
- Der Tod des Arbeitnehmers beendet ein Arbeitsverhältnis immer.
- Der Tod des Arbeitgebers beendet ein Arbeitsverhältnis nur, wenn die geschuldete Arbeitsleistung an seine Person gebunden war, z. B. Pflegeleistungen.
- Eine auflösende Bedingung beendet ein Arbeitsverhältnis nur dann, wenn dadurch keine Kündigungsschutzvorschriften umgangen werden, z. B. Beendigung mit dem Erreichen der gesetzlichen Altersgrenze, weil dann ein Rentenanspruch besteht. Sie muss – wie eine Befristung – im Arbeitsvertrag schriftlich festgelegt sein.
- Der Aufhebungsvertrag ist eine einvernehmliche Beendigung eines Arbeitsverhältnisses durch übereinstimmende Erklärungen von Arbeitnehmer und Arbeitgeber. Aufhebungsverträge werden oft mit Abfindungen verbunden. Arbeitnehmer sollten mit ihrem Abschluss zurückhaltend sein, weil dann oft wichtige soziale Schutzrechte, die eine Kündigung verhindern würden, aufgehoben sind.
- Ein befristetes Arbeitsverhältnis endet automatisch durch Zeitablauf. Auch hier ist Vorsicht geboten. Befristungen führen auch dazu, dass kein Kündigungsschutz besteht. Das **Gesetz über Teilzeitarbeit und befristete Arbeitsverträge** enthält inzwischen Regelungen, die früher die Gerichte und das Beschäftigungsförderungsgesetz für die Zulässigkeit einer Befristung erhoben haben. Gleichzeitig hat dieses Gesetz die Zulässigkeit befristeter Arbeitsverhältnisse erweitert, z. B. um die Beschäftigungsmöglichkeiten bei Neueinstellungen zu verbessern. Eine Befristung ist danach regelmäßig ohne weitere Gründe in den ersten zwei Jahren eines Beschäftigungsverhältnisses zulässig. Bei neu gegründeten Unternehmen kann sogar für die ersten vier Jahre ab ihrer Gründung befristet werden, und bei der Einstellung eines mindestens 52 Jahre alten Arbeitnehmers, der zuvor mindestens vier Monate beschäftigungslos war, sind sogar fünf Jahre Befristung erlaubt. In allen übrigen Fällen ist für eine Befristung dagegen ein sachlicher Grund nötig, der insbesondere in folgenden Umständen liegen kann:
  - Der Bedarf an entsprechenden Arbeitsleistungen besteht aus betrieblichen Gründen nur vorübergehend (Aushilfen oder Vertretungen) oder die Eigenart der Beschäftigung (z. B. Einstellung von Erntehelfern) rechtfertigt die Befristung bereits aus sich heraus.
  - Der Arbeitnehmer wird nur zur Erprobung eingestellt. Dem kommt freilich im Regelfall, da in den beiden ersten Jahren ein Beschäftigungsverhältnis ohnehin befristet werden kann, keine große Bedeutung mehr zu.

- Die Befristung erfolgt im Anschluss an eine Ausbildung oder ein Studium, um den Übergang in das Arbeitsleben zu erleichtern.

Bei der **Kündigung** unterscheidet man:

- **Ordentliche Kündigung.** Sie ist nach § 622 BGB grundsätzlich mit einer Frist von vier Wochen zum Fünfzehnten oder zum Ende eines Kalendermonats statthaft. Innerhalb der ersten sechs Monate einer Probezeit verringert sich die Kündigungsfrist sogar auf zwei Wochen. Bei länger dauernden Arbeitsverhältnissen erhöhen sich diese Fristen für eine Kündigung durch den Arbeitgeber auf bis zu sieben Monate. Ab einer Beschäftigungsdauer von zwei Jahren ist die Kündigung nur noch zum Monatsende möglich. Kürzere Kündigungsfristen als nach dem Gesetz vorgesehen sind durch Tarifverträge, bei kleinen Unternehmen oder bei Aushilfsarbeitsverhältnissen von nicht mehr als drei Monaten Dauer zulässig.
- **Fristlose** (*außerordentliche*) **Kündigung.** Sie beendet das Arbeitsverhältnis sofort, muss aber innerhalb von zwei Wochen, nachdem der Kündigende den betreffenden Grund erfahren hat, ausgesprochen werden. Auf Verlangen sind die Gründe schriftlich mitzuteilen.

Merke

Unabhängig von dem Anspruch auf schriftliche Mitteilung der Kündigungsgründe bei der fristlosen Kündigung muss der Ausspruch sowohl der ordentlichen als auch der fristlosen Kündigung schriftlich erfolgen (§ 623 BGB).

Nur die ordentliche Kündigung des Arbeitnehmers ist ohne jede Einschränkung möglich.

Für den Arbeitgeber ist dieses Kündigungsrecht weitgehend eingeschränkt: Gewisse Arbeitnehmergruppen wie Betriebsräte, werdende Mütter und Wehrpflichtige können fast nie ordentlich gekündigt werden. Daneben gilt in Betrieben, die regelmäßig mehr als zehn Arbeitnehmer beschäftigen, eine Einschränkung durch das **Kündigungsschutzgesetz.** Arbeitsverhältnisse, die länger als sechs Monate bestehen, dürfen dann nur noch aus betriebs-, personen- oder verhaltensbedingten Gründen gekündigt werden. Der Betriebsrat hat dabei weitgehende Mitwirkungsrechte.

Die außerordentliche Kündigung bedarf für beide Seiten eines **wichtigen Grundes.** Ein solcher liegt vor, wenn das gegenseitige Vertrauen so nachhaltig beeinträchtigt ist, dass eine Fortsetzung des Arbeitsverhältnisses auch bis zum nächstmöglichen, ordentlichen Kündigungstermin nicht mehr zumutbar erscheint. [4]

Zeugnis

Bei Beendigung eines Arbeitsverhältnisses kann der Arbeitnehmer ein **Zeugnis** verlangen. Dieses Zeugnis ist zwar wohlwollend abzufassen, doch muss es auf der anderen Seite auch wahrheitsgemäß sein. Das bedeutet, dass alle wesentlichen Tatsachen über das Arbeitsverhältnis anzu-

geben sind. Lässt ein Arbeitgeber bewusst negative Ereignisse weg oder erdichtet er Fähigkeiten des Arbeitnehmers, drohen ihm Schadensersatzansprüche. Man unterscheidet:
- **Einfaches Zeugnis.** Gibt nur Art und Dauer der Tätigkeit an.
- **Qualifiziertes Zeugnis.** Erstreckt sich zusätzlich auf die Leistung und das dienstliche Verhalten des Arbeitnehmers. [4]

Inhalte
Arbeitszeugnisse sind üblicherweise in vier Abschnitte unterteilt:
- 1. Abschnitt
  - Angaben über die Person
  - Beschäftigungszeitraum
  - Angaben zum Unternehmen und Einsatzgebiet (Art, Größe, Besonderheiten)
  - Beschäftigungsart (Beruf, Voll- oder Teilzeit)
- 2. Abschnitt
  - Darstellung der durchgeführten Tätigkeiten (in Überbegriffen, nicht detailliert)
  - Zusätzliche Aufgaben, z. B. Erstellen von Pflegestandards zur Qualitätssicherung
  - Zusätzlich erworbene Qualifikationen
- 3. Abschnitt
  - Beurteilung der Tätigkeiten
  - Beurteilung des Verhältnisses zum Team und zu den Vorgesetzten
  - Beurteilung des Umgangs mit den Pflegebedürftigen
- 4. Abschnitt
  - Grund für das Ausscheiden (z. B. auf eigenen Wunsch, berufliche Weiterentwicklung)
  - Wünsche für die berufliche Zukunft
  - Evtl. das Bedauern über das Ausscheiden

Merke

Trifft ein Arbeitszeugnis nicht auf die Einwilligung des Arbeitnehmers, z. B. weil es in seinem Aufbau fehlerhaft ist oder weil Formulierungen nicht der Norm entsprechen, kann es zur formalen Berichtigung an den Arbeitgeber zurückgegeben werden.

Arbeitszeugnisse zu lesen und die darin verschlüsselten Botschaften zu verstehen, ist nicht einfach, weil sie in der Arbeitswelt allgemein anerkannte, standardisierte Formulierungen (Zeugnissprache) enthalten.
Für die Note sehr gut werden häufig folgende Formulierungen verwendet:
- Stets zu unserer vollsten Zufriedenheit.
- Löst durch sehr sichere Anwendung selbst schwierige Probleme.
- Zeichnet sich durch ein hohes Maß an Selbstständigkeit aus.
- Ausdauernd und belastbar.
- War neuen Aufgaben gegenüber sehr aufgeschlossen.

- Erledigte Aufgaben mit großem Fleiß und überzeugte durch korrekte und gewissenhafte Arbeitsweise.
- Genoss unser absolutes Vertrauen.
- Den an sie bzw. ihn gestellten Anforderungen ist Frau bzw. Herr … vollauf gerecht geworden.

Für die Note gut werden häufig folgende Formulierungen verwendet:
- Stets zu unserer vollen Zufriedenheit.
- Arbeitet sehr selbstständig.
- Lernten sie als engagierte Mitarbeiterin kennen, die Einsatz bei der Lösung von Aufgaben zeigt.
- Ist gut belastbar und hält auch hohen Beanspruchungen stand.
- Ist gründlich, gewissenhaft und sorgfältig.
- Ist zuverlässig und vergisst nichts Wichtiges.
- Erledigt die gestellten Aufgaben sehr konzentriert.
- Aktiviert Mitarbeiter positiv.

Für die Note befriedigend werden häufig folgende Formulierungen verwendet:
- Zu unserer vollen Zufriedenheit.
- Zeigt erforderliches Fachwissen, das er erfolgreich einsetzt.
- Arbeitet selbstständig.
- Zeigt Initiative und arbeitet zügig.
- Ist belastbar und hält den üblichen Beanspruchungen stand.
- Kann sich genügend schnell umstellen.
- Ist aktiv, fleißig, gewissenhaft und zuverlässig.
- Ist ordentlich und hütet sich vor Fehlern.
- Konzentriert sich überwiegend auf die gestellten Aufgaben.
- Ist den an ihn gestellten Anforderungen gerecht geworden.
- Ist einordnungsbereit und zieht mit.

Für die Note ausreichend werden häufig folgende Formulierungen gebraucht:
- Zu unserer Zufriedenheit.
- Zeigt ein entsprechendes Fachwissen.
- Beherrscht seinen Arbeitsbereich entsprechend den Anforderungen.
- Ist bestrebt, Anregungen zu geben und sachgerechte Lösungen zu finden.
- Zeigt Belastbarkeit.
- Ist ein aufgeschlossener Mitarbeiter.
- Ist meistens zuverlässig.
- Kann sich meist auf seine Aufgaben konzentrieren.
- Den an sie bzw. ihn gestellten Anforderungen ist Frau bzw. Herr… in der Regel gerecht geworden.
- Sucht immer das Gespräch mit Kollegen.
- Hat sich stets bemüht.

Hinter folgenden Formulierungen verstecken sich eindeutig negative Aussagen:
- Er/Sie hat unseren Erwartungen im Wesentlichen entsprochen (dies bedeutet: die Leistungen waren schlichtweg mangelhaft).
- Seine/ihre gesellige Art war sehr geschätzt (dies bedeutet: es kam zu häufigem Alkoholgenuss oder der Arbeitnehmer ist Alkoholiker).
- Er/Sie hat die Aufgaben in seinem/ihrem Interesse gelöst (dies bedeutet: es lagen Diebstähle oder andere gravierende Verfehlungen vor).
- Er/Sie trat sowohl innerhalb als auch außerhalb unseres Unternehmens engagiert für die Interessen der Kolleginnen und Kollegen ein (dies bedeutet: Mitarbeit im Betriebsrat und/oder Gewerkschaft).
- Wir haben uns einvernehmlich getrennt/das Arbeitsverhältnis wurde im Einvernehmen beendet (dies bedeutet: dem Arbeitnehmer wurde nahe gelegt, zu kündigen).
- Für die Belange der Belegschaft bewies er/sie stets (großes) Einfühlungsvermögen (bedeutet der Arbeitsnehmer hat heftig geflirtet und war ständig auf der Suche nach Sexualkontakten).

Nicht ins Arbeitszeugnis gehören folgende Punkte:
- Krankheiten
- Kündigungsgründe (außer auf Verlangen des Arbeitsnehmers)
- Straftaten (außer diese sind nachgewiesen und haben sich auf das Arbeitsverhältnis ausgewirkt)
- Höhe des Gehalts (die tarifliche Gehaltsgruppe darf allerdings angegeben werden)
- Nebentätigkeiten
- Mitarbeit im Betriebsrat oder in Gewerkschaften (außer auf Verlangen des Arbeitnehmers)
- Geheimzeichen, wie Häkchen oder Striche
- Abmahnungen
- Angelegenheiten des Privatlebens, z. B. Freizeitaktivitäten oder Homosexualität [2]

ACHTUNG
Bei allen Standardformulierungen, die in diesem Kapitel genannt sind, ist stets zu bedenken, dass sie nicht unbedingt der hier genannten Einschätzung entsprechen. Es besteht die Möglichkeit, dass der Zeugnisaussteller ohne Absicht ungeschickt formuliert oder die Standardformulierungen in weitere, durchaus positiv zu wertende Sätze eingebunden hat. Ist ein Arbeitnehmer mit seinem Zeugnis nicht einverstanden, kann er das Gespräch mit dem Arbeitgeber suchen.

3.1.2 Tarifrecht und Tarifautonomie

Das Grundgesetz gewährleistet die **Koalitionsfreiheit.** Darunter versteht man, dass sich Arbeitgeber und Arbeitnehmer ohne staatliche Einflussnahme als Tarifpartner zusammenschließen dürfen, um ihre Interessen an einer Regelung der Arbeits- und Wirtschaftsbedingungen zu verfolgen. Ganz wesentlich gehört zur Koalitionsfreiheit auch die **Tarifautonomie.** Das bedeutet, die Tarifpartner dürfen die Arbeitsbedingungen weitgehend selbst aushandeln. Nicht der Staat setzt also Löhne und Arbeitszeiten fest, sondern die Tarifpartner regeln dies selbst (Ausnahme ist die Festlegung eines Mindestlohns durch den Gesetzgeber).

Trotzdem gibt es auf dem Gebiet der Arbeitsbedingungen zahlreiche gesetzliche Bestimmungen. Sie verfolgen im Wesentlichen zwei Ziele: Einmal soll ein gewisser **Mindeststandard** an Arbeitsbedingungen und sozialer Sicherheit verbindlich sein. Neben zahlreichen Arbeitsschutzvorschriften ist z. B. an den Mindesturlaub nach dem Bundesurlaubsgesetz (▶ Kap. 3.1.4) zu denken. Zum anderen sind längst nicht alle Arbeitgeber und Arbeitnehmer organisiert, d. h. Mitglieder eines Arbeitgeberverbandes oder einer Gewerkschaft. Auch für diese Arbeitsverhältnisse sollen aber gewisse Mindestregelungen gelten. Ein wichtiges Instrument, einen solchen Mindeststandard durchzusetzen, ist die **Allgemeinverbindlicherklärung** von Tarifverträgen. Ihr Inhalt gilt dann unabhängig von der Frage einer Organisation für alle Arbeitsverhältnisse des betreffenden Zweigs, z. B. für alle Arbeitsverhältnisse im Gesundheitswesen. Notwendig ist dies vor allem in Branchen, in denen es viele kleine Firmen gibt. Denn die Arbeitnehmer sind dort stark zersplittert und können sich nur schwer organisieren.

In den vergangenen Jahren sind außerdem zunehmend **Mindestlöhne** vorgeschrieben worden. Damit reagiert der Gesetzgeber darauf, dass in manchen Branchen nur mit Hilfe von Tarifverträgen keine angemessene Lohnstruktur mehr erreicht werden kann.

In den **Tarifverträgen** regeln Gewerkschaften und Arbeitgeber die Arbeitsbedingungen umfassend:

- Im **Lohntarifvertrag** ist die Höhe des Arbeitsentgelts festgelegt. Hier sind Laufzeiten von einem oder zwei Jahren üblich.
- **Manteltarifverträge** regeln die übrigen Arbeitsbedingungen wie Arbeitszeit, Schichteinteilung, Arbeitsschutzmaßnahmen und vieles mehr. Sie haben in der Regel Laufzeiten von mehreren Jahren. Im Bereich der Krankenpflege sind besonders der Tarifvertrag im öffentlichen Dienst für Krankenhäuser (TVöD-K) und die arbeitsrechtlichen Vertragsrichtlinien (AVR) bedeutend.

Der Tarifvertrag des öffentlichen Dienstes gilt im Bereich der meisten staatlich betriebenen Krankenhäuser. Auf Seiten der Arbeitnehmer sind die dort getroffenen Regelungen vor allem durch die Gewerkschaft ver.di ausgehandelt worden. Die AVR gelten dagegen in den konfessionellen Krankenhäusern. Inhaltlich finden sich in den beiden Regelungen z. T. bedeutsame Unterschiede.

Betriebsvereinbarungen sind für einen Betrieb insgesamt gültige Regelungen, die der Betriebsrat mit dem Arbeitgeber schließt. Sie ergänzen häufig Tarifverträge, z. B. Festlegung der nur allgemein bestimmten Wochenarbeitszeit auf genaue Termine für den einzelnen Betrieb, oder treffen zusätzliche Regelungen, z. B. über Sonderleistungen eines Betriebs für seine Arbeitnehmer wie den verbilligten Bezug von Jahreswagen. [4]

Gewerkschaften

Zu **Gewerkschaften** schließen sich Arbeitnehmer meist verschiedener Berufsgruppen zusammen. Im Unterschied zu den Berufsverbänden (▶ Kap. 3.1.5) liegt der Schwerpunkt gewerkschaftlicher Arbeit stärker auf der tarifpolitischen Interessenvertretung.

Gewerkschaften vertreten ihre Mitglieder beim Aushandeln und Abschließen von Tarifverträgen und organisieren, wenn nötig, auch Streiks. Für den Mitgliedsbeitrag bieten Gewerkschaften Rechtsschutz und Beratung in Arbeitsfragen sowie die Schulung von Betriebs- und Personalräten an.

Viele Pflegende sind im öffentlichen Dienst beschäftigt und deshalb Mitglied in der **Vereinten Dienstleistungsgewerkschaft** (*ver.di* ▶ Abb. 3.2). Diese größte Gewerkschaft für Dienstleistungsberufe entstand 2001 aus dem Zusammenschluss von fünf Einzelgewerkschaften, u. a. der Gewerkschaft Öffentlicher Dienst, Transport und Verkehr (ÖTV).

Abb. 3.2 Logo der Gewerkschaft ver.di. [W817]

Merkmale von Gewerkschaften:
- **Überbetrieblichkeit.** Sie ist notwendig, weil es sonst der Arbeitgeber in der Hand hätte, durch Einstellungen und Entlassungen die Zusammensetzung der Gewerkschaft zu beeinflussen.
- **Verhandlungsfähigkeit.** Sie besagt, dass die Gewerkschaft in der Lage sein muss, so viel Druck auszuüben, dass der Abschluss eines Tarifvertrags erreicht werden kann. Durch dieses Erfordernis will man verhindern, dass sich auch kleine Splittergruppen als Gewerkschaft betätigen können.
- **Gegnerfreiheit.** Dies bedeutet, dass einer Gewerkschaft keine Arbeitgeber angehören dürfen.
- **Unabhängigkeit.** Dies bedeutet, dass eine Gewerkschaft eine eigenständige Organisation sein muss. Sie darf also nicht nur die Untergliederung einer anderen Organisation, etwa einer politischen Partei, sein. Damit will man vermeiden, dass über solche Einflüsse mit Hilfe von Gewerkschaften sachfremde Ziele verfolgt werden können.
- **Freie Bildung.** Bezieht sich – ähnlich wie bei politischen Parteien – darauf, dass die innere Struktur einer Gewerkschaft demokratischen Grundsätzen entsprechen muss.

Merke

Arbeitgeberverbände sind Zusammenschlüsse von Unternehmern, die der Regelung der Arbeits- und Wirtschaftsbedingungen dienen. Der Beitritt ist – wie bei der Gewerkschaft auch – freiwillig. Im Gegensatz

> zum einzelnen Arbeitnehmer kann aber auch der einzelne, keinem
> Verband angehörende Unternehmer einen Tarifvertrag abschließen.

Der **Arbeitskampf** wird durch Streik und Aussperrung geführt. Im Hinblick auf die Tarifautonomie hat der Gesetzgeber darauf verzichtet, für einen Arbeitskampf gesetzliche Regeln aufzustellen. Allerdings hat die Rechtsprechung wichtige Grundsätze entwickelt, die hier dargestellt werden: Ein **Streik** ist per Definition in seinem Anwendungsbereich eingeschränkt. Er muss auf die Wahrung der Arbeitsbedingungen gerichtet sein. Das schließt den „politischen Streik" aus. Weiterhin gelten folgende Grundregeln:

- Es darf keine *Friedenspflicht* mehr bestehen. Während des Laufs eines Tarifvertrags ist damit ein Streik nicht erlaubt.
- Der Streik muss das *letzte Mittel* sein. Die Tarifpartner müssen also vorher eine Einigung durch Verhandlung und ggf. durch einen Vermittler (Schlichtung) versucht haben.
- Der Streik muss *satzungsgemäß* beschlossen sein. Der erforderliche Prozentsatz der stimmberechtigten Mitglieder muss also für einen Streik gestimmt haben.
- Der Streik darf keine *unverhältnismäßigen* Folgen haben. Hieraus ergibt sich eine Pflicht der Arbeitnehmer, für lebensnotwendige Leistungen oder zur Vermeidung hoher Schäden *Notdienste* einzurichten. Würde also im Bereich von Krankenhäusern gestreikt, müsste für lebensnotwendige Operationen und die entsprechende Betreuung der Patienten trotzdem Vorsorge getroffen werden.
- Kurze *Warnstreiks* sind bereits während der laufenden Tarifverhandlungen statthaft, um durch diesen Druck früher ein Verhandlungsergebnis erreichen zu können.

Die **Aussperrung** ist das Gegenmittel der Arbeitgeberseite. Hierdurch werden auch die an sich arbeitswilligen Arbeitnehmer an der Ausübung ihrer Tätigkeit gehindert. Die Gewerkschaft muss daraufhin höhere Streikgelder zahlen. Durch diesen finanziellen Druck soll ihre Bereitschaft zu neuen Verhandlungen erhöht werden. Die Aussperrung unterliegt dem Gebot der Verhältnismäßigkeit. Streikt also nur eine relativ geringe Zahl von Arbeitnehmern, dürfen die Arbeitgeber nicht in beliebiger Höhe aussperren. Sie müssen vielmehr auf ein angemessenes Verhältnis achten. Hat ein Arbeitskampf zur Folge, dass in einem anderen Betrieb der Branche nicht mehr gearbeitet werden kann, entfällt dadurch der Gehaltsanspruch auch in diesem Betrieb. [4]

Merke

Seit der Neufassung des Arbeitsförderungsgesetzes erhalten die Arbeitnehmer in solchen Fällen keine Leistungen der Arbeitslosenversicherung mehr. Diese Regelung hat das Bundesverfassungsgericht als verfassungsgemäß anerkannt.

Betriebliche Arbeitnehmervertretung

Die Personalvertretung der Arbeitnehmer wird im Bereich der Privatwirtschaft normalerweise durch **Betriebsräte,** im öffentlichen Dienst dagegen durch **Personalräte** wahrgenommen. Im Grundsatz sind deren Aufgaben identisch. Deutliche Einschränkungen für die Personalvertretung gibt es im Bereich konfessioneller Arbeitgeber, bei denen z. B. noch immer kein durchgängiges Streikrecht besteht.

Die Einrichtung eines Betriebsrats erfordert, dass der Betrieb ständig mindestens fünf Arbeitnehmer beschäftigt. Das Gremium hat vor allem dort Mitwirkungsbefugnisse, wo es um die Organisation der täglichen Arbeit, um Arbeitssicherheit und um Fragen der Personalorganisation, z. B. Eingruppierung in bestimmte Vergütungsgruppen, Versetzung, Kündigung, geht.

In einem sehr kleinen Betrieb ist die persönliche Beziehung zwischen Arbeitgeber und Arbeitnehmern normalerweise so intensiv, dass diese Fragen in einem persönlichen Gespräch besser geklärt werden können.

Die persönliche Stellung des Betriebsrats wird dadurch gestärkt, dass sein Arbeitgeber ihm keine ordentliche Kündigung (▶ Kap. 3.1.1) aussprechen darf. Dadurch soll verhindert werden, dass ein Arbeitgeber sich gezielt eines unbequemen Betriebsrats entledigt. [4]

3.1.3 Ausbildungsrecht

Das **Berufsbildungsgesetz** gilt für die meisten Berufsausbildungsverhältnisse. Im Bereich der Krankenpflege richtet sich die Ausbildung dagegen nach dem Krankenpflegegesetz. Im Berufsbildungsgesetz sind für Ausbildungsverhältnisse folgende wichtige Bestimmungen enthalten:
- Der Vertrag über eine Berufsausbildung muss **schriftlich** niedergelegt werden. Alle wesentlichen Regelungen sind auf diese Weise festzuhalten.
- Der Auszubildende hat Anspruch auf eine Vergütung.
- Nach Ablauf einer Probezeit von höchstens drei Monaten ist die ordentliche Kündigung durch den Arbeitgeber ausgeschlossen.

Das Krankenpflegegesetz enthält für die dort geregelte Ausbildung weitgehend inhaltsgleiche Vorschriften, allerdings beträgt die Probezeit in der Krankenpflege sechs Monate. [4]

Merke

Über das Ergebnis, das ein Schüler in Pflegeberufen nach dreijähriger Ausbildung in den Abschlussprüfungen erzielt, wird ein **Zeugnis** ausgestellt, das als Anlage bei späteren Bewerbungen zu verwenden ist. Davon unabhängig erhält jeder Absolvent eine **Urkunde,** die ihn dazu berechtigt, die jeweilige staatlich geschützte Berufsbezeichnung zu tragen (▶ Abb. 3.3).

Wappen
der
ausstellenden
Behörde

Urkunde

über die Führung der Berufsbezeichnung

Gesundheits- und Krankenpflegerin

Frau

Jule Emma M u s t e r f r a u

geboren am XX. XX. 19XX in Musterstadt

erhält auf Grund des Krankenpflegegesetzes

mit Wirkung vom heutigen Tage

die Erlaubnis, die Berufsbezeichnung

Gesundheits- und Krankenpflegerin

zu führen.

Musterstadt, XX. Monat 2014

Siegel
der
ausstellenden
Behörde

Name der ausstellenden Behörde

Im Auftrag

--Unterschrift--

Titel des ausfertigenden Beamten

(Anlage 4 zu § 19 KrPflAPrV)

Abb. 3.3 Berufsurkunde für die Krankenpflege. [M294]

Ausbildungs- und Prüfungsverordnung für die Altenpflege

Definition

Ausbildungs- und Prüfungsverordnung für den Beruf der Altenpflegerin und des Altenpflegers (*Altenpflege-Ausbildungs- und Prüfungsverordnung, AltPflAPrV*): Regelwerk, das die Ausbildungsinhalte, die Form und die Themenabdeckung der Prüfungen am Ende der Ausbildung festlegt. Sie trat am 25.10.2002 in Kraft.

Die zum Altenpflegegesetz gehörige **Ausbildungs- und Prüfungsverordnung** regelt:
- Wie ist die Ausbildung gegliedert?
- Welche Ausbildungs- und Prüfungsinhalte müssen vermittelt werden?
- Welchen Modalitäten unterliegt die Prüfung?

Merke

Auch wenn im AltPflG – anders als im entsprechenden Gesetz für die Krankenpflege – keine ausdrücklichen Ausbildungsziele formuliert sind, beschreibt es doch, wozu die Ausbildung befähigen soll, d. h. welche Aufgaben Altenpfleger nach bestandener Prüfung zu bewältigen in der Lage sein sollen. Die Ausbildung soll Kenntnisse, Fähigkeiten und Fertigkeiten vermitteln, die zur selbstständigen und eigenverantwortlichen Pflege einschließlich der Beratung, Begleitung und Betreuung alter Menschen erforderlich sind. Dies umfasst insbesondere:

- Sach- und fachkundige, den allgemein anerkannten pflegewissenschaftlichen, insbesondere den medizinisch-pflegerischen Erkenntnissen entsprechende, umfassende und geplante Pflege
- Mitwirkung bei der Behandlung kranker alter Menschen einschließlich der Ausführung ärztlicher Verordnungen
- Erhaltung und Wiederherstellung individueller Fähigkeiten im Rahmen geriatrischer und gerontopsychiatrischer Rehabilitationskonzepte
- Mitwirkung an qualitätssichernden Maßnahmen in der Pflege, der Betreuung und der Behandlung
- Gesundheitsvorsorge einschließlich der Ernährungsberatung
- Umfassende Begleitung Sterbender
- Anleitung, Beratung und Unterstützung von Pflegekräften, die nicht Pflegefachkräfte sind
- Betreuung und Beratung alter Menschen in ihren persönlichen und sozialen Angelegenheiten
- Hilfe zur Erhaltung und Aktivierung der eigenständigen Lebensführung einschließlich der Förderung sozialer Kontakte
- Anregung und Begleitung von Familien- und Nachbarschaftshilfe und die Beratung pflegender Angehöriger

Darüber hinaus soll die Ausbildung dazu befähigen, mit anderen in der Altenpflege tätigen Personen zusammenzuarbeiten und Verwaltungsarbeiten zu erledigen, die in unmittelbarem Zusammenhang mit den Aufgaben in der Altenpflege stehen.

Die Ausbildungs- und Prüfungsverordnung konkretisiert die allgemeinen beruflichen Anforderungen, die im Altenpflegegesetz aufgeführt sind, indem sie sehr genau beschreibt, welche Unterrichtsinhalte die Ausbildung vermitteln muss.

Mit dem am 19.3.2013 in Kraft getretenen **Gesetz zur Stärkung der beruflichen Aus- und Weiterbildung in der Altenpflege** treten auch die in Absatz 1 zu § 7 des Altenpflegegesetzes formulierten Änderungen in Kraft. Adressaten sind vorwiegend Personen, die die Ausbildung zur Altenpflegehilfe abgeschlossen und in dem Beruf gearbeitet haben. Laut der Pressemitteilung des BMG vom 19.3.2013 wird durch diese Änderungen Folgendes geregelt:

- Der Ausbau der bestehenden Möglichkeiten zur Ausbildungsverkürzung für berufliche Weiterbildungen durch Änderung des § 7 Altenpflegegesetz.
- Die erneute, auf drei Jahre befristete Vollfinanzierung auch von nicht zu kürzenden Weiterbildungen durch die Bundesagentur für Arbeit und die Jobcenter (Änderung des SGB III und II).

Die Vollfinanzierung von nicht zu kürzenden beruflichen Weiterbildungen durch die Bundesagentur für Arbeit und die Jobcenter gilt für Eintritte in die Ausbildung zum Altenpfleger, die zwischen dem 1.4.2013 und dem 31.3.2016 erfolgen. Bei einer vor dem 1.4.2013 oder nach dem 31.3.2016 begonnenen Maßnahme gilt § 422 SGB III. Das heißt, die ersten beiden Ausbildungsjahre werden nach bisheriger Rechtslage von der Bundesagentur für Arbeit gefördert, das dritte Jahr ist weiterhin außerhalb der Arbeitsförderung sicherzustellen.

Insbesondere ist für die in § 7 Absatz 1 Nr. 2 Altenpflegegesetz aufgeführten Pflegehelfer vorgesehen, dass die Altenpflegeausbildung im Rahmen einer beruflichen Weiterbildung um ein Drittel der Ausbildungszeit zu verkürzen ist, wenn der Antragsteller in einer Pflegeeinrichtung für mindestens zwei Jahre einschließlich der Ausbildung beschäftigt war. Mit dieser Weiterentwicklung des Gesetzes erfahren die Berufe in der Altenpflege auch eine Angleichung an die Krankenpflegeberufe. Des Weiteren ist der Weg zur Anerkennung als verantwortliche Pflegefachkraft geebnet. Der Begriff **verantwortliche Pflegefachkraft** ist in § 71 Abs. 3 Satz 1 SGB XI wie folgt definiert:

- „Für die Anerkennung als verantwortliche Pflegefachkraft im Sinne von Absatz 1 und 2 ist neben dem Abschluss einer Ausbildung als Gesundheits- und Krankenpflegerin oder Gesundheits- und Krankenpfleger, Gesundheits- und Kinderkrankenpflegerin oder Gesundheits- und Kinderkrankenpfleger, Altenpflegerin oder Altenpfleger eine praktische Berufserfahrung in dem erlernten Ausbildungsberuf von zwei Jahren innerhalb der vorangegangenen fünf Jahre erforderlich.
- Für die Anerkennung als verantwortliche Pflegefachkraft ist ferner Voraussetzung, dass eine Weiterbildungsmaßnahme für leitende Funktionen mit einer Mindeststundenzahl, die 460 Stunden nicht unterschreiten soll, erfolgreich durchgeführt wurde."

Der Gesetzgeber erhofft sich mit dieser Aktualisierung ein höheres Interesse an dem Beruf, um die weiterhin drohenden Personalengpässe auffangen zu können. [1]

In einer Pressemitteilung des Bundesministeriums für Familie, Senioren, Frauen und Jugend vom 19. März 2013 heißt es:
„Unter Beachtung der hohen Qualitätsanforderungen an die Ausbildung in einem Gesundheitsfachberuf sieht das **Gesetz zur Stärkung der beruflichen Aus- und Weiterbildung in der Altenpflege** zudem unter bestimmten Voraussetzungen eine verstärkte Verkürzungsmöglichkeit von Altenpflegeumschulungen für lebens- und berufserfahrene Menschen vor, die bereits zwei Jahre Aufgaben im Bereich der Pflege und Betreuung in Pflegeeinrichtungen wahrgenommen haben. Hierdurch sollen insbesondere Frauen nach Erwerbsunterbrechungen mit Interesse an einer Altenpflegeausbildung verbesserte Perspektiven zum Berufseinstieg als Fachkraft in einem wachsenden Beschäftigungsfeld erhalten."

Folgende Spezifizierungen von Weiterbildungen in der Altenpflege sind möglich:

- **Medizinische Behandlungspflege**
  - Zielgruppe: Pflegehilfskräfte, Altenpfleger und sonstige geeignete Personen, z. B. Arzthelfer, Heilerziehungspfleger.
  - Weitere Voraussetzung: mindestens zweijährige Berufspraxis.
  - Dauer: mindestens 186 Stunden.
  - Rechtsgrundlage: Seit 2010 neu geschlossene bzw. angepasste Rahmenverträge der Krankenkassen mit den ambulanten Pflegediensten. Danach dürfen die Absolventen einer solchen Weiterbildung für bestimmte behandlungspflegerische Tätigkeiten gemäß § 37 Abs. 2 Satz 1 SGB V, Leistungsgruppe 1 und 2 (siehe unten) eingesetzt werden. Das gilt auch für den stationären Bereich. Diese Tätigkeiten konnten auch schon vor der Weiterbildung durchgeführt worden sein.
  - **Leistungsgruppe 1:** Blutdruckmessung, Blutzuckermessung, Inhalation, s. c.-Injektionen, Richten von Injektionen, Auflegen von Kälteträgern, Richten von ärztlich verordneten Medikamenten (ohne Wochendispenser), Medikamentengabe, Verabreichung von Augentropfen/-salben, Ausziehen von Kompressionsstrümpfen/-hosen ab Kompressionsklasse 2.
  - **Leistungsgruppe 2:** Versorgung bis zu zwei Dekubitalgeschwüren bis Grad 2, Klistier- und Klysmaverabreichung, Flüssigkeitsbilanzierung, Versorgung suprapubischer Blasenkatheter, medizinische Einreibungen, dermatologische Bäder, Versorgung von PEG, Anziehen von Kompressionsstrümpfen/-hosen ab Kompressionsklasse 2.

Merke

Auf diesem Wege haben die Träger von ambulanten wie stationären Einrichtungen in der Altenpflege die Möglichkeit, ihre Fachkraftquote von mindestens 50 % durch bewährte Mitarbeiter zu erreichen, auch wenn die erreichte Quote allein als Indikator für Pflegequalität umstritten ist.

- **Wohnbereichs- oder Stationsleitung in der stationären Altenhilfe; Leitung eines ambulanten Pflegedienstes** (*verantwortliche Pflegefachkraft;* nach SGB XI).
  - Zielgruppe/Voraussetzungen: staatlich anerkannte Altenpfleger, Gesundheits- und Krankenpfleger.
  - Vollzeitbeschäftigung (zweijährige Berufstätigkeit in Vollzeit in einem Krankenhaus, einer stationären Reha-Einrichtung, einem zugelassenen Pflegedienst innerhalb der letzten fünf Jahre, davon ein Jahr in der ambulanten häuslichen Krankenpflege bei einem zugelassenen Pflegedienst).
  - Teilzeitbeschäftigung (Beschäftigungszeit verlängert sich entsprechend).
  - Dauer: mindestens 460 Stunden (wird auch als Basismodul für die Weiterbildung zur Pflegedienstleitung angeboten).
  - Rechtsgrundlage: Maßstäbe und Grundsätze für Qualität und Qualitätssicherung sowie die Entwicklung eines einrichtungsinternen Qualitätsmanagementsystems nach § 113 SGB XI.
- **Leitende Pflegefachkraft** nach § 71 SGB XI (*Pflegedienstleitung;* entsprechend DKG-Empfehlung).
  - Zielgruppe/Voraussetzungen: staatlich anerkannte Altenpfleger, Gesundheits- und Krankenpfleger, je nach Landesrecht auch Heilerziehungspfleger oder Anerkennung in einem sozialpflegerischen Beruf; zweijährige praktische Berufserfahrung im erlernten Beruf innerhalb der vergangenen fünf Jahre.
  - Dauer: mindestens 720 Stunden.
  - Rechtsgrundlage: § 71 SGB XI (wie oben).

Merke

Es gibt ein breites Angebot verschiedener Träger zu den genannten Weiterbildungsmaßnahmen. Die Inhalte scheinen auf den ersten Blick identisch. Vor einer Entscheidung ist es deshalb sinnvoll, im Kollegen- oder Bekanntenkreis nach Erfahrungen mit diesen Weiterbildungen zu fragen, um zu einer genaueren Einschätzung zu gelangen. Auch eine sorgfältige Prüfung der Unterlagen des Trägers (insbesondere hinsichtlich der weltanschaulichen Orientierung) kann Konflikte vermeiden – vor allem, wenn die persönlichen Auffassungen nicht mit den in der Weiterbildung vermittelten Werten übereinstimmen.

3.1.4 Gesetzliche Absicherung des Arbeitnehmers

Arbeitsplatzschutzgesetz

Das **Arbeitsplatzschutzgesetz** will Wehrpflichtige und Personen, die Bundesfreiwilligendienst leisten, vor einem Verlust des Arbeitsplatzes wegen der Ableistung des Wehr- oder Bundesfreiwilligendienstes schützen. Deshalb endet ein Arbeitsverhältnis durch eine Einberufung nicht, sondern ruht nur für die Zeit des Dienstes. Mit Ausnahme von Kleinbetrieben ist seitens des Arbeitgebers während der Wehr- oder Bundesfreiwilligendienstzeit eine ordentliche Kündigung nicht erlaubt. Eine Kündigung durch den Wehrpflichtigen oder denjenigen, der Bundesfreiwilligendienst leistet, bleibt dagegen möglich. Die Aussetzung der Wehrpflicht seit 1. Juli 2011 hat an diesen Regelungen nichts geändert. [4]

Arbeitszeitgesetz

Das **Arbeitszeitgesetz** gibt den über 18 Jahre alten Arbeitnehmern – für Arbeitnehmer unter 18 Jahren gilt das Jugendarbeitsschutzgesetz (siehe unten) – einen Mindestschutz für die Dauer ihrer täglichen Beschäftigung.

Die regelmäßige werktägliche Arbeitszeit darf acht Stunden täglich nicht überschreiten. Sie kann jedoch ohne besondere Genehmigung auf bis zu zehn Stunden verlängert werden, wenn der Durchschnitt von acht Stunden innerhalb von sechs Kalendermonaten bzw. (bei Wochenarbeitszeiten) von 24 Wochen nicht überschritten wird. Somit ist es z. B. möglich, von Montag bis Mittwoch und am Freitag jeweils 7,5 Stunden und am Donnerstag zehn Stunden zu arbeiten.

In Tarifverträgen oder Betriebsvereinbarungen können abweichende Regelungen getroffen werden. Insbesondere kann die Arbeitszeit ohne Ausgleich über acht Stunden hinaus verlängert werden, wenn in die Arbeitszeit regelmäßig und in erheblichem Umfang Arbeitsbereitschaft oder Bereitschaftsdienst fallen. Diese Ausnahme ist in Pflegeberufen durchaus von praktischer Bedeutung. Darüber hinaus können auch die zuständigen Aufsichtsbehörden Ausnahmen zulassen. Nach spätestens sechs Stunden Arbeitszeit besteht ein Anspruch auf eine Pause. Schließlich ist zu beachten, dass zwischen zwei Arbeitsschichten mindestens elf (in einigen Bereichen nur zehn) Stunden Ruhezeit liegen müssen. [4]

Bundesurlaubsgesetz

Nach dem **Bundesurlaubsgesetz** hat jeder Arbeitnehmer Anspruch auf einen jährlichen Erholungsurlaub von mindestens 24 Werktagen, dazu rechnen auch Samstage. Bestimmten Arbeitnehmern, z. B. Jugendlichen oder Schwerbehinderten, steht ein zusätzlicher Anspruch zu. Tarifverträge (▶ Kap. 3.1.2) sehen fast überall eine längere Urlaubsdauer vor. Der Durchschnitt liegt bei 30 Arbeitstagen.

Für den Urlaubsanspruch besteht bei Beginn des Beschäftigungsverhältnisses eine Wartezeit. Sie beträgt sechs Monate. Hierdurch soll erreicht werden, dass ein Arbeitnehmer zunächst vollständig in einen Betrieb eingegliedert werden kann. Den Zeitpunkt des Urlaubs bestimmt im Zweifel der Arbeitgeber. Er muss allerdings berechtigte Belange des Arbeitnehmers beachten. So wird einem Arbeitnehmer mit schulpflichtigen Kindern jedenfalls ein Teil seines Urlaubs in den Schulferien zu geben sein. Während eines Urlaubs darf ein Arbeitnehmer grundsätzlich keiner

Erwerbstätigkeit nachgehen. Ausgenommen ist lediglich eine Tätigkeit, die sich mit dem Erholungszweck vereinbaren lässt.

Eine Abgeltung des Urlaubsanspruchs ist nur erlaubt, wenn ein Antreten des Urlaubs aus wichtigen Gründen nicht möglich war. [4]

Entgeltfortzahlungsgesetz

Für die ersten sechs Wochen einer Arbeitsunfähigkeit durch Krankheit erhalten Arbeitnehmer ihr Arbeitsentgelt grundsätzlich von ihrem Arbeitgeber weiterhin bezahlt. Das **Entgeltfortzahlungsgesetz** garantiert ihnen 100 % ihres Einkommens, wobei allerdings Überstunden oder Sonderzahlungen nicht berücksichtigt werden. Voraussetzungen für den Anspruch:

- Die Erkrankung muss dem Arbeitgeber ohne Verzögerung angezeigt werden und, wenn sie länger als drei Tage dauert, vor Ablauf des dritten Tages durch eine **Arbeitsunfähigkeitsbescheinigung** eines Arztes belegt werden. Der Arbeitgeber kann die Bescheinigung auch schon früher verlangen.
- Die Erkrankung darf nicht schuldhaft herbeigeführt sein. Die Rechtsprechung ist hier allerdings zu Gunsten der Arbeitnehmer recht großzügig. Grenzen finden sich bei der Ausübung besonders gefährlicher Sportarten, bei grober Verletzung von Arbeitsschutzvorschriften und bei grob verkehrswidrigem Verhalten.
- Beruht die Erkrankung auf einem Verschulden Dritter, gehen durch die Entgeltfortzahlung des Arbeitgebers Ersatzansprüche auf ihn über.

Neben den Ansprüchen im Krankheitsfall regelt das Entgeltfortzahlungsgesetz auch den **Feiertagslohn.** Entfällt ein normaler Arbeitstag dadurch, dass er auf einen gesetzlichen Feiertag fällt, so bekommt ein Arbeitnehmer über den Feiertagslohn für diesen Tag dennoch das Entgelt, das er sich erarbeitet hätte, wenn dieser Tag ein normaler Werktag gewesen wäre.

Schließlich erhalten Arbeitnehmer ihr Entgelt auch weiterbezahlt, wenn sie ohne Verschulden für verhältnismäßig kurze Zeit ihre Arbeitsleistung nicht erbringen können. Das kann z. B. der Fall sein, wenn sie für zwei Stunden als Zeuge zu einem Gerichtstermin müssen. Der betreffende Anspruch ist aber nicht im Entgeltfortzahlungsgesetz, sondern in § 616 BGB enthalten. [4]

Jugendarbeitsschutzgesetz

Das **Jugendarbeitsschutzgesetz** stellt für die Beschäftigung von Kindern und Jugendlichen eine Reihe von Schutzvorschriften auf. Die wichtigsten sind:

- Die Beschäftigung von Kindern (bis zu 14 Jahren) oder Jugendlichen bis zu 15 Jahren ist grundsätzlich verboten. Allerdings sind, vor allem im Alter ab 13 Jahren, auch bei Kindern gewisse Ausnahmen möglich. Es muss sich aber um leichte und kurz dauernde Tätigkeiten handeln. Jugendliche unter 15 Jahren, die keiner vollen Schulpflicht

mehr unterliegen, dürfen in Ausbildungsverhältnissen oder mit leichten Tätigkeiten bis zu sieben Stunden täglich beschäftigt werden.
- Die Beschäftigungsdauer für die übrigen Jugendlichen ist grundsätzlich auf acht Stunden täglich und 40 Stunden pro Woche begrenzt. Die Beschäftigungsdauer darf allerdings pro Tag auf bis zu 8,5 Stunden erhöht werden, wenn dafür an mindestens einem anderen Tag der Woche weniger als acht Stunden gearbeitet wird und die Wochenarbeitszeit 40 Stunden nicht überschreitet. Es ist also auch gegenüber einem Jugendlichen erlaubt, ihn von Montag bis Donnerstag jeweils 8,5 Stunden zu beschäftigen und dafür am Freitag nur sechs Stunden.
- Bei frühzeitigem (Beginn vor 9 Uhr) oder längerem Berufsschulunterricht (mehr als fünf Unterrichtsstunden) ist der Rest des Tages beschäftigungsfrei zu halten.
- Jugendliche haben ein Recht auf erweiterte Ruhepausen. Sie dürfen grundsätzlich – hier gibt es aber viele Ausnahmen – in der Zeit von 20:00–6:00 Uhr, an Samstagen und an Sonntagen nicht beschäftigt werden.
- Schließlich ist ihr gesetzlicher Urlaubsanspruch erweitert. Entscheidend für die Urlaubsdauer ist das Alter zu Beginn des betreffenden Kalenderjahres. Der Urlaub beträgt unter 16 Jahren 30 Werktage, unter 17 Jahren 27 Werktage und unter 18 Jahren 25 Werktage. [4]

Mutterschutzgesetz

Das **Mutterschutzgesetz** hat im Wesentlichen folgende Ziele:
- Durch eine angemessene Gestaltung des Arbeitsablaufs und durch Beschäftigungsverbote für Schwangere soll die Gesundheit von Mutter und Kind gewährleistet werden. Im Bereich der Pflegeberufe sind dabei vor allem folgende **Beschäftigungsverbote** von Bedeutung:
  - Arbeiten, bei denen regelmäßig Lasten von mehr als fünf Kilo oder gelegentlich von mehr als zehn Kilo Gewicht ohne mechanische Hilfe gehoben, bewegt oder befördert werden müssen oder bei denen auch beim Einsatz mechanischer Hilfen entsprechende Belastungen auftreten.
  - Arbeiten, bei denen nach dem 5. Schwangerschaftsmonat täglich mehr als vier Stunden gestanden werden muss.
  - Arbeiten, die häufig unnatürliche Körperhaltungen, z. B. Strecken, erfordern.
  - Jede Beschäftigung sechs Wochen **vor** dem errechneten Entbindungstermin und acht Wochen **nach** der Entbindung. Diese Frist verlängert sich bei Früh- und Mehrfachgeburten auf zwölf Wochen. Unbenommen ist jedoch das Recht der Schwangeren, während dieser sechs Wochen zu arbeiten. Von diesen Verboten sind allerdings ebenso wie von dem Verbot von Sonntags-, Nacht- oder Mehrarbeit in vielen Fällen Ausnahmen möglich, z. B. Sonntagsarbeit in der Pflege.

- Verringerung der Angst der Mutter vor einem Verlust des Arbeitsplatzes und damit Beitrag zu einem ungestörten Verlauf der Schwangerschaft. Für den Arbeitgeber einer Schwangeren gelten während der Schwangerschaft und bis zu vier Monaten nach der Entbindung durch das Mutterschutzgesetz weitgehende **Kündigungsverbote.** Nach herrschender Auffassung darf er in dieser Zeit weder ordentlich noch außerordentlich kündigen. Allerdings kann er sich im Einzelfall, wenn nicht eine der wenigen Ausnahmen vom Kündigungsschutz gilt, die Kündigung von der für den Arbeitsschutz zuständigen Obersten Landesbehörde genehmigen lassen. Durch das **Bundeselterngeld- und Elternzeitgesetz** ist dieser Kündigungsschutz praktisch auf drei Jahre verlängert worden. Denn solange die Elternzeit in Anspruch genommen wird, kann der Arbeitgeber ebenfalls nicht kündigen.
- Recht der Mütter, die ihren Beruf nach der Entbindung wieder ausüben, auf angemessene Arbeitsunterbrechungen zum Stillen.

Eine Schwangerschaft soll dem Arbeitgeber mitgeteilt werden. Wird einer Schwangeren gekündigt und will sie den Kündigungsschutz nach dem Mutterschutzgesetz in Anspruch nehmen, muss sie die Schwangerschaft – falls vorher noch keine Mitteilung erfolgt ist – spätestens zwei Wochen nach Zugang der Kündigung mitteilen. War ihr die Schwangerschaft zum Zeitpunkt der Kündigung noch nicht bekannt, genügt eine Mitteilung zwei Wochen nachdem sie darüber Kenntnis erlangte. [4]

Merke

Fragen nach eventuell bestehenden Schwangerschaften im Zuge von Bewerbungsgesprächen sind unzulässig, es sei denn, wegen der Schwangerschaft wäre eine Beschäftigung unmöglich, z. B. als Tänzerin. Die Antwort auf unzulässige Fragen darf verweigert werden. Da ein Schweigen auf diese Frage aber meist zur Nichteinstellung führt, erlaubt die Rechtsprechung auch, eine bewusst unrichtige Antwort zu geben. Ob ein Arbeitsverhältnis, das zu Beginn so belastet wird, auf Dauer erfolgreich sein kann, ist eine andere Frage.

3.1.5 Berufliche Interessenvertretung

Das Grundgesetz gibt Arbeitnehmern und Arbeitgebern das Recht, sich in Koalitionen zusammenzuschließen. Der Zusammenschluss erleichtert es, eigene Interessen zu vertreten und durchzusetzen. Pflegende können sich in einem **Berufsverband** (siehe unten) bzw. in **Gewerkschaften** (▶ Kap. 3.1.2) organisieren. Darüber hinaus gibt es Bestrebungen, eine **Pflegekammer** (siehe unten) zu schaffen. Die Pflegenden könnten darüber ihre beruflichen Belange selbst bestimmen. [4]

Berufsverbände

Ein **Berufsverband** setzt sich aus Mitgliedern einer Berufsgruppe zusammen. Wichtige Aufgaben der Berufsverbände für Pflegeberufe sind:
- Eigenständigkeit der Pflegeberufe fördern.
- Interessen der Pflegenden in Politik und Gesellschaft vertreten.
- Bei der Gesetzgebung (Anhörung) mitwirken.
- Qualität von Pflegeleistungen sichern.
- Angemessene Arbeitsbedingungen der Pflegenden erreichen.

Die Mitgliedschaft im Berufsverband ist freiwillig, verpflichtet aber zur Zahlung eines Mitgliedsbeitrags. Das **Leistungsangebot** der meisten Berufsverbände umfasst:
- Beratung zu Problemen fachlicher Art
- Beratung in Fragen des Arbeits- oder Tarifrechts
- Informationen zu aktuellen Berufsfragen, oft durch eine Fachzeitschrift
- Berufshaftpflichtversicherung, beruflicher Rechtsschutz
- Angebote von Fort- und Weiterbildungsprogrammen sowie Kongressen

Abb. 3.4 Logo des Deutschen Berufsverbands für Pflegeberufe. [W267]

Pflegende können aus vielen Berufsverbänden mit unterschiedlichen Mitgliederzahlen und Weltanschauungen wählen.

Die größten, im gesamten Bundesgebiet vertretenen Berufsverbände sind:
- **Deutscher Berufsverband für Pflegeberufe** (*DBfK* ▶ Abb. 3.4)
- **Deutscher Pflegeverband** (*DPV*)
- **Arbeitsgemeinschaft Deutscher Schwesternverbände und Pflegeorganisationen** (*ADS*)

LESE- UND SURFTIPP
DBfK: www.dbfk.de
DPV: www.dpv-online.de
ADS: www.ads-pflege.de
BEKD: www.bekd.de
DBVA: www.dbva.de

- Die speziellen Berufsinteressen der Kinderkrankenpflege vertritt der **Berufsverband Kinderkrankenpflege Deutschlands** (*BEKD*) und die der Altenpflege der **Deutsche Berufsverband für Altenpflege** (*DBVA*)

Die Berufsverbände stehen teilweise in Konkurrenz zueinander und erschweren dadurch eine wirksame Interessensvertretung. Dem wirkt der **Deutsche Pflegerat** (*DPR*) entgegen. Es handelt sich um ein Gremium, in das verschiedene Berufsverbände Vertreter entsenden und das der Politik als Ansprechpartner zur Verfügung steht. Nach seinem Vorbild haben sich auch in einigen Bundesländern die Landesverbände der Pflege zusammengeschlossen. [4]

> **LESE- UND SURFTIPP**
> Deutscher Pflegerat: www.deutscher-pflegerat.de

Internationale Berufsverbände

Der **Weltbund für Krankenschwestern und Krankenpfleger** (*International Council of Nurses, ICN*) ist die älteste und größte internationale berufsständische Organisation im Gesundheitswesen: Er wurde 1899 gegründet und hat zurzeit mehr als 128 angeschlossene nationale Berufsverbände. Unter der Führung von Agnes Karll trat die Berufsorganisation der Krankenpflegerinnen Deutschlands 1904 dem ICN bei. Inzwischen ist der DBfK Mitglied im ICN.

Seit seinem Bestehen setzt sich der ICN weltweit ein für eine Verbesserung der Gesundheitsdienste und der gesundheitlichen und pflegerischen Versorgung der Menschen aller Völker, sowie die Anerkennung der entscheidenden Rolle der Pflege im Gesundheitswesen. Besondere Schwerpunkte der Arbeit sind die professionelle Pflegepraxis, die Grund-, Fort- und Weiterbildung in der Pflege sowie die Festlegung und der Erhalt ethischer Grundsätze und Menschenrechte. Alle vier Jahre veranstaltet der ICN einen internationalen Kongress auf dem sich Pflegende aus aller Welt treffen und austauschen. [4]

> **LESE- UND SURFTIPP**
> International Council of Nurses: www.icn.ch

Pflegekammer

Kammern, z. B. Industrie- und Handelskammer, Ärzte- oder Anwaltskammer, sind die traditionellen Organisationen selbstständiger Berufe. Der Staat überträgt ihnen das Recht, berufsinterne Dinge selbst zu regeln. Dies geschieht unter der Annahme, dass die Berufsangehörigen über das nötige Wissen verfügen, um z. B. Berufszulassungen zu erteilen oder zu entziehen, die Berufsausübung zu überwachen, Gebührenordnungen festzulegen, Prüfungen abzuhalten oder bei Streitigkeiten als **Schiedsstelle** zu fungieren. Die Einrichtung der Kammern ist Landesrecht. Alle Berufsangehörigen sind zahlungspflichtige Zwangsmitglieder.

Für die Pflege gibt es noch keine Kammer, u. a. weil die Mehrzahl der Pflegenden in einem Angestelltenverhältnis arbeitet und eine eindeutige Abgrenzung zwischen der beruflich ausgeübten, professionellen Pflege und der Laienpflege fehlt. Nur wenn bestimmte Tätigkeiten allein den beruflich Pflegenden vorbehalten bleiben, wäre die Einrichtung einer Pflegekammer mit dem Recht zur Berufszulassung möglich. Erste Anträge für die Bildung einer Pflegekammer sind in Deutschland eingereicht worden (z. B. in Schleswig-Holstein, Rheinland-Pfalz). [4]

> **LESE- UND SURFTIPP**
> Nationale Konferenz zur Errichtung von Pflegekammern in Deutschland: www.pflegekammer.de

3.2 Arzneimittelrecht

3.2.1 Arzneimittelgesetz

Das **Arzneimittelgesetz** (*AMG*)
- regelt die staatlichen Anforderungen an die Qualität, Unbedenklichkeit und Wirksamkeit von Arzneimitteln für Mensch und Tier,
- ordnet die Zulassung, Registrierung, den Verkehr und die behördliche Überwachung von Arzneimitteln,
- enthält Bestimmungen über die klinische Prüfung von Arzneimitteln, das Verfallsdatum, die Beobachtung und Auswertung von Arzneimittelrisiken und unerwünschten Wirkungen, die Haftung für Arzneimittelschäden,
- schützt den Verbraucher vor Arzneimittelrückständen in Lebensmitteln nach Anwendung von Tierarzneimitteln,
- bestimmt die Information über Arzneimittel, die Werbung auf dem Gebiet des Heilwesens und die Tätigkeit der Pharmaberater,
- enthält Straf- und Bußgeldvorschriften bei Zuwiderhandlungen,
- bemüht sich um die Schaffung eines einheitlichen europäischen Arzneimittelrechts mit einem gemeinsamen europäischen Arzneimittelmarkt. [4]

Begriffe aus dem Gesetz
- **Arzneimittel** sind nach der Definition des Arzneimittelgesetzes Stoffe und Zubereitungen aus Stoffen,
    - die zur Anwendung im oder am menschlichen oder tierischen Körper bestimmt sind und als Mittel mit Eigenschaften zur Heilung oder Linderung oder zur Verhütung menschlicher oder tierischer Krankheiten oder krankhafter Beschwerden bestimmt sind,
    - die im oder am menschlichen oder tierischen Körper angewendet oder einem Menschen oder einem Tier verabreicht werden können, um (a) die physiologischen Funktionen durch eine pharmakologische, immunologische oder metabolische Wirkung wiederherzustellen, zu korrigieren oder zu beeinflussen oder (b) eine medizinische Diagnose zu erstellen.

Als Arzneimittel gelten auch Gegenstände, die ein Arzneimittel enthalten oder auf die ein Arzneimittel aufgebracht ist und die dazu bestimmt sind, mit dem menschlichen oder tierischen Körper dauernd oder vorübergehend in Berührung gebracht zu werden. Verbandstoffe und chirurgisches Nahtmaterial zählen ebenfalls zu den Arzneimitteln.

- **Fertigarzneimittel** sind Arzneimittel, die im Voraus hergestellt und in einer zur Abgabe an den Verbraucher bestimmten Packung in den Verkehr gebracht werden.
- **Blutzubereitungen** sind Arzneimittel, die aus Blut gewonnene Blut-, Plasma- oder Serumkonserven, Blutbestandteile oder Zubereitungen aus Blutbestandteilen sind oder als Wirkstoffe enthalten, z. B. Voll-

blutkonserve, Erythrozyten- oder Thrombozytenkonzentrat, Immunglobuline. **Sera** (Einzahl: Serum) sind Arzneimittel, die Antikörper enthalten, z. B. Tetanus- oder Rötelnimmunglobulin.
- **Impfstoffe** sind Arzneimittel, die Antigene enthalten und dazu bestimmt sind, bei Mensch oder Tier zur Erzeugung von spezifischen Abwehr- oder Schutzstoffen (= Antikörper) angewendet zu werden, z. B. Tetanus- oder Masernimpfstoff.
- **Radioaktive Arzneimittel** sind Substanzen, die ionisierende Strahlen spontan aussenden und wegen dieser Eigenschaft zur Diagnostik oder Therapie eingesetzt werden, z. B. radioaktives Jod zur innerlichen Bestrahlung der Schilddrüse.
- **Charge** ist die jeweils aus derselben Ausgangsmenge in einem einheitlichen Herstellungsgang erzeugte Menge eines Arzneimittels. Wird ein Arzneimittel kontinuierlich erzeugt, bezieht sich die Charge auf einen bestimmten Zeitraum.
- **Unerwünschte Wirkungen** sind beim bestimmungsgemäßen Gebrauch eines Arzneimittels auftretende schädliche und unbeabsichtigte Reaktionen auf das Arzneimittel. Als schwerwiegend wird eine unerwünschte Wirkung eingestuft, wenn sie tödlich oder lebensbedrohend ist, eine stationäre Behandlung erforderlich macht oder zu einer bleibenden, schwerwiegenden Behinderung führt. [4]

Merke

Als **klinische Prüfung** bezeichnet man jede am Menschen durchgeführte Untersuchung, die dazu bestimmt ist, klinische oder pharmakologische Wirkungen von Arzneimitteln zu erforschen bzw. nachzuweisen, unerwünschte Wirkungen festzustellen, die Resorption, die Verteilung, den Stoffwechsel oder die Ausscheidung zu untersuchen, mit dem Ziel, sich von der Unbedenklichkeit oder Wirksamkeit der Arzneimittel zu überzeugen.

Anforderungen an Arzneimittel
- Es ist verboten, bedenkliche Arzneimittel in den Verkehr zu bringen: Bedenklich sind Arzneimittel, deren unerwünschte Wirkungen bei bestimmungsgemäßem Gebrauch über ein noch vertretbares Maß hinausgehen.
- Es ist verboten, Arzneimittel zu Dopingzwecken im Sport in den Verkehr zu bringen, zu verschreiben oder bei anderen anzuwenden.
- Es ist zum Schutz vor Täuschungen verboten, Arzneimittel herzustellen oder in den Verkehr zu bringen,
    - die in ihrer Qualität gemindert sind, weil sie von den anerkannten pharmazeutischen Regeln abweichen,
    - die mit irreführenden Bezeichnungen, Angaben oder Aufmachungen versehen sind,
    - bei denen das Verfallsdatum abgelaufen ist. [4]

Kennzeichnung

Auf den Behältnissen oder äußeren Umhüllungen von **Fertigarzneimitteln** müssen Fakten angegeben sein:
- Name oder Firma und Anschrift des verantwortlichen pharmazeutischen Unternehmens
- Bezeichnung des Arzneimittels (auch in Blindenschrift)
- Zulassungsnummer (Zul.-Nr.)
- Chargenbezeichnung (Ch.-B.) oder Herstellungsdatum
- Darreichungsform (z. B. Tabletten, Tropfen, Dragees)
- Inhalt nach Gewicht, Rauminhalt oder Stückzahl
- Art der Anwendung (z. B. äußerlich, innerlich)
- Wirkstoffe nach Art und Menge und sonstige Bestandteile nach der Art
- Bei gentechnologisch gewonnenen Wirkstoffen der dazu veränderte Mikroorganismus oder die Zelllinie
- Verfallsdatum („verwendbar bis [...]") mit Monat und Jahr
- Hinweise wie z. B. apothekenpflichtig, verschreibungspflichtig, unverkäufliches Muster, Warnhinweise, homöopathisches Arzneimittel
- Hinweise für die Lagerung, z. B. Arzneimittel für Kinder unzugänglich aufbewahren, im Kühlschrank lagern, vor Sonnenlicht schützen
- Vorsichtsmaßnahmen für die Beseitigung von nicht verwendeten Arzneimitteln
- Verwendungszweck bei nicht verschreibungspflichtigen Arzneimitteln [4]

Gebrauchsinformation

Jedes Arzneimittel muss eine Gebrauchsinformation als Packungsbeilage oder aufgedruckt enthalten. Darin muss allgemein verständlich in deutscher Sprache stehen:
- Bezeichnung des Arzneimittels
- Arzneilich wirksame und sonstige Bestandteile nach Art und Menge
- Darreichungsform und Inhalt
- Stoff- und Indikationsgruppe oder Wirkweise
- Name und Anschrift des pharmazeutischen Unternehmens und des Herstellers
- Anwendungsgebiete
- Gegenanzeigen
- Vorsichtsmaßnahmen für die Anwendung
- Wechselwirkungen mit anderen Mitteln
- Warnhinweise und Aufbewahrungshinweise
- Dosierungsanleitung mit Art der Anwendung, Einzel- oder Tagesgaben, Anwendungsdauer sowie die ausdrückliche Empfehlung, bei Unklarheiten den Arzt oder Apotheker zu befragen
- Hinweise für den Fall der Überdosierung oder unterlassenen Einnahme
- Unerwünschte Wirkungen und die Aufforderung, nicht aufgeführte unerwünschte Wirkungen dem Arzt oder Apotheker mitzuteilen

- Hinweis, dass das Arzneimittel nach Ablauf des Verfallsdatums nicht mehr anzuwenden ist und – soweit erforderlich – die Angabe der Haltbarkeit nach Öffnen des Behältnisses
- Datum der Fassung der Packungsbeilage

Problematisch ist, dass auch sehr seltene unerwünschte Wirkungen aufgeführt werden müssen. Dies führt oft zu einer starken Verunsicherung; viele Patienten nehmen aus falscher Angst heraus die vom Arzt verordneten Arzneimittel nicht mehr oder in zu geringer Dosierung ein (▶ Tab. 3.1). [4]

Tab. 3.1 Häufigkeit unerwünschter Wirkungen von Arzneimitteln, wie sie in den Gebrauchsinformationen der Präparate zu finden sind. Die jeweils häufigere Kategorie bildet die Grenze für die darauf folgende Kategorie des selteneren Auftretens dieser Wirkungen.

Kategorie	Statistische Häufigkeit
Sehr häufig	Mehr als 1 von 10 Behandelten
Häufig	Mehr als 1 von 100 Behandelten
Gelegentlich	Mehr als 1 von 1.000 Behandelten
Selten	Mehr als 1 von 10.000 Behandelten
Sehr selten	Weniger als 1 von 10.000 Behandelten (inkl. Einzelfälle)

Für Fachleute müssen ausführliche *Fachinformationen* zur Verfügung gestellt werden.

Herstellung
- Die gewerbs- oder berufsmäßige Herstellung von Arzneimitteln bedarf einer Erlaubnis durch die zuständige Behörde.
- Der Herstellungsleiter muss die erforderliche, im Gesetz festgelegte Sachkenntnis nachweisen. Er ist für die vorschriftsmäßige Herstellung, Lagerung und Kennzeichnung der Arzneimittel verantwortlich. [4]

Zulassung
- Fertigarzneimittel dürfen im Geltungsbereich des Arzneimittelgesetzes nur in den Verkehr gebracht werden, wenn sie durch die zuständige Bundesoberbehörde zugelassen sind.
- Nach eingehender Prüfung zugelassen werden Arzneimittel nur vom Bundesinstitut für Arzneimittel und Medizinprodukte; Seren und Impfstoffe nur vom Bundesinstitut für Impfstoffe und biomedizinische Arzneimittel (siehe Lese- und Surftipp).
- Die Zulassung kann auf einen bestimmten Zeitraum oder bestimmte Anwendungsgebiete beschränkt sein.

LESE- UND SURFTIPP
Bundesinstitut für Arzneimittel und Medizinprodukte: www.bfarm.de
Bundesinstitut für Impfstoffe und biomedizinische Arzneimittel (Paul-Ehrlich-Institut): www.pei.de

Vor der **Zulassung** sind umfangreiche Untersuchungen erforderlich. An erster Stelle stehen die Tierversuche, erst dann erfolgt die Erprobung an gesunden Menschen, die sich freiwillig zur Verfügung stellen. Sind bei diesen beiden Stufen nur Risiken aufgetreten, die – gemessen an der voraussichtlichen Bedeutung des Arzneimittels für die Heilkunde – ärztlich vertretbar sind, und hat eine nach Landesrecht gebildete, unabhängige Ethikkommission zugestimmt, kommt das Arzneimittel in die **klinische Prüfung:** Das Arzneimittel wird in breiterem Rahmen unter Aufsicht eines qualifizierten Leiters nach festgelegtem Plan an Kranken erprobt. Die Patienten oder ihre gesetzlichen Vertreter müssen zuvor über Wesen, Bedeutung und Tragweite der klinischen Prüfung aufgeklärt werden und ihr schriftliches Einverständnis dazu geben. Für den Schadensfall besteht eine Versicherung. Die eigentliche Zulassung erfolgt nur, wenn alle diese Untersuchungen gezeigt haben, dass das neue Arzneimittel den gesetzlichen Anforderungen entspricht. Sie kann jederzeit widerrufen werden.

Auch nach Erhalt der Zulassung trägt der Inhaber der Zulassung weiter Verantwortung. Er muss Unterlagen über alle Verdachtsfälle von Nebenwirkungen führen und bei schwerwiegenden unerwünschten Wirkungen den Verdacht unverzüglich der zuständigen Bundesoberbehörde melden. Dorthin müssen auch regelmäßig Unbedenklichkeitsberichte übersandt werden, die auch eine wissenschaftliche Bewertung des Nutzen-Risiko-Verhältnisses enthalten. [4]

Homöopathische Arzneimittel
Homöopathische Arzneimittel dürfen nicht der Verschreibungspflicht unterliegen. Sie müssen nicht zugelassen, sondern nur registriert werden. Dazu werden sie in das von der zuständigen Bundesoberbehörde geführte Register für homöopathische Arzneimittel eingetragen. Das Mittel darf bei bestimmungsgemäßem Gebrauch keinesfalls schädliche Wirkungen haben. Bei homöopathischen Arzneimitteln dürfen keine Angaben über Anwendungsgebiete gemacht werden. Sie müssen aber den Hinweis an den Anwender enthalten, bei während der Anwendung fortdauernden Krankheitssymptomen medizinischen Rat einzuholen. Für viele pflanzliche Arzneimittel gelten vergleichbare Vorschriften. [4]

Abgabe
Bis auf wenige Ausnahmen, z. B. Heilwässer und deren Salze; bestimmte Pflanzen, Pflanzenteile, -säfte und -destillate; einige äußerlich anwendbare Desinfektionsmittel, Nahrungsergänzungsmittel, dürfen Arzneimittel nur in Apotheken in den Verkehr gebracht werden und sind somit **apothekenpflichtig.** Ein solches Arzneimittel kann sich jeder nach eigenem

Wunsch oder Empfehlung des Apothekers auf eigene Rechnung in einer Apotheke kaufen (▶ Abb. 3.5). Der **Verschreibungspflicht** unterliegen alle Arzneimittel, die

- die Gesundheit von Mensch und Tier auch bei bestimmungsgemäßem Gebrauch gefährden können, wenn sie ohne ärztliche Überwachung angewendet werden,
- häufig in erheblichem Umfang nicht bestimmungsgemäß gebraucht werden, z. B. Schlaftabletten, Psychopharmaka,
- aus Stoffen zubereitet sind, deren Wirkung in der medizinischen Wissenschaft nicht allgemein bekannt ist, z. B. neu zugelassene Arzneimittel in den ersten fünf Jahren.

Verschreibungspflichtige Arzneimittel dürfen nur von Ärzten, Zahnärzten oder Tierärzten verschrieben und nur in Apotheken verkauft werden. Jede Verschreibung muss bestimmte **Angaben** enthalten:

- Name, Berufsbezeichnung, Anschrift und eigenhändige Unterschrift des ausstellenden Arztes.
- Ausfertigungsdatum.
- Name(n) des (der) verordneten Arzneimittel(s).
- Packungsgröße oder genaue Menge des Arzneimittels (fehlt diese Angabe, darf der Apotheker nur die kleinste Packung abgeben).
- Dosierung (wenn sie von der Gebrauchsinformation abweicht).
- Name (und Anschrift) des Patienten.
- Geburtsdatum oder Alter bei Kindern (für Kinder stehen Arzneimittelzubereitungen zur Verfügung, die in ihrer Dosierung dem geringen Gewicht und den Besonderheiten des kindlichen Stoffwechsels angepasst sind).
- Bei Kassenrezepten Angabe der Krankenkasse und des Mitglieds (bei Familienversicherung).

Die auf dem Rezept verordnete Arzneimittelmenge darf bei verschreibungspflichtigen Medikamenten nur einmal abgegeben werden.

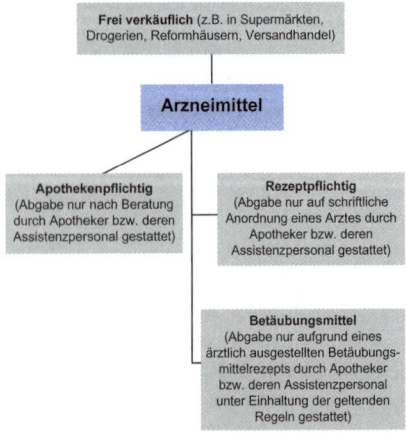

Abb. 3.5 Regeln zur Abgabe von Arzneimitteln. [M294]

Betriebe und Einrichtungen, in denen Arzneimittel hergestellt, geprüft, gelagert, verpackt oder in Verkehr gebracht werden, unterliegen der Überwachung durch die zuständige Behörde, z. B. Bundesinstitut für Arzneimittel und Medizinprodukte. So wird sichergestellt, dass die Vorschriften des AMG eingehalten werden. [4]

LESE- UND SURFTIPP
Arzneimittelgesetz: www.gesetze-im-internet.de/amg_1976/index.html

Haftung

Der pharmazeutische Unternehmer haftet für die von ihm in den Verkehr gebrachten Arzneimittel und muss eine entsprechende Deckungsvorsorge erbringen, z. B. durch eine Haftpflichtversicherung. Die **Schadensersatzpflicht** tritt ein, wenn
- das Arzneimittel bei bestimmungsgemäßem Gebrauch schädliche Wirkungen hat, die über ein nach den Erkenntnissen der medizinischen Wissenschaft vertretbares Maß hinausgehen und ihre Ursache im Bereich der Entwicklung oder der Herstellung haben,
- der Schaden infolge einer nicht den Erkenntnissen der medizinischen Wissenschaft entsprechenden Kennzeichnung, Fachinformation oder Gebrauchsinformation eingetreten ist. [4]

Werbung

Das Arzneimittelgesetz wird ergänzt durch das **Gesetz über die Werbung auf dem Gebiet des Heilwesens.** Es enthält zahlreiche Detailregelungen und insbesondere Einschränkungen für eine Werbung außerhalb von Fachkreisen. So darf
- eine Werbung nicht irreführend sein, wenn z. B. versprochen wird, dass es keine unerwünschten Wirkungen gibt oder der Behandlungserfolg mit Sicherheit eintritt,
- für die Behandlung zahlreicher Erkrankungen nicht geworben werden,
- die Werbung keine Gutachten, Empfehlungen, Krankengeschichten, Bilder von Zuständen vor und nach der Behandlung enthalten,
- eine Werbeaussage keine Angstgefühle hervorrufen oder ausnutzen,
- die Werbung nicht zur Selbsterkennung und Selbstbehandlung von Krankheiten anleiten, keine Fremdbehandlungen anbieten,
- keine zusätzliche Werbegabe versprochen werden.

Bei einer Werbung in audiovisuellen Medien wie dem Fernsehen muss anschließend der Satz: „Zu Risiken und Nebenwirkungen lesen Sie die Packungsbeilage und fragen Sie Ihren Arzt oder Apotheker" deutlich lesbar eingeblendet und gleichzeitig gesprochen werden. [4]

3.2.2 Betäubungsmittelrecht

Den Verkehr mit Betäubungsmitteln regeln
- das **Gesetz über den Verkehr mit Betäubungsmitteln** (*Betäubungsmittelgesetz*),

- die **Betäubungsmittel-Verschreibungsverordnung**
- verschiedene Handels- und Kostenverordnungen.

Die teilweise sehr strengen Anordnungen und Beschränkungen des Betäubungsmittelgesetzes sollen Suchtgefahren vorbeugen. [4]

Betäubungsmittelgesetz

Das **Betäubungsmittelgesetz** (*BtMG*) enthält Bestimmungen zur Regelung und Kontrolle des legalen Betäubungsmittelverkehrs, d.h. von Betäubungsmitteln, die zur Therapie und in der Forschung benötigt werden. **Betäubungsmittel** im Sinne des BtMG sind die in dessen Anlagen I–III aufgezählten Stoffe und Zubereitungen:

- **Anlage I** enthält die nicht verkehrsfähigen Betäubungsmittel, z.B. einige Phenylethylamine (Ecstasy), Heroin, LSD. Diese Stoffe dürfen nicht hergestellt werden und es darf kein Handel mit ihnen betrieben werden. Sie sind besonders stark suchtgefährdend und für die Therapie nicht von Bedeutung. Nur ausnahmsweise kann eine Erlaubnis vom Bundesinstitut für Arzneimittel und Medizinprodukte (▶ Kap. 3.2.1) zu wissenschaftlichen oder anderen im öffentlichen Interesse liegenden Zwecken erteilt werden.
- **Anlage II** zählt verkehrs- aber nicht verschreibungsfähige Betäubungsmittel auf, z.B. Kokain oder bestimmte Zubereitungen von Morphin. Mit diesen Stoffen dürfen Arzneimittelhersteller oder Apotheken arbeiten, sie dürfen dem Patienten in dieser Form aber nicht verschrieben werden
- **Anlage III** nennt die verschreibungsfähigen Betäubungsmittel, z.B. Amphetamine, Zubereitungen von Tetrahydrocannabinol, Morphin, Tilidin, Pethidin, Barbiturate, Methadon.

Die Liste der Betäubungsmittel wird den aktuellen Bedürfnissen laufend durch Betäubungsmittelrechts-Änderungsverordnungen angepasst. So werden missbräuchlich in Modedrogen verwendete psychoaktive Stoffe neu in die Anlagen I und II aufgenommen oder deren Abgabe begrenzt. Andererseits wurden Wirkstoffe, z.B. Cannabisextrakte, in die Liste der verordnungsfähigen und für die Therapie zugelassenen Betäubungsmittel übergeführt.

Wer Betäubungsmittel anbauen, herstellen, mit ihnen Handel treiben, sie erwerben oder in den Verkehr bringen will, bedarf einer **Erlaubnis** des Bundesinstituts für Arzneimittel und Medizinprodukte (▶ Kap. 3.2.1). Ausnahmen bestehen nur für Apotheken und den Patienten, der ein Betäubungsmittel vom Arzt verordnet bekommen hat. Die Erlaubnis wird nur erteilt, wenn die vorgeschriebenen strengen Kontroll- und Sicherheitsbedingungen erfüllt sind und ein Missbrauch ausgeschlossen ist. Über den Verkehr mit Betäubungsmitteln müssen sorgfältige und genaue Aufzeichnungen, auf vorgeschriebenen Formblättern oder in elektronischen Dokumenten, gemacht und auf Anforderung den zuständigen Behörden vorgelegt werden.

Wer Betäubungsmittel in seinem Besitz hat, muss sie gesondert aufbewahren und gegen unbefugte Entnahme und Missbrauch schützen. Diese Vorschriften bedeuten für den **Stationsbetrieb**:

- Die Betäubungsmittel müssen getrennt von den übrigen Arzneimitteln im gesicherten, stets sorgfältig verschlossenen Betäubungsmittelschrank oder -safe verwahrt werden. Der Schlüssel darf für Unbefugte nicht erreichbar sein.
- Zugang und Entnahme von Betäubungsmitteln müssen in den Betäubungsmittelkarten, dem Betäubungsmittelbuch oder EDV-Ausdrucken verzeichnet werden. Der aktuelle Bestand muss errechnet und auch vom zuständigen Arzt monatlich überprüft werden. Die Unterlagen müssen drei Jahre aufbewahrt werden.
- Berechtigte Ärzte fordern Betäubungsmittel für den Stationsbedarf auf einem speziellen Betäubungsmittelanforderungsschein von der Krankenhausapotheke an.
- Die Betäubungsmittelanforderungsscheine werden vom Bundesinstitut für Arzneimittel und Medizinprodukte an den leitenden Klinikarzt ausgegeben und sind nur zum Gebrauch an seiner Klinik zugelassen.

Der Betäubungsmittelverkehr bei Ärzten, Krankenhäusern und Apotheken wird von den zuständigen Länderbehörden überwacht, der gesamte übrige Betäubungsmittelverkehr vom Bundesinstitut für Arzneimittel und Medizinprodukte (Bundesopiumstelle). Die Überwachung erfolgt durch Kontrolle der Unterlagen (▶ Abb. 3.6), Besichtigung der Betriebsräume und Probenentnahmen. Nicht mehr gebrauchte oder zum Gebrauch nicht verwendbare Betäubungsmittel (z. B. aus versehentlich zerbrochenen Ampullen) müssen vom Eigentümer in Gegenwart von zwei Zeugen so endgültig vernichtet werden, dass eine Wiedergewinnung des Betäubungsmittels ausgeschlossen ist und Menschen und Umwelt vor schädlichen Einwirkungen geschützt sind.

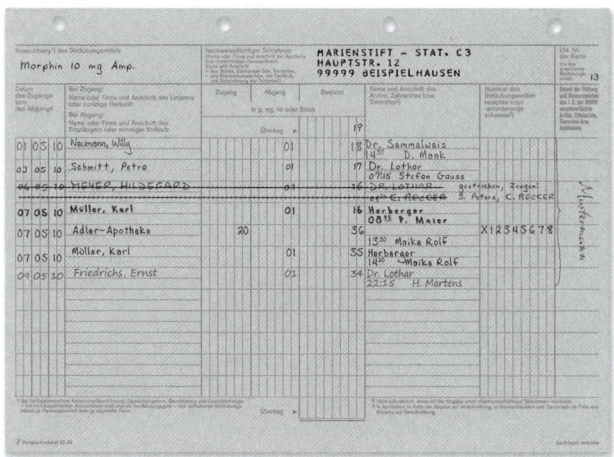

Abb. 3.6 Seite einer Dokumentation der Betäubungsmittelverabreichung für Einrichtungen des Gesundheitswesens. [K115]

Mehrere Paragrafen des Betäubungsmittelgesetzes befassen sich mit der Verordnung von **Substitutionsmitteln** für opiatabhängige Patienten, z. B. Methadon. Die Substitutionsmittel dürfen bei Drogenabhängigen nur eingesetzt werden zur Unterstützung des Entzugs, bei schweren Begleiterkrankungen, während einer Schwangerschaft und nach der Geburt. Die Substitution muss von einer psychiatrischen und psychosozialen Behandlung und Betreuung begleitet sein. Soziale Eingliederung und Drogenfreiheit bleiben das vorrangige Behandlungsziel. Jeder Arzt, der eine Substitutionstherapie durchführen will, muss eine suchttherapeutische Qualifikation besitzen. Das Substitutionsmittel wird dem Patienten in der Praxis oder einer Einrichtung der Suchtkrankenhilfe vom behandelnden Arzt selbst oder dem dafür ausgebildeten, beauftragten und zuverlässigen Personal zum unmittelbaren Gebrauch meist nur für einen Tag überlassen. Eine Selbstmedikation kann in Ausnahmefällen gestattet werden. [4]

Merke

Straftaten und Ordnungswidrigkeiten gegen das Betäubungsmittelgesetz sind mit hohen Freiheitsstrafen und Geldbußen bedroht. Bei drogenabhängigen Straftätern können Rehabilitationsmaßnahmen den Strafvollzug abkürzen oder ersetzen.

Betäubungsmittel-Verschreibungsverordnung

Die verkehrs- und verschreibungsfähigen Betäubungsmittel aus der Anlage III des Betäubungsmittelgesetzes dürfen nur von Ärzten, Zahnärzten oder Tierärzten im Rahmen einer Behandlung verabreicht und überlassen werden, wenn ihre Anwendung begründet ist, d. h. der beabsichtigte Zweck kann nicht auf andere Weise erreicht werden, z. B. durch ein Arzneimittel, das nicht dem Betäubungsmittelgesetz unterliegt. Die Betäubungsmittel dürfen nur in Apotheken gegen Vorlage der Verschreibung, die innerhalb von sieben Tagen vorgelegt werden muss, abgegeben werden. Sie dürfen nur nach der Verschreibung auf einem dreiteiligen amtlichen Formblatt (*Betäubungsmittelrezept, Betäubungsmittelanforderungsschein* ▶ Abb. 3.7) bis zu einer bestimmten Höchstmenge bezogen werden und für einen Zeitraum von maximal 30 Tagen verordnet werden. Teil I und Teil II des Betäubungsmittelrezepts müssen in der Apotheke vorgelegt werden.

Teil I behält der ausgebende Apotheker zurück, bewahrt ihn drei Jahre auf und legt ihn auf Verlangen den zuständigen Behörden vor. Teil II ist zur Verrechnung mit den Krankenkassen bestimmt. Teil III bleibt beim verschreibenden Arzt und muss von ihm ebenfalls drei Jahre aufbewahrt und auf Verlangen vorgelegt werden.

Auf dem **Betäubungsmittelrezept** müssen angegeben werden:
- Name, Vorname und Anschrift des Patienten
- Geburtsdatum des Patienten
- Ausstellungsdatum

3.2 Arzneimittelrecht

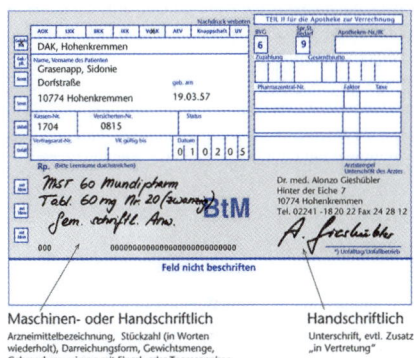

Abb. 3.7 Muster eines Betäubungsmittelrezepts. [W188]

Maschinen- oder Handschriftlich
Arzneimittelbezeichnung, Stückzahl (in Worten wiederholt), Darreichungsform, Gewichtsmenge, Gebrauchsanweisung mit Einzel- oder Tagesangaben oder Vermerk „gem(äß) schriftl(icher) Anw(eisung)"

Handschriftlich
Unterschrift, evtl. Zusatz „in Vertretung"

- Bezeichnung des Betäubungsmittels, Betäubungsmittelgehalt, Darreichungsform, Menge
- Gebrauchsanweisung mit Einzel- und Tagesmengenangabe oder der Vermerk „gemäß schriftlicher Anweisung" (falls diese dem Patienten bereits vom Arzt ausgehändigt wurde)
- Falls erforderlich, Zusatzvermerke wie: Praxisbedarf, schwerer Krankheitsfall, Menge ärztlich begründet (muss beim Überschreiten der festgelegten Höchstdosis vermerkt werden)
- Name, Anschrift, Telefon-Nr. und Berufsbezeichnung des verschreibenden Arztes
- Ungekürzte Unterschrift des verschreibenden Arztes

Das Betäubungsmittelrezept muss in allen Teilen übereinstimmend ausgefüllt sein. Die Adresse des Patienten und der Rezeptinhalt dürfen auch durch andere Personen oder mit dem Computer im Drucker ausgefertigt werden. In Notfällen dürfen Betäubungsmittel auch auf einem normalen, mit der Aufschrift „Notfallverschreibung" gekennzeichneten Rezept verordnet werden. Das Betäubungsmittelrezept muss anschließend baldmöglichst nachgereicht werden.

Betäubungsmittelrezepte werden nur vom Bundesinstitut für Arzneimittel und Medizinprodukte in Berlin auf Anforderung an Ärzte, Zahnärzte oder Tierärzte ausgegeben und dürfen nur von diesen verwendet werden. Sie sind nummeriert und mit dem Ausgabedatum und der Arztregistriernummer versehen. Fahrzeuge des Rettungsdienstes dürfen personenunabhängig durch einen vom Träger benannten verantwortlichen Arzt mit Betäubungsmitteln ausgestattet werden. Alle Betäubungsmittelverschreibungsformulare müssen vor Diebstahl gesichert aufbewahrt werden. Bei Verlust muss sofort eine Anzeige an das Bundesinstitut für Arzneimittel und Medizinprodukte erstattet werden.

Für die Therapie chronisch schmerzkranker Patienten dürfen auch größere Betäubungsmittelmengen und zwei Betäubungsmittel gleichzeitig verschrieben werden. Diese Verordnungen müssen mit dem Buchstaben „A" gekennzeichnet sein. Für die Verordnungsmengen von Stations- und Praxisbedarf gelten gesonderte Bestimmungen. Es darf jedes Betäubungsmittel nur in einer Menge verschrieben werden, die dem durchschnittlichen Bedarf für zwei Wochen entspricht oder die kleinste Packungsgröße. Der Vorrat an Betäubungsmitteln auf einer Station sollte den Monatsbedarf nicht überschreiten. [4]

Besonderheiten im ambulanten Umgang mit Betäubungsmitteln

In der häuslichen Krankenpflege sind die strengen Regeln der Aufbewahrung von Betäubungsmitteln nicht umzusetzen. Pflegende stellen jedoch sicher, dass die Betäubungsmittel auch hier dem Zugriff Unbefugter (z. B. Minderjähriger) entzogen sind. Sie klären selbstständige Patienten dahingehend auf, dass Betäubungsmittel bei unbeabsichtigter Einnahme (etwa durch Kinder) ein großes Risiko darstellen und dass es wichtig ist, sie möglichst sicher versperrt zu lagern.

Probleme können auftreten, wenn ein Patient, der selbstständig Betäubungsmittel nach ärztlicher Verordnung einnimmt, eine Reise beabsichtigt und auch in dieser Zeit die Arzneimittel bei sich führen muss. Um Schwierigkeiten (z. B. mit dem Zoll oder der Grenzpolizei) zu vermeiden, empfiehlt es sich, eine vom Arzt auszufüllende Bescheinigung mitzuführen, in der die Art und ggf. Menge des verordneten Betäubungsmittels zum Eigengebrauch aufgelistet sind (▶ Abb. 3.8). [4]

LESE- UND SURFTIPP

Formular für die Mitnahme von Betäubungsmitteln in Länder des Schengener Abkommens: www.bfarm.de/SharedDocs/Downloads/DE/Bundesopiumstelle/Betaeubungsmittel/Reisen/reise_scheng_formular.pdf?__blob=publicationFile&v=2
Formular für die Mitnahme von Betäubungsmitteln in andere Länder: www.bfarm.de/SharedDocs/Downloads/DE/Bundesopiumstelle/Betaeubungsmittel/Reisen/reise_andere_formular.pdf?__blob=publicationFile&v=2

Bescheinigung für das Mitführen von Betäubungsmitteln
im Rahmen einer ärztlichen Behandlung
- Artikel 75 des Schengener Durchführungsabkommens -

A Verschreibender Arzt:

(Name) (Vorname) (Telefon) (1)

(Anschrift) (2)

(Stempel des Arztes) (Datum) (Unterschrift des Arztes) (3)

B Patient:

(Name) (Vorname) (4)

(Nr. des Passes oder eines anderen Ausweisdokumentes) (5)

(Geburtsort) (6)

(Geburtsdatum) (7)

(Staatsangehörigkeit) (8)

(Geschlecht) (9)

(Wohnanschrift) (10)

(Dauer der Reise in Tagen) (11)

(Gültigkeitsdauer der Erlaubnis von/bis - max. 30 Tage) (12)

C Verschriebenes Arzneimittel:

(Handelsbezeichnung oder Sonderzubereitung) (13)

(Darreichungsform) (14)

(Internationale Bezeichnung des Wirkstoffs) (15)

(Wirkstoff-Konzentration) (16)

(Gebrauchsanweisung) (17)

(Gesamtwirkstoffmenge) (18)

(Reichdauer der Verschreibung in Tagen - max. 30 Tage) (19)

(Anmerkungen) (20)

D Für die Beglaubigung zuständige Behörde:

(Bezeichnung) (21)

(Anschrift) (Telefon) (22)

(Stempel der Behörde) (Datum) (Unterschrift der Behörde) (23)

BfArM 017 (12.2000)

Abb. 3.8 Formular für das Mitnehmen von Betäubungsmitteln auf Reisen. [W329]

3.3 Medizinprodukterecht

Die Verwendung von Instrumenten, Apparaten und körperfremden Stoffen sowie der Einsatz von elektrischem Strom, elektromagnetischen Wellen und Strahlen aller Art, z. B. Röntgen, UV-Licht, Laser, am Menschen bergen Gefahren. Ziel der darauf gerichteten Gesetze und Verordnungen ist es, die Sicherheit in der Medizintechnik zu verbessern. Bedienungspersonal und Patienten sollen bestmöglich vor Gefahren und unerwünschten Wirkungen geschützt sein. [4]

3.3.1 Medizinproduktegesetz

Das **Gesetz über Medizinprodukte** (*Medizinproduktegesetz, MPG*) ist am 1. Januar 1995 in Kraft getreten. Zweck dieses Gesetzes ist es, den Verkehr mit Medizinprodukten europaweit zu regeln und dadurch für die Sicherheit, Eignung und Leistung der Medizinprodukte sowie die Gesundheit und den erforderlichen Schutz von Patienten, Anwendern und Dritten zu sorgen. **Medizinprodukte** im Sinne dieses Gesetzes sind alle einzeln oder miteinander verbunden verwendeten Instrumente, Apparate, Vorrichtungen, Stoffe und Zubereitungen aus Stoffen oder andere Gegenstände einschließlich der für ein einwandfreies Funktionieren des Medizinprodukts eingesetzten Software, die vom Hersteller bestimmt sind zur Anwendung für Menschen zum Zweck der

- Erkennung, Verhütung, Überwachung, Behandlung oder Linderung von Krankheiten,
- Erkennung, Überwachung, Behandlung, Linderung oder Kompensierung von Verletzungen oder Behinderungen,
- Untersuchung, der Ersetzung oder der Veränderung des anatomischen Aufbaus oder eines physiologischen Vorgangs,
- Empfängnisregelung.

Dieses Gesetz befasst sich also mit allen medizinischen Gegenständen, Instrumenten und Apparaten, mit denen das medizinische Fachpersonal im beruflichen Alltag, aber auch akut oder chronisch erkrankte Patienten, Behinderte oder Personen, die einer Krankheit oder Schwangerschaft vorbeugen wollen, in Kontakt kommen. Die Bandbreite dieser Produkte reicht vom Überwachungsgerät auf der Intensivstation über Herzschrittmacher, chirurgische Instrumente, Prothesen, chirurgisches Nahtmaterial, Spritzen, Kanülen und Verbandsmaterial bis zum Kondom.

Merke

Das Arzneimittelgesetz, die Röntgenverordnung, das Strahlenschutzgesetz, die Medizingeräteverordnung und das Lebensmittel- und Bedarfsgegenständegesetz bleiben vom Medizinproduktegesetz unberührt, sie wurden aber in einigen Punkten entsprechend angepasst.

Im Folgenden sind die für den medizinischen Alltag wichtigsten Regelungen des umfangreichen Medizinproduktegesetzes genannt:
- Die grundlegenden Anforderungen an ein Medizinprodukt, seine Anwendung und Inbetriebnahme legt das Bundesministerium für Gesundheit durch Rechtsverordnung im Einzelnen fest. Es bestimmt auch das Verfahren zur klinischen Prüfung eines solchen Produkts.

Die Vorschriften zur klinischen Prüfung eines Medizinprodukts entsprechen in etwa denen des Arzneimittelgesetzes (▶ Kap. 3.2.1).
- Ein Sachverständigen-Ausschuss berät das Ministerium hinsichtlich der Durchführung des Gesetzes auch im Hinblick auf Angelegenheiten der Europäischen Union.
- Das Bundesinstitut für Arzneimittel und Medizinprodukte (▶ Kap. 3.2.1) ist zuständig für die Bewertung hinsichtlich der technischen und medizinischen Anforderungen und der Sicherheit von Medizinprodukten.
- Medizinprodukte dürfen nur verkauft, betrieben oder verwendet werden, wenn sie mit einer **CE-Kennzeichnung** (*Conformité Européenne*) versehen sind. Das CE-Zeichen dokumentiert, dass dieses Produkt die einschlägigen europäischen Anforderungen erfüllt. Es muss, falls möglich, deutlich sichtbar und dauerhaft auf dem Medizinprodukt angebracht sein. Zur CE-Kennzeichnung gehört auch die Kennnummer der benannten Stelle, die nach entsprechender Prüfung die Berechtigung zu ihrem Führen ausgestellt hat.
- Ein Medizinprodukt darf nicht in den Verkehr gebracht, betrieben oder verwendet werden, wenn der begründete Verdacht besteht, dass es die Sicherheit und Gesundheit von Patienten, Anwendern oder Dritten gefährdet, sein Verfalldatum abgelaufen ist oder wenn es mit irreführenden Bezeichnungen versehen ist.
- Das Bundesministerium für Gesundheit ist berechtigt, für Medizinprodukte eine Verschreibungspflicht oder Abgabebeschränkung vorzusehen.
- **Aktive Medizinprodukte,** also solche, die auf eine Stromquelle oder eine andere Energiequelle angewiesen sind, dürfen nur nach den allgemein anerkannten Regeln der Technik sowie den Arbeitsschutz- und Unfallverhütungsvorschriften errichtet, betrieben oder angewendet werden. Sie dürfen auch nur von Personen angewendet werden, die aufgrund ihrer Ausbildung oder ihrer Kenntnisse und praktischen Erfahrungen die Gewähr für eine sachgerechte Handhabung bieten. Sie benötigen eine Einweisung durch beauftragte Personen. Die fachliche Information und die Einweisung in die Verwendung oder Anwendung eines neuen Medizinprodukts darf nur ein **Medizinprodukteberater** mit entsprechender Sachkenntnis und regelmäßiger Schulung durchführen. Spätere Einweisungen kann – bei bestimmten Geräten – auch eine vom Betreiber bestimmte und vom Medizinprodukteberater entsprechend geschulte Person vornehmen.
- Betriebe und Einrichtungen, die Medizinprodukte herstellen, klinisch prüfen oder erstmalig in den Verkehr bringen, müssen ihre Tätigkeit und die verantwortlichen Personen der zuständigen Behörde anzeigen und sich überwachen lassen.
- Die bei der Anwendung von Medizinprodukten auftretenden Risiken oder unerwünschten Wirkungen muss ein entsprechend ausgebildeter Sicherheitsbeauftragter des Herstellers sammeln, bewerten und erforderlichenfalls der zuständigen Behörde melden (Beobachtungs- und Meldesystem). [4]

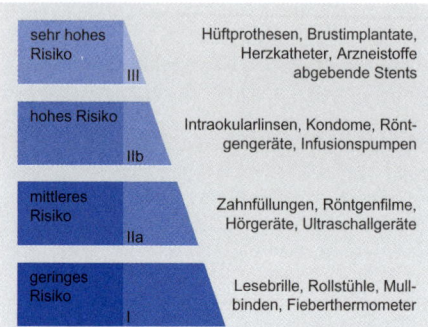

Abb. 3.9 Einteilung der Medizinprodukte in Risikoklassen. [Quelle: AOK-Mediendienst]

3.3.2 Medizinprodukte-Betreiberverordnung

Diese **Verordnung über das Errichten, Betreiben und Anwenden von Medizinprodukten** (*Medizinprodukte-Betreiberverordnung, MPBetreibV*) ergänzt seit Juni 1998 das Medizinproduktegesetz. Sie kann auch auf medizinisch technische Geräte angewendet werden, die vor dem 14. Juni 1998 nach der damals zuständigen *Medizingeräteverordnung* in Betrieb genommen wurden.

Medizinprodukte dürfen nur ihrer Zweckbestimmung entsprechend und nur von Personen, die dafür die erforderliche Ausbildung oder Kenntnis und Erfahrung mitbringen, errichtet, betrieben und angewendet werden. Der Anwender muss sich vor der Anwendung eines Medizinprodukts von der Funktionsfähigkeit und dem ordnungsgemäßen Zustand überzeugen und die Gebrauchsanweisung sowie die beigefügten sicherheitsbezogenen Informationen und Instandhaltungshinweise beachten. Der Betreiber oder Anwender hat jede Funktionsstörung, jede Änderung der Merkmale oder Leistungen und jede Unsachgemäßheit der Kennzeichnung oder der Gebrauchsanweisung eines Medizinprodukts zu melden, die zum Tode oder einer schwerwiegenden Verschlechterung des Gesundheitszustands eines Patienten, Beschäftigten oder Dritten geführt hat oder hätte führen können. Die Meldung muss unverzüglich an das Bundesinstitut für Arzneimittel und Medizinprodukte (▶ Kap. 3.2.1) erfolgen.

Für die Instandhaltung (Wartung, Sterilisation, Inspektion und Instandsetzung) von Medizinprodukten darf der Betreiber nur Personen, Betriebe oder Einrichtungen beauftragen, die die Sachkenntnis, Voraussetzungen und die erforderlichen Mittel zur ordnungsgemäßen Ausführung dieser Aufgabe besitzen.

Instandhaltungsmaßnahmen können nur durchgeführt werden, wenn die persönliche Qualifikation, die räumlichen Anforderungen und die gerätetechnischen Voraussetzungen vorhanden sind.

Die Verordnung enthält Vorschriften für aktive Medizinprodukte, die in Anlage 1 (Geräte mit dem höchsten Gefährdungspotenzial) aufgeführt sind (▶ Abb. 3.9). Dazu gehören nicht implantierbare aktive Medizinprodukte zur

- Erzeugung und Anwendung elektrischer Energie zur Beeinflussung der Funktion von Nerven, Muskeln und der Herztätigkeit, einschließlich Defibrillatoren,
- intrakardialen und intravasalen Messung,
- Erzeugung und Anwendung jeglicher Energie zur Koagulation, Gewebezerstörung oder Zertrümmerung von Ablagerungen in Organen,
- Einbringung von Substanzen und Flüssigkeiten in den Blutkreislauf unter Druckaufbau, auch körpereigene Substanzen und Flüssigkeiten, deren Einbringen mit einer Entnahmefunktion direkt gekoppelt ist,
- maschinellen Beatmung mit oder ohne Anästhesie,
- Diagnose durch Magnetresonanz (Kernspin),
- Therapie mit Druckkammern,
- Therapie mittels Hypothermie,
- Säuglingsinkubatoren,
- externe aktive Komponenten von aktiven Implantaten.

Der Betreiber darf diese aktiven Medizinprodukte nur betreiben, wenn zuvor der Hersteller oder eine dazu befugte Person, die im Einvernehmen mit dem Hersteller handelt, das Medizinprodukt am Betriebsort einer Funktionsprüfung unterzogen hat. Auch muss die vom Betreiber beauftragte Person anhand der Gebrauchsanweisung sowie beigefügter sicherheitsbezogener Informationen und Instandhaltungshinweise in die sachgerechte Handhabung, Anwendung und den Betrieb des Medizinprodukts sowie in die zulässige Verbindung mit anderen Medizinprodukten, Gegenständen und Zubehör eingewiesen haben.

Hat der Hersteller für sein Medizinprodukt sicherheitstechnische Kontrollen vorgeschrieben, muss der Betreiber diese nach den Angaben des Herstellers in den aufgeführten Fristen durchführen oder durchführen lassen. Über die sicherheitstechnische Kontrolle muss ein Protokoll angefertigt und mindestens bis zur nächsten Kontrolle aufbewahrt werden. Die sicherheitstechnischen Kontrollen darf nur ausführen, wer

- aufgrund seiner Ausbildung, Kenntnisse und durch praktische Tätigkeit gewonnenen Erfahrungen die Gewähr für eine ordnungsgemäße Durchführung der sicherheitstechnischen Kontrollen bietet,
- hinsichtlich der Kontrolltätigkeit keiner Weisung unterliegt,
- über geeignete Mess- und Prüfeinrichtungen verfügt.

In der Anlage 2 nennt die Verordnung Medizinprodukte, die messtechnischen Kontrollen unterliegen, und gibt die jeweiligen Nachprüffristen in Jahren an, z. B. Medizinprodukte zur Bestimmung der Körpertemperatur, Ton- und Sprachaudiometer, Augentonometer, Blutdruckmessgeräte, Tretkurbelergometer und Dosimeter.

Regelungen über diese Medizinprodukte mit Messfunktion enthält der dritte Abschnitt. Bei den messtechnischen Kontrollen wird festgestellt, ob das Medizinprodukt die zulässigen maximalen Messabweichungen einhält. Messtechnische Kontrollen müssen entsprechend den vorgegebenen

Fristen durchgeführt werden, aber auch dann, wenn Zeichen dafür vorliegen, dass das Medizinprodukt die Fehlergrenzen nicht mehr einhält oder die messtechnischen Eigenschaften durch einen Eingriff oder auf andere Weise beeinflusst worden sein könnten. Nur die für das Messwesen zuständigen Behörden, z. B. das Eichamt, oder Personen, die eine Erlaubnis der zuständigen Behörde besitzen, dürfen die messtechnischen Kontrollen ausführen. Nach erfolgreicher Kontrolle werden die Medizinprodukte mit einem Zeichen gekennzeichnet, auf dem das Jahr der nächsten messtechnischen Kontrolle und die Person oder Firma, die die Kontrolle ausgeführt hat, eindeutig und identifizierbar zu erkennen sind. [4]

Medizinproduktebuch

Für die Medizinprodukte der Anlagen 1 und 2 muss der Betreiber ein **Medizinproduktebuch** führen, das für die Dauer der Aufbewahrungsfrist verfügbar sein und den zuständigen Behörden auf Verlangen vorgelegt werden muss. Fieberthermometer und nicht invasive Blutdruckmessgeräte sind davon ausgenommen. In das Medizinproduktebuch sind einzutragen:
- Bezeichnung und sonstige Angaben zur Identifikation des Medizinprodukts
- Beleg über Funktionsprüfung und Einweisung
- Name des Beauftragten, Zeitpunkt der Einweisung sowie Namen der eingewiesenen Personen
- Fristen und Datum der Durchführung sowie das Ergebnis von vorgeschriebenen sicherheitstechnischen und messtechnischen Kontrollen, Datum von Instandhaltungen, Name der verantwortlichen Firma oder Person, die diese Maßnahme durchgeführt hat
- Firma oder Namen der Personen, mit denen Verträge zur Durchführung der Kontrollen und Instandhaltungsmaßnahmen bestehen
- Datum, Art und Folgen von Funktionsstörungen und wiederholten gleichartigen Bedienungsfehlern
- Meldung von Vorkommnissen an Behörden oder Hersteller [4]

Bestandsverzeichnis

Für alle aktiven, nicht implantierbaren Medizinprodukte einer Betriebsstätte hat der Betreiber ein **Bestandsverzeichnis** zu führen, in das eingetragen werden:
- Bezeichnung, Art und Typ, Loscode oder Seriennummer und Anschaffungsjahr des Medizinprodukts
- Name oder Firma und die Anschrift des für das jeweilige Medizinprodukt Verantwortlichen
- Die der CE-Kennzeichnung hinzugefügte Kennnummer der benannten Stelle
- Betriebliche Identifikationsnummer
- Standort und betriebliche Zuordnung
- Die vom Hersteller angegebene oder vom Betreiber festgelegte Frist für die sicherheitstechnische Kontrolle

Die Gebrauchsanweisungen, die dem Medizinprodukt beigefügten Hinweise und das Medizinproduktebuch sind so aufzubewahren, dass die für die Anwendung des Medizinprodukts erforderlichen Angaben dem Anwender jederzeit zugänglich sind. [4]

Merke

Nach Außerbetriebnahme des Medizinprodukts muss das Medizinproduktebuch noch fünf Jahre aufbewahrt werden.

Patienteninformation

Wenn einem Patienten ein aktives Medizinprodukt, z. B. ein Herzschrittmacher oder eine Insulinpumpe, implantiert wurde, muss ihm anschließend von der verantwortlichen Person eine schriftliche **Patienteninformation** ausgehändigt werden. Sie muss die für die Sicherheit des Patienten notwendigen Verhaltensanweisungen in allgemein verständlicher Sprache enthalten. Außerdem müssen Angaben enthalten sein, welche Maßnahmen bei einem Vorkommnis mit dem Medizinprodukt zu treffen sind und in welchen Fällen der Patient einen Arzt aufsuchen sollte. Folgende Daten sind der Patienteninformation beizufügen:
- Name des Patienten
- Bezeichnung, Art und Typ, Loscode oder Seriennummer des Medizinprodukts
- Name oder Firma des Herstellers
- Datum der Implantation
- Name der verantwortlichen Person, die die Implantation durchgeführt hat
- Zeitpunkt und wesentliche Ergebnisse der nachfolgenden Kontrolluntersuchungen [4]

3.4 System der sozialen Sicherung

Die Sozialstaatlichkeit der Bundesrepublik Deutschland ist im **Grundgesetz** (*GG*) in Artikel 20 Absatz 1 festgelegt (▶ Kap. 1.1.1).

Merke

Der Sozialstaat hat das Ziel, die **soziale Sicherheit** und Gerechtigkeit herzustellen und zu erhalten. Er hat die Aufgabe, für den Ausgleich sozialer Unterschiede zu sorgen und in sozialen Notlagen zu helfen.

Die **soziale Sicherung** steht für den Schutz der Bürger vor den vielfältigen sozialen Risiken des Lebens und gliedert sich in drei Bereiche:
- **Gesetzliche Sozialversicherung.** Ausgleich von Risiken aufgrund von Krankheit, Unfall, Alter, Arbeitslosigkeit und Pflegebedürftigkeit
- **Soziale Versorgung.** Schutz der Existenzsicherung bei Kriegsopfern, bei Wehr- und Zivildienstschäden und bei Vorliegen besonderer

lebenstypischer Belastungen (z. B. Erziehungsgeld, Kindergeld, Wohngeld, Ausbildungsförderung)
- **Sozialfürsorge.** Zur Sozialfürsorge gehören z. B. die Sozialhilfe (siehe unten) und die Jugendhilfe [1]

3.4.1 Sozialversicherungen

Definition

Fünf-Säulen-Fundament der Sozialversicherung: Die fünf verschiedenen Sparten der gesetzlichen Sozialversicherung bilden den wichtigsten Teil der gesamten sozialen staatlichen Sicherung.

Zentraler Bestandteil des sozialen Sicherungssystems in Deutschland ist die **gesetzliche Sozialversicherung**, bestehend aus (▶ Abb. 3.10):
- Pflegeversicherung
- Krankenversicherung
- Unfallversicherung
- Rentenversicherung
- Arbeitslosenversicherung [1]

Träger der Sozialversicherung				
Krankenversicherung Krankenkassen	**Pflegeversicherung** Pflegekassen	**Unfallversicherung** Berufsgenossenschaften	**Rentenversicherung** Deutsche Rentenversicherung	**Arbeitsförderung** Bundesagentur für Arbeit
– Ortskrankenkassen – Innungskrankenkassen – Betriebskrankenkassen – Ersatzkassen – See-Krankenkasse – Bundesknappschaft – Landwirtschaftliche Krankenkassen	– bei den Krankenkassen	– Gewerbliche Berufsgenossenschaften – See-Berufsgenossenschaft – Unfallversicherungskassen und -verbände der öffentlichen Hand – Landwirtschaftliche Berufsgenossenschaften	– Deutsche Rentenversicherung – Bund – Deutsche Rentenversicherung – regionale Träger – Deutsche Rentenversicherung – Knappschaft – Bahn – See	– Landesagentur für Arbeit – Arbeitsagentur

Abb. 3.10 Säulen der Sozialversicherung. [V229]

Pflegeversicherung

Pflegeversicherungsgesetz

Das **Pflegeversicherungsgesetz** (SGB XI) besteht seit dem 1.1.1995 und sichert das Risiko der Pflegebedürftigkeit ab. Alle Menschen in Deutschland sind gesetzlich verpflichtet, sich in einer Kranken- und Pflegeversicherung zu versichern. Etwa 90 % aller Menschen in Deutschland gehören einer gesetzlichen Versicherung an; etwa 10 % haben sich privat kranken- und pflegeversichert.

Mit der **Pflegereform 2008** (*Pflege-Weiterentwicklungsgesetz*), und dem Inkrafttreten des **Pflege-Neuausrichtungs-Gesetzes** (*PNG*) ab dem 1.1.2013 wurden die Leistungen weiter erhöht (▶ Tab. 3.2).

Der **Spitzenverband der gesetzlichen Krankenkassen** (*GKV*) und der **Verband der Privaten Krankenversicherungen** (*PKV*) unterstützen alle Krankenkassen und -versicherungen bei der Umsetzung der gesetzlichen Vorgaben. [1]

Pflegebedürftigkeit im Pflegeversicherungsgesetz

Nach § 14 SGB XI sind Personen **pflegebedürftig,** die wegen einer körperlichen, geistigen oder seelischen Krankheit oder Behinderung für die gewöhnlichen und **regelmäßig wiederkehrenden Verrichtungen im Ablauf des täglichen Lebens** auf Dauer, voraussichtlich für mindestens sechs Monate, in erheblichem oder höherem Maße in folgenden Bereichen Hilfen bedürfen:
- Körperpflege
- Ernährung
- Mobilität
- Hauswirtschaftliche Versorgung [1]

Pflegestufen

Der **Medizinische Dienst der Krankenversicherungen** (*MDK*) stellt die Pflegebedürftigkeit nach dem Grad des Hilfebedarfs auf Grundlage des notwendigen Zeitaufwandes fest. Für die Privatversicherten führt **Medicproof** bundesweit diese Begutachtungen durch.

LESE- UND SURFTIPP
Medizinischer Dienst der Krankenversicherungen: www.mdk.de
Medicproof: www.medicproof.de

Die Gutachter orientieren sich bei der Einordnung an Zeitkorridoren:
- **Pflegestufe 0 – eingeschränkte Alltagskompetenz.** Im Screening müssen durch den Gutachter bestimmte Einschränkungen in den Bereichen Wahrnehmung, Tagesstrukturierung und Orientierung festgestellt werden.
- **Pflegestufe 1 – erhebliche Pflegebedürftigkeit.** Mindestens einmal täglich erforderlicher Hilfebedarf bei mindestens zwei Verrichtungen aus einem oder mehreren Bereichen der Körperpflege, Ernährung oder Mobilität. Zusätzlich muss mehrfach pro Woche Hilfe bei der hauswirtschaftlichen Versorgung benötigt werden. *Zeitaufwand:* mindestens 90 Minuten, davon mehr als 45 Minuten Grundpflege.
- **Pflegestufe 2 – Schwerpflegebedürftigkeit.** Mindestens dreimal täglich zu verschiedenen Tageszeiten erforderlicher Hilfebedarf bei Körperpflege, Ernährung oder Mobilität. Zusätzlich muss mehrfach pro Woche Hilfe bei der hauswirtschaftlichen Versorgung benötigt

werden. *Zeitaufwand:* mindestens drei Stunden, davon mindestens zwei Stunden Grundpflege.
- **Pflegestufe 3 – Schwerstpflegebedürftigkeit.** Wenn der Hilfebedarf so groß ist, dass jederzeit eine Pflegeperson unmittelbar erreichbar sein muss, weil der konkrete Hilfebedarf jederzeit gegeben ist und Tag und Nacht anfällt. *Zeitaufwand:* mindestens fünf Stunden, davon mindestens vier Stunden Grundpflege.
- **Härtefallregelung.** In Einzelfällen besteht Anspruch auf eine Härtefallregelung nach § 36 Abs. 4 SGB XI, wenn ein außergewöhnlicher Pflegeaufwand vorliegt, der das übliche Maß der Pflegestufe III weit übersteigt. Es können dann bis zu 1.918 Euro abgerufen werden. [1]

Einstufungsverfahren

Um eine Pflegestufe zu erhalten, stellt der Versicherte einen Antrag an seine Pflegeversicherung. Diese leitet den Antrag an den MDK oder an Medicproof (nur für Privatversicherte) weiter. Der Gutachter setzt sich dann mit dem Versicherten in Verbindung und führt die Begutachtung durch. Dabei muss er sich an den Richtlinien der Spitzenverbände der Krankenkassen orientieren. Das Gutachten gibt der Gutachter anschließend an den MDK (oder Medicproof) zurück. Von dort geht das Gutachten an die Pflegekasse und wird durch diese geprüft. Gegebenenfalls wird dann eine Pflegestufe bewilligt oder abgelehnt. Das Ergebnis der Begutachtung muss innerhalb von 5 Wochen nach Antragseingang bei dem Antragsteller vorliegen. Für jede weitere Woche, in der das Gutachten dem Antragsteller nicht bekannt gegeben wird, erhält er von der Pflegeversicherung 70 Euro. [1]

Merke

Um sich optimal auf eine Begutachtung vorzubereiten, können Betroffene oder ihre Angehörigen vor dem Begutachtungstermin über mehrere Tage ein Pflegetagebuch bzw. Pflegeprotokoll führen. Darin sind alle Unterstützungsbedürfnisse möglichst exakt aufgeführt. Genaue Zeitangaben erleichtern die Beurteilung.

Leistungen der Pflegeversicherung

▶ Tab. 3.2
- Seit 2013 kann die **Pflegestufe „0"** bei Menschen mit eingeschränkter Alltagskompetenz anerkannt werden. Ist dies der Fall, können bereits bestimmte Leistungen abgerufen werden, z. B. Pflegegeld oder Sachleistungen durch einen Pflegedienst.
- Seit 2013 wird das Pflegegeld für max. 28 Kalendertage zur Hälfte weitergezahlt, wenn der Pflegebedürftige sich in einer stationären Versorgung (Kurzzeitpflege/Verhinderungspflege) befindet.
- Wer einen Angehörigen bereits 6 Monate pflegt, hat Anspruch auf Verhinderungspflege (oder Ersatzpflege) für maximal 4 Wochen im Jahr. Die Verhinderungspflege wird nur übernommen, wenn **die**

3.4 System der sozialen Sicherung

Tab. 3.2 Überblick über die Leistungen der Pflegeversicherung.

Leistungen der Pflegeversicherung	Pflegestufe 0	Pflegestufe 1	Pflegestufe 2	Pflegestufe 3
Pflegegeld (monatlich)	0	235 €	440 €	700 €
Bei Anerkennung auf eingeschränkte Alltagskompetenz	120 €	305 €	525 €	700 €
Pflegesachleistungen (monatlich) Abrechenbar mit einem Pflegedienst	0 €	450 €	1.100 €	1.550 €
Bei Anerkennung auf eingeschränkte Alltagskompetenz	225 €	665 €	1.250 €	1.550 €
Kombinationsleistung (monatlich)	In der Kombination von Pflegegeld, Sachleistung und Tagespflege kann sich ein Anspruch von bis zu 150 % ergeben			
Tagespflege (monatlich)	0 € Nur das Pflegegeld (120 €)	450 €	1.100 €	1.550 €
Bei Anerkennung auf eingeschränkte Alltagskompetenz		665 €	1.250 €	1.550 €
Kurzzeitpflege (jährlich)	0 €	1.550 €	1.550 €	1.550 €
Bei Anerkennung auf eingeschränkte Alltagskompetenz	0 €	1.550 €	1.550 €	1.550 €
Verhinderungspflege (jährlich)	0 €	1.550 €	1.550 €	1.550 €
Bei Anerkennung auf eingeschränkte Alltagskompetenz	1.550 €	1.550 €	1.550 €	1.550 €
Zusätzliche Betreuungsleistungen (monatlicher zweckgebundener Betrag)	100 € (bei allgemeinem Betreuungsbedarf) 200 € (bei erhöhtem Betreuungsbedarf)			
Stationäre Pflege	0 €	1.023 €	1.279 €	1.550 €

zusätzlichen **Pflegepersonen** mit dem Pflegebedürftigen **nicht** bis zum zweiten Grad verwandt (Kinder, Enkel, Eltern, Großeltern Geschwister) oder verschwägert sind oder mit ihm in häuslicher Gemeinschaft leben. Die Pflegekasse leistet auch bei Einsatz eines ambulanten Pflegedienstes die Verhinderungspflege bis max. 1.550 Euro im Jahr. Entstehen den nahen Verwandten wegen der Pflegeübernahme Kosten durch einen Verdienstausfall oder die Anfahrt, können diese bei der Pflegekasse geltend gemacht werden.

- Der Anspruch auf **Kurzzeitpflege** ist auf maximal 4 Wochen im Jahr beschränkt. Er besteht unabhängig davon, wie lange der Pflegebedürftige bereits in der häuslichen Umgebung versorgt wird. Auch mindert der Anspruch auf Kurzzeitpflege den Anspruch auf Verhinderungspflege nicht.
- Bei den genannten Summen für die stationäre Pflege und die Tagespflege handelt es sich um **Pauschalbeträge** für Grund- und Behandlungspflege sowie die soziale Betreuung. Darüber hinaus entstehen in einer stationären Einrichtung Kosten für Unterkunft und Verpflegung. Diese „Hotelkosten" übernimmt die Pflegeversicherung nicht, der Pflegebedürftige muss sie grundsätzlich selbst tragen. Reichen Eigenkapital und Einkommen nicht aus, sollte der Betroffene einen Antrag auf Kostenübernahme beim Sozialamt stellen.
- Die Pflegeversicherung deckt nicht alle Kosten einer Pflegebedürftigkeit ab. Daher wird ab 2013 mit max. 60 Euro im Jahr pro Versicherten die **zusätzliche private Pflegeversicherung** vom Staat unterstützt.

Pflegehilfsmittel und wohnumfeldverbessernde Maßnahmen

- Kostenübernahme bis zu 31 Euro monatlich für Pflegehilfsmittel, die zum Verbrauch bestimmt sind.
- Bei technischen Hilfsmitteln ist ein Eigenanteil von 10 %, jedoch max. 25 Euro zu leisten, größere technische Hilfsmittel, z. B. Pflegebetten, Toilettenstühle und Rollstühle, können leihweise überlassen werden.
- Zuschüsse bis 2.557 Euro je vorher beantragter und **genehmigter** Umbaumaßnahme in der Wohnung.

Leistungen für Personen mit eingeschränkter Alltagskompetenz

Mit der Pflegereform soll auch die Pflege und Betreuung von Personen mit **eingeschränkter Alltagskompetenz** (z. B. Demenzerkrankte) verbessert werden. Personen, die zuhause betreut werden, erhalten zusätzlich je nach Betreuungsbedarf einen Grundbetrag von 100 Euro monatlich oder einen erhöhten Betrag von 200 Euro monatlich. Diese Leistungen erhalten auch Personen, die Pflegestufe 0 haben.

Für die stationäre Pflege und Betreuung dieses Personenkreises können die Einrichtungen nach § 87 b die Finanzierung einer zusätzlichen Betreuungskraft beantragen, die dann durch die Pflegekasse finanziert wird. Für die Finanzierung müssen die Pflegeeinrichtungen die notwendigen Nachweise erbringen und mit der Pflegekasse verhandeln. [1]

Merke

Im November 2006 beauftragte das Bundesministerium für Gesundheit einen Beirat, konkrete Vorschläge für einen **neuen Pflegebedürftigkeitsbegriff** und ein neues Begutachtungsverfahren zu erarbeiten. Nach Vorschlag des Beirates soll künftig die Pflegebedürftigkeit nicht mehr zeitbezogen nach Pflegestufen, sondern nach fünf Bedarfsgraden erfolgen. Die neue vorgeschlagene Definition berücksichtigt die häufig gleichzeitigen körperlichen und kognitiven Beeinträchtigungen und verhindert durch die ganzheitliche Sicht des Menschen jede einseitige Dominanz von Beeinträchtigungen.

Krankenversicherung

Krankenversicherungsgesetz

Das **Sozialgesetzbuch V** (*Krankenversicherungsgesetz*) enthält die gesetzlichen Regelungen zur Krankenversicherung. Zentrale Aufgabe ist, die Gesundheit der Versicherten zu erhalten, wiederherzustellen oder zu verbessern.

Es gibt vier Versichertengruppen:

- **Pflichtversicherte.** Arbeitnehmer, deren Jahresgehalt die Versicherungspflichtgrenze nicht überschreiten (2014: 53.550 Euro), Auszubildende, Arbeitslose, land- und forstwirtschaftliche Unternehmer und ihre Familienangehörigen, wenn diese im Betrieb mitarbeiten, Künstler, Publizisten, Teilnehmer an Rehabilitations- und berufsfördernden Maßnahmen, behinderte Beschäftigte, Studenten, Rentner und Rentenantragssteller.
- **Beitragsfrei Familienversicherte.** Ehegatte, bei gleichgeschlechtlichen Partnerschaften der eingetragene Lebenspartner und Kinder bis zur Vollendung des 18. Lebensjahrs.
- **Freiwillig Versicherte.** Selbstständige, Freiberufler sowie Arbeitnehmer mit einem Jahresgehalt über der Versicherungspflichtgrenze können sich freiwillig in der gesetzlichen Krankenversicherung an Stelle einer privaten Krankenversicherung versichern lassen.
- **Privatversicherte.** Selbstständige, Personen mit einem Jahresgehalt über 53.550 Euro (2014) und Beamte können bzw. müssen sich privat versichern. Im privaten Versicherungsbereich findet das SGB V keine Anwendung. Alle privat Versicherten haben ihren individuellen Vertrag, der schon viele Jahre alt sein kann. Beamte sind zu einem bestimmten Prozentsatz durch den Dienstherren (in Form der Beihilfestelle) anteilig abgesichert. Privatversicherte müssen die Kosten der Behandlung zunächst selbst übernehmen und bekommen sie dann anteilig, je nach Vertrag, von der Versicherung erstattet. Bei einem Beihilfeanspruch müssen immer bei beiden Kostenträgern die Rechnungen eingereicht werden. [1]

Träger

Die gesetzliche Krankenversicherung (*GKV*) hat keinen einheitlichen **Träger,** sondern gliedert sich in verschiedene Kassenarten. Die Krankenkassen sind rechtsfähige Körperschaften des öffentlichen Rechts mit Selbstverwaltung. Alle Krankenkassen sind im GKV-Spitzenverband organisiert. Alle privaten Krankenversicherungen haben sich im Verband der privaten Krankenversicherungen (*PKV*) zusammengeschlossen. [1]

Finanzierung

Die gesetzliche Krankenversicherung finanziert sich durch die Beiträge von Arbeitgebern und Versicherten. Wie in der Arbeitslosen- oder Rentenversicherung gibt es bei der gesetzlichen Krankenversicherung einen einheitlichen Beitragssatz, er wurde zum 1.1.2009 eingeführt und beträgt 2014 15,5 % (ermäßigt, d. h. für Versicherte ohne Anspruch auf Krankengeld 14,9 %) des Bruttoeinkommens bis zur Beitragsbemessungsgrenze. Die Beiträge werden zu 7,3 % vom Arbeitgeber und zu 8,2 % vom Arbeitnehmer aufgebracht. Privatversicherte zahlen individuelle Beiträge. [1]

Leistungen

Die gesetzliche Krankenversicherung übernimmt die **Leistungen** zur Verhütung von Krankheiten und deren Folgen (*Vorsorge*), zur Empfängnisverhütung, bei Sterilisation und Schwangerschaftsabbruch, zur Früherkennung von Krankheiten, zur Behandlung einer Krankheit, bei Schwangerschaft und Mutterschaft. Außerdem zahlt sie Krankengeld.

Für Pflegende sind insbesondere die Leistungen für die **häusliche Krankenpflege** bedeutsam:

- **§ 37 Abs. 1 SGB V.** Versicherte erhalten häusliche Krankenpflege, wenn Krankenhausbehandlung geboten, aber nicht ausführbar ist oder wenn sie durch die häusliche Krankenpflege vermieden oder verkürzt wird. Sie umfasst die Grund- und Behandlungspflege sowie hauswirtschaftliche Versorgung.
- **§ 37 Abs. 2 SGB V.** Versicherte erhalten als häusliche Krankenpflege Behandlungspflege, wenn sie zur Sicherung des Ziels der ärztlichen Behandlung erforderlich ist. [1]

Unfallversicherung

Mit der **Unfallversicherung** verfolgt der Gesetzgeber zwei wesentliche Ziele: Die Vermeidung von Arbeitsunfällen und Berufskrankheiten durch Vorbeugung und die soziale Absicherung bei Arbeitsunfällen und gleichgestellten Tätigkeiten. [4]

Versicherte

In der Unfallversicherung sind neben allen Arbeitnehmern und einigen sonstigen Gruppen (Studenten, Schüler, Kinder in Tageseinrichtungen) auch Personen abgesichert, die im Interesse der Allgemeinheit bestimmte Tätigkeiten ausüben. Dies sind vor allem:

- In der Gesundheitspflege, bei der Feuerwehr, dem Roten Kreuz oder ähnlichen Einrichtungen tätige Personen, die dort nicht in einem Arbeitsverhältnis stehen, also ehrenamtliche Helfer.
- Personen, die bei Unglücksfällen oder bei Gefahrenlagen für die Allgemeinheit, z. B. Überschwemmung, Hilfe leisten.
- Blutspender.

Die in der Unfallversicherung ebenfalls bestehende Möglichkeit der freiwilligen Versicherung hat dagegen nur geringe Bedeutung. [4]

Versicherungsträger
Träger der Unfallversicherung sind die **Berufsgenossenschaften**. Neben dieser Tätigkeit besteht eine ihrer Hauptaufgaben darin, Unfallverhütungsvorschriften zu erlassen und zu überwachen. [4]

Versicherungsfälle
Die Unfallversicherung kennt drei **Versicherungsfälle** (*Leistungsvoraussetzungen*):
- Ein **Arbeitsunfall** ist eine durch die versicherte Beschäftigung erfolgende, plötzliche äußere Einwirkung, die zu einer Gesundheitsschädigung oder zum Tod führt.
- Ein **Wegeunfall** ist ein Unfall, der sich auf dem unmittelbaren Weg zur und von der Arbeit oder einer sonstigen versicherten Tätigkeit, z. B. Schulweg, ereignet. Umwege, die aus privater Veranlassung vorgenommen werden, sind nicht geschützt. Schutz besteht hingegen für solche Umwege eines einzelnen Versicherten, die zur Durchführung einer Fahrgemeinschaft vorgenommen werden.
- Eine **Berufskrankheit** schließlich ist eine Erkrankung, die durch die besonderen Risiken der beruflichen Beschäftigung verursacht ist. Berufskrankheiten werden als solche durch eine entsprechende Verordnung anerkannt. Im medizinischen und pflegerischen Bereich sind als Berufskrankheiten vor allem Infektionskrankheiten, z. B. Hepatitis, bedeutsam. [4]

Leistungsumfang
Die Unfallversicherung bietet einen vielfältigen Katalog von Leistungen, sodass hier nur die wichtigsten wiedergegeben sind:
- Durch die **Heilbehandlung** samt den dazu notwendigen Arznei- und Hilfsmitteln sollen die Gesundheitsschäden beseitigt oder gemildert werden. Gleichzeitig soll eine Verschlechterung des Schadensbildes vermieden werden. Soweit ein Versicherter gleichzeitig Ansprüche auf Heilbehandlung gegenüber seiner Krankenkasse (siehe oben) hat, leistet zunächst diese.
- Durch den Anspruch auf **Pflege,** der in Form von Pflegegeld oder durch entsprechende Sachleistungen gewährt wird, wird dem Versicherten die für eine menschenwürdige Existenz notwendige Hilfe gewährt. Im Gegensatz zu den anderen Versicherungen wird die Pflegebedürftigkeit also bei der Unfallversicherung abgedeckt.

- Die **Berufshilfe** soll eine Wiederherstellung der Erwerbsfähigkeit ermöglichen. Sie kann in einer Anpassung der Fähigkeiten für den bisherigen Beruf an die neue gesundheitliche Situation, aber auch in einer Umschulung bestehen. Den Ausfall von Arbeitseinkommen gleicht in dieser Zeit das **Übergangsgeld** aus. Übergangsgeld wird auch gewährt, wenn ein Verletzter arbeitsunfähig ist und Arbeitsentgelt nicht (mehr) erhält.
- Eine **Verletztenrente** in Form einer zeitlich befristeten Rente oder – falls mit einer Änderung des Zustands nicht mehr zu rechnen ist – in Form einer Dauerrente erhält, wer länger als ein halbes Jahr nach dem Versicherungsfall um wenigstens 20 % in seiner Erwerbsfähigkeit gemindert ist. Der Anspruch auf eine Verletztenrente ist unabhängig von einer tatsächlichen Einkommenseinbuße. Dieses Ergebnis folgt aus ihrer Funktion, einen Ausgleich für den auf Dauer erlittenen Körperschaden darzustellen. Die Höhe der Verletztenrente knüpft an den Jahresarbeitsverdienst zum Unfallzeitpunkt an. Weiterer Bestimmungsfaktor ist der Grad der Erwerbsminderung. Die Rente beträgt dabei höchstens ⅔ des Jahresarbeitsverdienstes (bei 100 % Erwerbsminderung). Dies findet seine Berechtigung darin, dass diese Rente im Gegensatz zum normalen Arbeitslohn wesentlich geringeren Abzügen unterliegt und dass bestimmte Unkosten, die durch die Ausübung des Berufs entstehen, wegfallen. Liegt die Erwerbsminderung unter 100 %, so wird als Rente nur ein entsprechender Prozentsatz aus den ⅔ des Jahresarbeitsverdienstes bezahlt. Bei schweren Verletzungen wird eine so berechnete Rente um 10 % erhöht, wenn ein Betroffener keinen Rentenanspruch gegen die gesetzliche Rentenversicherung hat. Zusätzlich zur Rente können auch noch Zulagen für die Folgen schwerer Verletzungen gezahlt werden.
- Bei der **Hinterbliebenenrente** wird für die Witwen- und Witwerrente wie bei der Rentenversicherung zwischen kleinem und großem Anspruch unterschieden. Die Voraussetzungen für den großen Anspruch sind dieselben wie bei der Rentenversicherung. Die Höhe beträgt ⅖ des Jahresarbeitsverdienstes, den der verstorbene Versicherte hatte. Die Höhe des „kleinen" Anspruchs liegt dagegen bei ³⁄₁₀ des Jahresarbeitsverdienstes und damit höher als der entsprechende Anspruch bei der Rentenversicherung. Ebenso wie dort ist der „kleine" Anspruch seit 2002 aber auf höchstens zwei Jahre befristet worden.
- Die **Waisenrente** beträgt bei Halbwaisen ⅕ und bei Vollwaisen ³⁄₁₀ des Jahresarbeitsverdienstes. [4]

Beiträge

Die **Beiträge** zur Unfallversicherung tragen die Unternehmer allein. Diese Regelung beruht darauf, dass die Unfallversicherung eine Art gesetzliche Haftpflichtversicherung der Unternehmer ist. Die Höhe des Beitrags bestimmt sich nach der Gefahrenklasse des einzelnen Betriebs und nach den dort gezahlten Arbeitsentgelten. Soweit Leistungen der Unfallversicherung für andere Personen als Arbeitnehmer in Betracht kommen, erfolgt eine Finanzierung über Steuermittel etwa für Unfälle von Schülern, Kindergartenkindern oder auch Nothelfern. [4]

Rentenversicherung

Die historische Entwicklung der **gesetzlichen Rentenversicherung** hatte zur Herausbildung verschiedener Zweige geführt. Das hing insbesondere damit zusammen, dass die Rentenversicherung für Arbeiter deutlich früher eingeführt worden war als die für Angestellte. Außerdem hatten sich für verschiedene Berufsgruppen – vor allem die im Bergbau Beschäftigten – eigene Versicherungsträger herausgebildet. Die Leistungen, die die Versicherten jeweils erhielten und erhalten, unterschieden sich aber nicht. Inzwischen hat der Gesetzgeber den Aufbau der Rentenversicherung reformiert und die Bezeichnungen der einzelnen Versicherungsträger ebenfalls geändert. Während diejenigen Menschen, die bis dahin schon Rente bezogen, bei der gewohnten Versicherung blieben, ist ein Teil der aktiv beschäftigten Versicherten einem anderen Träger als bisher zugeordnet worden. Der Beruf des einzelnen Versicherten ist jetzt nicht mehr entscheidend, sondern es kommt darauf an, den vorhandenen Verwaltungsapparat möglichst gleichmäßig auszulasten. [4]

Versicherte

Hier ist zunächst eine grundlegende Unterscheidung vorzunehmen: Es gibt **Pflichtversicherte** und **freiwillig Versicherte.**

Pflichtversichert sind alle Arbeitnehmer, die gegen Entgelt – unabhängig von seiner Höhe – mehr als nur geringfügig beschäftigt sind. Als Arbeitnehmer gilt auch, wer sich in einem Berufsausbildungsverhältnis (Auszubildender oder Praktikant) befindet. Die Grenze der **geringfügigen Beschäftigung** wird nicht überschritten, wenn

- eine oder mehrere Tätigkeiten – ausgenommen hiervon sind Ausbildungsverhältnisse sowie einige weitere Beschäftigungsverhältnisse – ausgeübt werden, deren monatliches Entgelt regelmäßig die Geringfügigkeitsgrenze (seit 2013: 450 Euro) nicht übersteigt, soweit der betreffende Arbeitnehmer sich von der Rentenversicherungspflicht befreien lässt. Für geringfügige Beschäftigungsverhältnisse, die zu Beginn des Jahres 2013 bereits bestanden haben und von der Rentenversicherungspflicht befreit waren, bleibt diese Befreiung erhalten. Zur Prüfung der Frage, ob diese Grenze überschritten wird, werden grundsätzlich die Entgelte aus allen Beschäftigungsverhältnissen addiert. Lediglich dann, wenn ein Arbeitnehmer auch eine nicht geringfügige Beschäftigung ausübt, wird eine zusätzlich ausgeübte geringfügige Beschäftigung nicht in diese Rechnung einbezogen. Es gilt also die Grundregel: Ein Nebenjob bis zur Geringfügigkeitsgrenze ist neben einem Hauptberuf nicht versicherungspflichtig.
- Eine Tätigkeit ist nicht berufsmäßig (also nur Aushilfstätigkeiten), wenn sie für längstens zwei Monate oder 50 Arbeitstage ausgeübt wird.

Neben den Arbeitnehmern sind auch verschiedene Gruppen von Gewerbetreibenden und Selbstständigen pflichtversichert, weil der Gesetzgeber bei ihnen von einer Schutzbedürftigkeit wie bei Arbeitnehmern ausgeht. Auch Studenten, die neben ihrem Studium einer mehr als geringfügigen Beschäftigung nachgehen, sind versicherungspflichtig geworden. Der Grund liegt darin, dass die Zeiten des Studiums für die Höhe des Rentenanspruchs unberücksichtigt bleiben. Ausgenommen von der Versicherungspflicht sind aber Praktikumstätigkeiten, die von der jeweiligen Studienordnung vorgesehen sind.

Alle übrigen Personen, z. B. Beamte, Hausfrauen, viele Gewerbetreibende und Selbstständige, sind versicherungsfrei. Eine **freiwillige Versicherung** ist allerdings den meisten versicherungsfreien Personen (Hauptausnahme: Beamte) möglich. Bei Beamten ist diese Möglichkeit nicht notwendig, da ihre Altersversorgung über den Pensionsanspruch geregelt ist. Auch für den Bereich der Rentenversicherung wird derzeit für die noch nicht von entsprechenden Sicherungssystemen erfassten Kreise der Bevölkerung darüber diskutiert, ob eine private Versicherungspflicht geschaffen werden soll. [4]

Versicherungsträger

Träger der gesetzlichen Rentenversicherung sind die Deutsche Rentenversicherung Bund (früher: Bundesversicherungsanstalt für Angestellte), die Deutsche Rentenversicherung Knappschaft-Bahn-See (früher: Bundesknappschaft, Bundesbahn-Versicherungsanstalt und Seekasse) und – als Regionalträger – die Deutsche Rentenversicherung mit regionaler Zuständigkeit (früher: Landesversicherungsanstalten der Arbeiterrentenversicherung), die jeweils durch einen Namenszusatz angegeben wird. Für die Landwirte und verwandte Berufe (Forst- und Gartenbau) gibt es schließlich noch die Sozialversicherung für Landwirtschaft, Forsten und Gartenbau (früher: Landwirtschaftliche Alterskasse). [4]

Versicherungsfälle

Zum Ersten soll die Rentenversicherung die **Altersversorgung** nach dem Ausscheiden aus dem Erwerbsleben sichern:

- Grundfall ist die Altersrente nach Erreichen der gesetzlichen Altersgrenze. Diese bisher bei 65 Jahren gelegene Grenze wird für die Geburtsjahrgänge ab 1947 schrittweise bis zum Geburtsjahrgang 1964 auf das 67. Lebensjahr angehoben. Erstmals ab 2012 konnte man also nicht mehr mit der Vollendung des 65. Lebensjahrs in Rente gehen. Nur für Versicherte, die mit 65 Jahren eine Wartezeit von mindestens 45 Jahren erfüllt haben, gilt derzeit weiterhin die bisherige Altersgrenze von 65 Jahren. Im Augenblick läuft ein Gesetzgebungsvorhaben, das die Altersgrenze für diesen Personenkreis auf 63 Jahre senken will.
- Für langjährig Versicherte – das setzt die Erfüllung einer Wartezeit von mindestens 35 Jahren voraus – erlaubt das Gesetz den Bezug einer Altersrente weiterhin bereits nach Vollendung des 63. Lebens-

3.4 System der sozialen Sicherung

jahrs. Allerdings wird für die Geburtsjahrgänge ab 1949 dann die Höhe der Rente auf Lebenszeit für jeden Monat der Inanspruchnahme vor Erreichen der im jeweiligen Jahr geltenden Altersgrenze um einen bestimmten Abschlagsfaktor verringert. Dieser Abschlagsfaktor, der bei der Altersgrenze von 65 Jahren bei maximal 7,2 % lag, wird auf bis zu 14,4 % steigen. Wirtschaftlich gesehen führt dies dazu, dass sich viele Versicherte die vorgezogene Altersgrenze nicht mehr leisten können. Umgekehrt führt eine Inanspruchnahme des Rentenanspruchs erst nach Erreichen der jeweils geltenden Altersgrenze aber auch zu einer dauerhaften Erhöhung des Rentenanspruchs. Insgesamt gesehen werden über die jetzigen Regelungen ähnliche Ergebnisse wie mit der früher geltenden flexiblen Altersgrenze erreicht.

- Wer bei Vollendung seines 63. Lebensjahrs als **Schwerbehinderter** anerkannt ist und eine Wartezeit von mindestens 35 Jahren vorweisen kann, kann seine reguläre Altersrente schon zu diesem Zeitpunkt uneingeschränkt in Anspruch nehmen. Nimmt ein Schwerbehinderter Rentenkürzungen in Kauf, kann er die Altersrente bereits ab Vollendung des 60. Lebensjahrs beanspruchen. Für die Geburtsjahrgänge ab 1952 werden diese Grenzen schrittweise ebenfalls um zwei Jahre angehoben.
- Für Personen, die vor dem Rentenbeginn langfristig arbeitslos waren, und für Frauen gilt im Augenblick noch ein Übergangsrecht, das ebenfalls einen Bezug von Altersrente vor Vollendung des 65. Lebensjahrs erlaubt. Allerdings sind nur noch vor dem 1. Januar 1952 geborene Personen davon begünstigt.

Zum Zweiten soll die Rentenversicherung bei einem vorzeitigen Ausscheiden aus dem Berufsleben eingreifen. Früher wurde in diesem Bereich zwischen Berufsunfähigkeit und Erwerbsunfähigkeit unterschieden:

- **Berufsunfähig** war, wer in seiner Leistungskraft auf weniger als die Hälfte der Fähigkeiten eines gesunden Versicherten mit einem vergleichbaren Berufsbild gesunken war. Konnte dieser Betroffene keine zumutbare Tätigkeit mehr ausüben, hatte er einen Anspruch auf Rente wegen Berufsunfähigkeit. Dieser Anspruch ist aus Gründen des Vertrauensschutzes nur für ältere Versicherte erhalten geblieben.
- Nach dem jetzt geltenden Recht gibt es einen Rentenanspruch nur noch wegen teilweiser oder voller Erwerbsminderung. Der Begriff der **vollen Erwerbsminderung** stimmt mit der bisherigen Erwerbsunfähigkeit überein: Voll erwerbsgemindert ist ein Versicherter, der auf dem allgemeinen Arbeitsmarkt nicht mindestens drei Stunden täglich erwerbstätig sein kann. Die **teilweise Erwerbsminderung** stellt im Gegensatz zur Berufsunfähigkeit nicht mehr auf die bisherige berufliche Qualifikation ab. Vielmehr entsteht ein Rentenanspruch nur noch dann, wenn ein Versicherter nicht mehr in der Lage ist, täglich mindestens sechs Stunden zu arbeiten.

Zum Dritten soll die Rentenversicherung die **Hinterbliebenen** schützen:

- **Witwen-** oder **Witwerrente** erhält ein überlebender Ehegatte, wenn der verstorbene Ehegatte zum Zeitpunkt seines Todes Rente bezogen

hat oder wenn die entsprechenden Wartezeiten erfüllt sind oder als erfüllt gelten. Dabei werden eigene Erwerbs- oder Erwerbsersatzeinkommen des Berechtigten oberhalb einer jährlich neu bestimmten Grenze zu 40 % auf diesen Rentenanspruch angerechnet. Diese Grenze liegt beim 26,4-fachen des aktuellen Rentenwertes und beträgt derzeit (2014) rund 743 Euro (Wert für die alten Bundesländer).
- **Waisen-** oder **Halbwaisenrente** erhalten die Kinder der Verstorbenen bis zur Vollendung des 18. Lebensjahrs, bei Berufsausbildung bis zur Vollendung des 25. Lebensjahrs.

Voraussetzung für einen Rentenbezug ist in jedem Fall die Erfüllung der Wartezeiten. Die wichtigsten Bestimmungen auf diesem Gebiet sind:
- Für den Bezug der Altersrente und der Erwerbsminderungsrente müssen grundsätzlich mindestens 60 Kalendermonate Wartezeit vorliegen.
- Bei anderen Rentenarten wie etwa der Rente für langjährig Versicherte betragen die Wartezeiten bis zu 420 Kalendermonate (= 35 Jahre).

Wartezeiten sind zunächst die Beitragszeiten. Darunter versteht man die Monate, in denen Pflichtbeiträge oder freiwillige Beiträge zur Rentenversicherung gezahlt worden sind. Den Beitragszeiten gleichgestellt sind die Kindererziehungszeiten. Dies sind für ab dem 1.1.1992 geborene Kinder die einem Elternteil zugerechneten Zeiten der Kindeserziehung in den ersten drei Lebensjahren, wenn der Elternteil deswegen nicht oder nicht vollständig arbeitet. Dieser Elternteil wird dabei so gestellt, als ob er das Durchschnittseinkommen aller Versicherten erzielt hätte. Hieraus ergibt sich zurzeit (2014) ein monatlicher Rentenanspruch von etwas mehr als 85 Euro. Auf die längerfristigen Wartezeiten werden auch noch Anrechnungszeiten, die etwa für Zeiten der Arbeitsunfähigkeit durch Krankheit oder bestimmte Ausbildungen nach dem 17. Lebensjahr eingeräumt werden, und Berücksichtigungszeiten, die etwa für die Kindererziehung im Alter von drei bis zehn Jahren gewährt werden, angerechnet.

Daneben ist aber auch die fiktive Erfüllung von Wartezeiten möglich. Hierdurch sollen ungewöhnliche Risiken ausgeglichen werden. Wichtig ist einmal der Fall eines frühzeitigen Todes oder einer Verminderung der Erwerbsfähigkeit durch Arbeitsunfälle oder Berufskrankheiten. Hier entsteht in der Regel ohne weitere Voraussetzungen ein Rentenanspruch. Auch wird der Fall abgedeckt, dass ein Versicherter in einem Zeitraum von bis zu sechs Jahren (dann wird er regelmäßig die Wartezeit von 60 Monaten erfüllt haben) nach Abschluss seiner Ausbildung aus einem anderen Grund stirbt oder eine volle Erwerbsminderung erleidet. Er erhält bereits dann einen Rentenanspruch, wenn er in den letzten zwei Jahren vor dem Schadensfall für mindestens ein Jahr Pflichtbeiträge geleistet hat. [4]

Leistungsumfang

Wichtig ist zunächst, dass sämtliche Leistungen aus der Pflichtversicherung sowie ein Teil der freiwillig erworbenen Versicherungsansprüche vom Grundsatz her dynamisiert sind. Ihre Höhe wird dadurch regelmäßig der allgemeinen Einkommensentwicklung angenähert.

Die „Ausgangsrente", d. h. die Rente zu dem Zeitpunkt, zu dem der Versicherungsfall eintritt, wird unter Berücksichtigung folgender Faktoren berechnet:

- Entgeltpunkte unter Berücksichtigung des Rentenzugangsfaktors
- Aktueller Rentenwert unter Einbezug des „Nachhaltigkeitsfaktors"
- Rentenartfaktor

Daraus ergibt sich die **Rentenformel.** Sie lautet im Grundsatz wie folgt: Rente = Entgeltpunkte x aktueller Rentenwert x Rentenartfaktor x Rentenzugangsfaktor

- **Entgeltpunkte** werden für jedes Jahr des Arbeitslebens bestimmt und ergeben sich aus dem persönlich erzielten Jahreseinkommen. Dieses wird mit dem durchschnittlichen Jahreseinkommen aller Versicherten verglichen. Entspricht das persönliche Jahreseinkommen exakt dem Durchschnitt, so wird genau ein Entgeltpunkt zuerkannt. Unterschreitet das persönliche Jahreseinkommen das Durchschnittseinkommen, so wird entsprechend weniger als ein Entgeltpunkt zuerkannt, bei einem Überschreiten entsprechend mehr. Für bestimmte beitragsfreie Zeiten wie die der Kindererziehung werden die Entgeltpunkte vorgegeben; hier wird unterstellt, dass der Durchschnittsverdienst erreicht worden wäre. Für die ersten drei Jahre einer beruflichen Ausbildung werden ebenfalls 100 % des Durchschnittseinkommens angerechnet. Damit soll der während einer Ausbildung typischerweise niedrige Verdienst ausgeglichen werden.
- **Aktueller Rentenwert:** Darunter versteht man den Betrag, um den ein Entgeltpunkt die Monatsrente (bei Rentenbeginn) steigert. Der aktuelle Rentenwert liegt bei 28,14 Euro (Stand: 2014). Hat etwa jemand zu Rentenbeginn 50 Entgeltpunkte angesammelt, so hat er einen monatlichen Rentenanspruch von ungefähr 1.407 Euro. Der aktuelle Rentenwert wird jährlich der allgemeinen Einkommensentwicklung angepasst. Um die zunehmende Überalterung der Gesellschaft zu berücksichtigen, wird der aktuelle Rentenwert allerdings im Regelfall nicht mehr um den vollen Betrag der Nettolohnsteigerungen angehoben. Vielmehr wird durch den „Nachhaltigkeitsfaktor" der erhöhte Anteil von Rentenbeziehern im Verhältnis zu den aktiv tätigen Versicherungspflichtigen als zusätzlicher Minderungsfaktor herangezogen. Allerdings haben Pflichtversicherte die Möglichkeit, die sich daraus ergebenden Minderungen der Rente durch die private Altersrente auszugleichen.
- **Rentenartfaktor:** Durch ihn werden die Renten den unterschiedlichen Bedürfnissen angepasst.
    - Bei der Altersrente und der Rente wegen voller Erwerbsminderung beträgt dieser Faktor 1,0 und ändert daher die bisher gewonnenen Ergebnisse nicht.

- Bei der Rente wegen teilweiser Erwerbsminderung beträgt der Faktor 0,5. Durch die so recht niedrige Rente soll für den betroffenen Personenkreis ein Anreiz geschaffen werden, die verbliebene Erwerbsfähigkeit so gut wie möglich auszunutzen.
- Bei der „großen" Hinterbliebenenrente sorgt der Faktor 0,55 dafür, dass der überlebende Ehepartner 55 % des Rentenanspruchs des Verstorbenen erhält. Für Ehepartner, die am 31.12.2001 bereits miteinander verheiratet waren, bleibt es bei dem früheren Anspruch von 60 %. Bei jüngeren Ehepartnern geht der Gesetzgeber davon aus, dass nach den heutigen sozialen Verhältnissen in der Regel Mann und Frau eine eigenständige Alterssicherung aufbauen. Um Benachteiligungen durch die Kindererziehung zu vermeiden, erhalten Witwen und Witwer, die Kinder erzogen haben, dann Zuschläge zu ihrem Rentenanspruch. Einen Anspruch auf diese „große" Rente hat, wer bei Eintritt des Versicherungsfalls ein Alter erreicht hat, das höchstens 20 Jahre unter der aktuell geltenden gesetzlichen Rentenaltersgrenze liegt (das sind im Augenblick etwas mehr als 45 Jahre), erwerbsgemindert ist oder mindestens ein Kind bis zu 18 Jahren erzieht, das Anspruch auf Halbwaisenrente hat. Bei diesem Personenkreis geht der Gesetzgeber davon aus, dass die Aufnahme einer eigenen Erwerbstätigkeit im Regelfall nicht mehr zumutbar sein wird.
- In den übrigen Fällen erhalten Witwen und Witwer dagegen nur die „kleine" Rente, bei der der Rentenartfaktor 0,25 ist. Die so sehr niedrig gehaltenen Renten sollen erreichen, dass der betroffene Personenkreis wieder erwerbstätig wird. Des Weiteren ist dieser Anspruch auf höchstens 24 Monate befristet.
- Bei der Vollwaisenrente schließlich wird ein Faktor von 0,2, bei der Halbwaisenrente von 0,1 angesetzt.
- Eine weitere Besonderheit ist bei den geringfügigen Beschäftigungsverhältnissen zu beachten: Bezahlt der Arbeitgeber hier einen pauschalen Rentenbeitrag, so erhält der Versicherte hierfür Zuschläge zu seinen Entgeltpunkten. Diese fallen aber sehr niedrig aus.
- **Rentenzugangsfaktor:** Er sorgt dafür, dass die Rentenhöhe bei vorzeitiger Inanspruchnahme einer Rente gesenkt wird und dass sie bei einem Rentenbeginn nach dem im Normalfall vorgesehenen Zeitpunkt erhöht wird. So wird etwa der Zugangsfaktor für eine Altersrente, die bereits ein Jahr vorzeitig in Anspruch genommen wird, von 1,0 so weit gesenkt, dass der jeweils geltende prozentuale Abschlag erreicht wird.

Im Zusammenhang mit dem Leistungsumfang ist auch die **Beitragsbemessungsgrenze** von Bedeutung. Sie besagt, dass nicht in jedem Fall das gesamte Einkommen für die Berechnung der Sozialversicherungsabgaben herangezogen wird. Vielmehr bleibt besonders hohes Einkommen außer Betracht, weil bei dessen Berücksichtigung das Versorgungsprinzip nicht mehr beachtet wäre. Denn die Rente hätte dann in bestimmten Fällen eine Höhe, die für die Sicherung eines angemessenen Lebensstandards gar nicht nötig wäre. Hinzu kommt, dass der Bezieher eines hohen Einkommens in der Regel zur Eigenversorgung fähig ist. Für 2014 liegt die Beitragsbemessungsgrenze in der Rentenversicherung z. B. bei 5.950 Euro Bruttoeinkommen monatlich.

Wesentlich für die Höhe einer Rente ist auch die **Versicherungsdauer.** Sie wird anhand der Beitragszeiten, der Berücksichtigungszeiten, der Anrechnungszeiten und der Zurechnungszeiten errechnet. Die größte praktische Bedeutung haben dabei die Zurechnungszeiten. Dies sind bei Eintritt von Erwerbsminderung oder Tod die zwischen dem Versicherungsfall (also dem Lebensalter, in dem Unfall oder Tod eintreten) und dem 60. Lebensjahr liegenden Zeiten. Der Versicherte wird dabei so behandelt, als habe er bis zu seinem 60. Lebensjahr alle Beiträge entrichtet. Damit will man erreichen, dass auch ein junger Versicherter eine ausreichende Rente bekommt. Denn würde man bei ihm nur die Beiträge berücksichtigen, die er tatsächlich geleistet hat, so wäre seine Rente zu niedrig. Damit würde sie ihre Lohnersatzfunktion nicht mehr erfüllen und das Versorgungsprinzip wäre nicht mehr gewahrt. [4]

Beiträge

Finanziert wird die Rentenversicherung durch Beiträge, die grundsätzlich Arbeitnehmer und Arbeitgeber zu gleichen Teilen zu tragen haben und die sich aus einem bestimmten Prozentsatz des Bruttoeinkommens ergeben. Lohnteile oberhalb der Beitragsbemessungsgrenze bleiben unberücksichtigt. Unterhalb einer bestimmten Einkommensgrenze trägt der Arbeitgeber die Beiträge allein. Sonstige Versicherte müssen meistens den gesamten Beitrag selbst zahlen. [4]

Private Altersvorsorge

Von ihrer Systematik her fällt die seit 2002 geltende *private Altersrente* in den Bereich einer freiwilligen Versicherung.

Sie ist nicht staatlich organisiert, sondern wird im Rahmen der privaten Wirtschaft vor allem durch Banken und Versicherungen angeboten. Allerdings wird die private Altersrente sowohl staatlich gefördert als auch überwacht. Die Förderung geschieht durch Steuervorteile oder Zuschüsse, um einen Anreiz zur privaten Vorsorge zu geben. Die Überwachung erfolgt, um zu verhindern, dass die für die Altersversorgung gedachten Mittel den Berechtigten verloren gehen.

Notwendig wurde die private Altersrente durch Veränderungen in der Altersstruktur der Bevölkerung: Immer mehr Rentnern stehen immer weniger Beitragszahler entgegen. Damit muss langfristig das Rentenniveau gekürzt werden (aktueller Rentenwert, siehe oben). In erster Linie betrifft das jüngere Versicherte, die noch eine Reihe von Jahren vor ihrem Renteneintritt stehen. Dieser Personenkreis bekommt die Möglichkeit, die Kürzungen der staatlichen Rente durch private Vorsorge auszugleichen. Dazu können bis zu 4 % des jährlichen Einkommens in diese begünstigte private

Vorsorge einbezahlt werden. Der entscheidende Unterschied zu erhöhten Beiträgen bei der gesetzlichen Rentenversicherung liegt bei dieser Lösung darin, dass der Arbeitgeber zu diesen Beiträgen der privaten Altersvorsorge nichts beitragen muss – das Solidarprinzip ist also aufgegeben. [4]

Ergänzende Grundsicherung

Neben der „klassischen" Rentenversicherung gibt es seit 2003 ein weiteres Instrument der Altersversorgung, das von seiner Systematik her allerdings eher der sozialen Absicherung zuzurechnen ist: die Grundsicherung.

Die in den §§ 41–43 SGB XII geregelte **Grundsicherung** sieht vor, dass alle Personen, die die gesetzliche Altersgrenze erreicht haben oder voll erwerbsgemindert sind, im Wesentlichen die Leistungen zur Verfügung haben sollen, die einer vollen Hilfe zum Lebensunterhalt nach den Bestimmungen des Sozialhilferechts (▶ Kap. 3.4.2) entsprechen. In der Praxis wird deshalb – auf Antrag – bei allen Personen aus diesem Kreis, die eine Rente bis zu etwa 850 Euro pro Monat beziehen, geprüft, ob sie mit ihren gesamten Einkünften – also etwa auch mit Zinsen, Mieteinkünften oder einem Einkommen aus einem Nebenerwerb – so viel Geld zur Verfügung haben, wie ihnen nach Sozialhilferecht zustehen würde. Ist das nicht der Fall, erhalten sie den Differenzbetrag zusätzlich nach den Regelungen über die Grundsicherung.

Der entscheidende Unterschied zur Sozialhilfe liegt darin, dass ein Rückgriff gegenüber Kindern – bei voll Erwerbsgeminderten auch gegenüber Eltern – nicht stattfindet, solange deren jährliches Gesamteinkommen 100.000 Euro nicht übersteigt. Leistungen der Grundsicherung gibt es aber, wie schon erwähnt, nicht von Amts wegen, sondern nur auf einen entsprechenden Antrag der Betroffenen und dann frühestens ab dem Monat der Antragstellung. Ziel dieser gesetzlichen Regelung ist es, zu vermeiden, dass gerade alte Leute aus Scham oder Rücksicht auf Angehörige von weniger Geld leben, als ihnen aus der Sozialhilfe zustehen würde. [4]

Arbeitslosenversicherung

Die **Arbeitslosenversicherung** hat sich inzwischen über ihr ursprüngliches Ziel weit hinaus entwickelt. Zu Beginn dieser Versicherung sollte nur eine Mindestabsicherung des Lebensbedarfs bei Arbeitslosigkeit erreicht werden. Inzwischen ist die Vermeidung von Arbeitslosigkeit ein zumindest gleichrangiges Ziel. [4]

Versicherte

Versichert sind hauptsächlich die gegen Entgelt tätigen Arbeitnehmer. Allerdings gibt es hiervon einige Ausnahmen, deren wichtigste sind
- geringfügige Beschäftigungen (Rentenversicherung, siehe oben),
- Arbeitnehmer ab dem Erreichen der gesetzlichen Altersgrenze (ab diesem Zeitpunkt ist eine soziale Absicherung durch den regelmäßig bestehenden Rentenanspruch gegeben),
- Bezieher von Rente wegen voller Erwerbsminderung. [4]

Versicherungsträger

Träger der Arbeitslosenversicherung ist die *Bundesagentur für Arbeit*. [4]

LESE- UND SURFTIPP
Bundesagentur für Arbeit: www.arbeitsagentur.de

Versicherungsfälle

Arbeitslosigkeit

Arbeitslos ist, wer vorübergehend nicht oder nur geringfügig beschäftigt ist und wer der Arbeitsvermittlung für eine Tätigkeit als Arbeitnehmer zur Verfügung steht. Die Verfügbarkeit für die Arbeitsvermittlung bedeutet, dass der Arbeitslose beschäftigungswillig und beschäftigungsfähig sein muss.

Beschäftigungswilligkeit beschreibt die Bereitschaft, jede nach den bisherigen Verhältnissen zumutbare Arbeit anzunehmen. Ein hoch qualifizierter Facharbeiter muss demnach im Fall seiner Arbeitslosigkeit zunächst keine Tätigkeit als Hilfsarbeiter annehmen. Vielmehr hat er einen Anspruch darauf, in eine gleichwertige Tätigkeit vermittelt zu werden. Diese Gleichwertigkeit gilt grundsätzlich auch für die zu erzielende Bezahlung. Allerdings muss ein Arbeitsloser gegenüber dem bisherigen Einkommen von Anfang an Einbußen von bis zu 20 % hinnehmen. Dieser Satz erhöht sich bei einer längeren Arbeitslosigkeit.

Eine Pflicht zur Annahme auch deutlich geringwertigerer Tätigkeiten und zur Aufnahme einer noch schlechter bezahlten Arbeit entsteht dann, wenn ein Arbeitsloser keinen Anspruch auf Arbeitslosengeld mehr hat, sondern nur noch Leistungen der **Grundsicherung für Arbeitssuchende** nach dem Sozialgesetzbuch II (SGB II) erhält. Dann ist ihm jede legale Arbeit zuzumuten (§ 10 SGB II).

Beschäftigungsfähigkeit setzt voraus, dass einem Arbeitnehmer in seiner konkreten Lage überhaupt ein Arbeitsplatz vermittelt werden kann. [4]

Kurzarbeit

Durch die Anerkennung dieser Fälle sollen Arbeitsplätze erhalten werden. Kann für absehbare Zeit nicht die volle Beschäftigung gewährleistet werden (*Kurzarbeit*), werden Ausgleichsleistungen gewährt. [4]

Winterausfallgeld

Das **Winterausfallgeld** soll in der Baubranche einen teilweisen Ausgleich dafür schaffen, dass dort durch ungünstige Witterung im Winterhalbjahr teilweise nicht gearbeitet werden kann. [4]

Arbeitsförderungsmaßnahmen

Arbeitsförderungsmaßnahmen zählen nicht zu den Versicherungsfällen im strengen Sinne. Aufgabe der Bundesagentur für Arbeit ist es aber auch, durch geeignete Maßnahmen die Schaffung zusätzlicher Arbeitsplätze zu fördern. [4]

Insolvenz des Arbeitgebers

Fällt ein Arbeitgeber in **Insolvenz,** sind die Gehälter der Beschäftigten für einen bestimmten Zeitraum gesichert. [4]

Leistungsumfang

Arbeitslosengeld

Die Höhe des **Arbeitslosengeldes** beträgt 60 % des ausfallenden Nettolohns. Hat der Arbeitslose mindestens ein Kind, erhöht sich der Anspruch auf 67 %. Erhält ein Arbeitsloser bei seiner Entlassung eine **Abfindung,** wird diese teilweise auf sein Arbeitslosengeld angerechnet.

Anspruch auf Arbeitslosengeld besteht nur, wenn gewisse Anwartschaftszeiten erfüllt sind, innerhalb derer Beiträge zur Arbeitslosenversicherung geleistet worden sein müssen. Die Dauer der Bezugsberechtigung richtet sich dann nach der Dauer der vorangegangenen, beitragspflichtigen Beschäftigungszeiten sowie nach dem Lebensalter des Arbeitslosen.

Der Anspruch auf Arbeitslosengeld ist ein Versicherungsanspruch, der unabhängig von der sonstigen sozialen Situation des Arbeitslosen ist. Dadurch unterscheidet sich das Arbeitslosengeld von dem Anspruch eines Arbeitssuchenden auf **Grundsicherung** in der Form von **„Arbeitslosengeld II"** nach dem SGB II. Dieser Anspruch ist an die Stelle der früheren **Arbeitslosenhilfe** getreten. Ebenso wie die Arbeitslosenhilfe, die 53 % (bzw. 57 % bei mindestens einem Kind) des ausfallenden Nettolohns ersetzt hatte, ist der Anspruch auf Grundsicherung eine echte Sozialleistung. Grundsicherung wird also nur gewährt, wenn der Arbeitslose hilfebedürftig ist (§ 9 SGB II). Das setzt, wie auch ein Anspruch auf Sozialhilfe, voraus, dass der Betroffene seinen notwendigen Lebensunterhalt weder durch eigene Arbeit noch durch den Einsatz von Einkommen und Vermögen und auch nicht durch Leistungen dritter Personen sichern kann.

Obwohl der Anspruch auf Grundsicherung also ein Anspruch auf eine Sozialleistung ist, wird er an dieser Stelle besprochen. Denn er kommt nur für Personen in Betracht, die arbeitsfähig sind – für die übrigen Bedürftigen ist es bei dem Anspruch auf Sozialhilfe nach dem Sozialgesetzbuch XII (SGB XII) geblieben (▶ Kap. 3.4.2) – und die entweder keine oder keine für ihren notwendigen Lebensbedarf ausreichende Arbeit haben. Der Anspruch auf Grundsicherung setzt weiter voraus, dass die Betroffenen zwischen 15 und 65 Jahre alt sind (§ 7 SGB II). Er umfasst die Übernahme der angemessenen Kosten für Wohnung und Heizung sowie – für Erwachsene – die Zahlung des sogenannten monatlichen Regelbetrags. Er beträgt für einen Erwachsenen ab 2014 pro Monat 391 Euro. Sind aus einem Haushalt – der als „Bedarfsgemeinschaft" bezeichnet wird – mehrere Erwachsene zu berücksichtigen, reduziert sich die Höhe des Regelsatzes. Dies hat seinen Grund darin, dass mehrere Personen gemeinsam in der Regel günstiger wirtschaften können als ein Einzelner.

Für die beiden ersten Jahre des Bezugs von Arbeitslosengeld II werden noch gewisse Zuschläge bezahlt, um den Einkommensrückgang gegenüber dem Arbeitslosengeld nicht zu stark ausfallen zu lassen. Danach aber erhält ein Betroffener über das Arbeitslosengeld II nur noch den Leistungsumfang, der einem Sozialhilfeberechtigten als laufende Leistung ebenfalls zusteht. Durch die damit verbundene Senkung von Leistungen gegenüber dem früheren Zustand sollen der Druck und der Anreiz, sich wieder um eine Arbeit zu bemühen, erhöht werden. [4]

Weitere Leistungen

- Der Arbeitslose kann an Maßnahmen zur beruflichen Bildung teilnehmen. Der Lebensunterhalt der Arbeitslosen wird in dieser Zeit durch Berufsausbildungsbeihilfen gewährt.
- Bei Kurzarbeit und Winterausfallgeld werden Ausgleichszahlungen für den Lohnausfall gewährt. Sie orientieren sich in ihrer Höhe an dem Anspruch auf Arbeitslosengeld.
- Im Rahmen der Arbeitsförderungsmaßnahmen übernimmt die Bundesagentur für Arbeit gegenüber dem Arbeitgeber für gewisse Zeiträume einen Teil der Lohnkosten, die der Beschäftigte verursacht. Dadurch soll die Einrichtung eines Arbeitsplatzes erleichtert werden.
- Bei Insolvenz des Arbeitgebers wird das Insolvenzausfallgeld bezahlt. Es deckt bislang noch nicht befriedigte Ansprüche auf Arbeitsentgelt aus den letzten drei Monaten vor Eröffnung des Insolvenzverfahrens. [4]

Beitragswesen

Die Beiträge zur Arbeitslosenversicherung werden zu gleichen Teilen von Arbeitgebern und Arbeitnehmern aufgebracht. Die Höhe des Beitrags wird als bestimmter Prozentsatz des Arbeitsentgelts festgelegt. Die Beitragsbemessungsgrenze der Rentenversicherung bildet auch hier die Grenze des beitragspflichtigen Einkommens. Dadurch kann das Arbeitslosengeld nicht über einen bestimmten Höchstbetrag steigen. [4]

3.4.2 Sozialhilfe

Im Zuge der Umsetzung des Hartz-IV-Konzepts wurde das **Bundessozialhilfegesetz** (*BSHG*) durch das **Zwölfte Sozialgesetzbuch** (*SGB XII*) abgelöst. Seither bildet dieses Werk den gesetzlichen Rahmen für die Sozialhilfe und ist eine wesentliche Grundlage für die Sozialfürsorge (▶ Abb. 3.11). Ob ein Mensch bedürftig ist und Leistungen erhält, wird im Einzelfall entschieden (*Individualisierungsprinzip*). Die Leistungen werden erst gewährt, wenn alle anderen Finanzquellen ausgeschöpft sind und das Einkommen unter dem festgelegten Regelsatz liegt (*Nachrangigkeitsprinzip*).

Abb. 3.11 Statistik zur Sozialhilfe im Jahr 2011.

Träger

Die **Sozialhilfe** wird von örtlichen und überörtlichen Trägern geleistet. Örtliche Träger sind kreisfreie Städte und Kreise. Überörtliche Träger werden von den Ländern bestimmt. Anträge auf Sozialhilfe sind bei der Gemeinde zu stellen, in der der Bedürftige seinen tatsächlichen Aufenthalt hat. Die **Finanzierung** erfolgt aus allgemeinen Steuermitteln. [1]

Leistungen

Die wichtigen Leistungsarten speziell für den Bereich der Pflege sind:
- **Grundsicherung** (§§ 41–46, SGB XII) erhalten Menschen ab Vollendung des 65. Lebensjahres sowie dauerhaft voll Erwerbsgeminderte zwischen 18–65 Jahren, die ihren Lebensunterhalt nicht aus dem eigenen Einkommen oder Vermögen bestreiten können. Im Bedarfsfall werden die Kosten für Unterkunft und Lebensunterhalt in stationären Einrichtungen von der Grundsicherung in Verbindung mit der **Hilfe zum Lebensunterhalt** (§§ 27–40) übernommen und sind damit nicht Teil der Hilfe zur Pflege.
- **Hilfe zur Pflege** (§§ 61–66 SGB XII) wird gewährt,
  - Personen, die nicht gesetzlich pflegeversichert sind,
  - wenn trotz notwendigem Pflegeaufwand der Grad der Pflegebedürftigkeit noch nicht die Stufe I erreicht,
  - in Fällen kostenintensiver (Schwerst-)Pflege, wenn die begrenzten Leistungen der Pflegeversicherung (*Härtefall*) nicht ausreichen.
- **Hilfe in anderen Lebenslagen** (§§ 70–74 SGB XII) bezieht sich neben anderen Bereichen (z. B. Blindenhilfe, Bestattungskosten) auf die **Altenhilfe**. Die Leistungen umfassen größtenteils persönliche Hilfen (z. B. Leistungen zum Besuch von Veranstaltungen) und Beratungsangebote (z. B. Unterstützung in Fragen der Aufnahme in eine Altenpflegeeinrichtung oder der Inanspruchnahme altersgerechter Dienste), aber z. B. auch Leistungen, die zur Beschaffung oder Erhalt einer Wohnung dienen, die den Bedürfnissen alter Menschen entspricht. [1]

3.5 Infektionsschutzgesetz

Im Januar 2001 trat das **Gesetz zur Verhütung und Bekämpfung von Infektionskrankheiten beim Menschen** (*Infektionsschutzgesetz, IfSG*) in Kraft. Es hat das Bundesseuchengesetz und das Gesetz zur Bekämpfung der Geschlechtskrankheiten abgelöst.

Das Ziel des Gesetzes ist ein verbesserter Schutz der Bevölkerung vor übertragbaren Krankheiten. Bei der Infektionsverhütung spielen Prävention, Aufklärung, Information, Beratung und Betreuung eine wichtigere Rolle als bisher. Das Gesetz setzt in diesem Zusammenhang erstmals auf das Prinzip der Eigenverantwortung. So verpflichtet das IfSG z. B. Arbeitgeber, die infektionsgefährdete Einrichtungen betreiben, ihre Mitarbeiter regelmäßig über die Vermeidung und Früherkennung der wichtigsten Infektionskrankheiten zu belehren. Das Robert Koch-Institut (siehe Lese-

und Surftipp) in Berlin ist als epidemiologisches Zentrum eingerichtet, bei dem alle Daten über Infektionskrankheiten zusammenlaufen. Mit Hilfe dieser Daten werden bundes-, europa- und weltweite Konzepte zur Vorbeugung übertragbarer Krankheiten sowie zur frühzeitigen Erkennung und Verhinderung der Weiterverbreitung von Infektionen entwickelt. Dadurch soll auch die Einschleppung von Infektionskrankheiten aus anderen Ländern verhindert werden. [4]

LESE- UND SURFTIPP
Robert Koch-Institut: www.rki.de

Zweck
Zweck des Gesetzes (§ 1) ist es,
- übertragbaren Krankheiten beim Menschen vorzubeugen,
- Infektionen frühzeitig zu erkennen,
- ihre Verbreitung zu verhindern.

Die hierfür notwendige Mitwirkung und Zusammenarbeit von Behörden des Bundes, der Länder und Kommunen, Ärzten, Tierärzten, Krankenhäusern, wissenschaftlichen Einrichtungen sowie sonstigen Beteiligten soll entsprechend dem jeweiligen Stand der medizinischen und epidemiologischen Wissenschaft und Technik gestaltet und unterstützt werden. Die Eigenverantwortung der Träger und Leiter von Gemeinschaftseinrichtungen, Lebensmittelbetrieben, Gesundheitseinrichtungen sowie des Einzelnen bei der Prävention übertragbarer Krankheiten soll verdeutlicht und gefördert werden. [4]

Begriffe
In § 2 definiert das Gesetz themenrelevante Begriffe. Sie zu kennen ist für das Verständnis der Vorschriften sowie der einzuleitenden Maßnahmen wesentlich:
- **Krankheitserreger** im Sinne des Gesetzes ist ein vermehrungsfähiges Agens (Virus, Bakterium, Pilz, Parasit) oder ein sonstiges biologisches, übertragbares Agens, das bei Menschen eine Infektion oder übertragbare Krankheit verursachen kann.
- **Infektion** ist die Aufnahme eines Krankheitserregers und seine nachfolgende Entwicklung oder Vermehrung im menschlichen Organismus.
- **Übertragbare Krankheiten** sind durch Krankheitserreger oder deren toxische Produkte verursachte Krankheiten, die unmittelbar (von Mensch zu Mensch oder Tier zu Mensch) oder mittelbar (z. B. durch Gegenstände, Nahrungsmittel, Wasser, Schmutz, Abfall) auf den Menschen übertragen werden können.
- **Krank** ist eine Person, die an einer übertragbaren Krankheit erkrankt ist.
- **Krankheitsverdächtig** ist eine Person, bei der Symptome bestehen, die das Vorliegen einer bestimmten übertragbaren Krankheit vermuten lassen.

- **Ansteckungsverdächtig** ist eine Person, von der anzunehmen ist, dass sie Krankheitserreger aufgenommen hat, ohne krank, krankheitsverdächtig oder Ausscheider zu sein.
- **Ausscheider** ist eine Person, die Krankheitserreger ausscheidet und dadurch eine Ansteckungsquelle für die Allgemeinheit sein kann, ohne krank oder krankheitsverdächtig zu sein.
- **Nosokomiale Infektion** ist eine Infektion mit lokalen oder systemischen Infektionszeichen als Reaktion auf das Vorhandensein von Erregern oder ihrer Toxine, die in zeitlichem Zusammenhang mit einer stationären oder ambulanten medizinischen oder pflegerischen Maßnahme steht, soweit die Infektion nicht bereits vorher bestand.
- **Schutzimpfung** ist die Gabe eines Impfstoffs mit dem Ziel, vor einer übertragbaren Krankheit zu schützen.
- **Andere Maßnahmen der spezifischen Prophylaxe** sind die Gabe von Antikörpern (passive Immunprophylaxe) oder die Gabe von Medikamenten (Chemoprophylaxe) zum Schutz vor der Verbreitung übertragbarer Krankheiten.
- **Impfschaden** ist die gesundheitliche und wirtschaftliche Folge einer über das übliche Maß einer Impfreaktion hinausgehenden gesundheitlichen Schädigung durch die Schutzimpfung. Ein Impfschaden liegt auch vor, wenn mit vermehrungsfähigen Erregern geimpft wurde und eine andere als die geimpfte Person geschädigt wurde.
- **Gesundheitsschädling** ist ein Tier, durch das Krankheitserreger auf Menschen übertragen werden können.
- **Sentinel-Erhebung** ist eine epidemiologische Methode zur stichprobenartigen Erfassung der Verbreitung bestimmter übertragbarer Krankheiten und der Immunität gegen bestimmte übertragbare Krankheiten in ausgewählten Bevölkerungsgruppen.
- **Gesundheitsamt** ist die nach Landesrecht für die Durchführung dieses Gesetzes bestimmte und mit einem Amtsarzt besetzte Behörde. [4]

Prävention durch Aufklärung

Die Information und Aufklärung der Allgemeinheit über die Gefahren übertragbarer Krankheiten und die Möglichkeit zu deren Verhütung sind nach § 3 eine öffentliche Aufgabe. Insbesondere die nach Landesrecht zuständigen Stellen, z. B. die Gesundheitsämter, haben über Möglichkeiten des allgemeinen und individuellen Infektionsschutzes sowie über Beratungs-, Betreuungs- und Versorgungsangebote zu informieren. [4]

LESE- UND SURFTIPP

Infektionsschutzgesetz: www.gesetze-im-internet.de/bundesrecht/ifsg/gesamt.pdf

Koordinierung und Früherkennung

Das **Robert Koch-Institut** (siehe oben) hat nach § 4 und § 5 die Aufgabe, Konzepte zur Vorbeugung übertragbarer Krankheiten sowie zur frühzeitigen Erkennung und Verhinderung der Verbreitung von Infektionen zu entwickeln. Dazu arbeitet es mit Bundes- und Länderbehörden, wissenschaftlichen Fachgesellschaften sowie internationalen Organisationen und Behörden zusammen. Es berät die zuständigen Stellen und gibt Richtlinien und Empfehlungen zur Infektionsverhütung heraus. [4]

Meldewesen

Das Infektionsschutzgesetz unterscheidet zwischen meldepflichtigen Krankheiten und meldepflichtigen Krankheitserregern (§§ 6–15). Die Zahl der Erkrankungen, die bereits aufgrund der Symptome und des klinischen Bildes meldepflichtig sind, wurde in jüngster Vergangenheit reduziert (▶ Abb. 3.12). Dafür führt das Gesetz eine Liste von Infektionserregern auf, bei denen nach direktem oder indirektem Nachweis eine namentliche Meldepflicht besteht. Diese Liste kann durch neue Erreger ergänzt und dadurch an die epidemische Lage angepasst werden. [4]

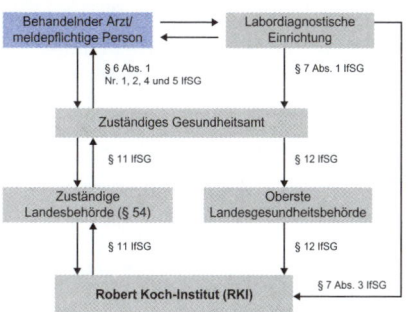

Abb. 3.12 Meldepflichten nach dem Infektionsschutzgesetz. [modifziert nach RKI]

Meldepflichtige Krankheiten

Das Gesetz führt in seinem dritten Abschnitt **Meldepflichten** für Erkrankungen ein, die

- durch ihren schweren Krankheitsverlauf gefährlich sind,
- häufig tödlich ausgehen,
- sich schnell in der Bevölkerung ausbreiten und deshalb eine sofortige Reaktion der Gesundheitsbehörden erfordern,
- ein Hinweis auf Hygienemängel sind.

Namentlich gemeldet werden müssen der Krankheitsverdacht, die Erkrankung sowie der Tod z. B. bei folgenden Erkrankungen: Diphtherie, Virushepatitis, Masern, Meningokokken-Meningitis oder -Sepsis, Poliomyelitis und Tollwut.

Eine namentliche Meldepflicht bei Verdacht oder Erkrankung besteht bei

- mikrobiell bedingten Lebensmittelvergiftungen oder akuter infektiöser Gastroenteritis, wenn eine Person betroffen ist, die eine Tätigkeit

im Lebensmittelbereich ausübt, und wenn zwei oder mehr gleichartige Erkrankungen auftreten, bei denen ein Zusammenhang wahrscheinlich ist oder vermutet wird,
- Verdacht einer über das übliche Maß einer Impfreaktion hinausgehenden gesundheitlichen Schädigung,
- der Verletzung eines Menschen durch ein tollwutkrankes, -verdächtiges oder ansteckungsverdächtiges Tier sowie bei der Berührung eines solchen Tieres oder Tierkörpers,
- Auftreten einer bedrohlichen Krankheit oder wenn zwei oder mehr gleichartige Erkrankungen auftreten, die durch Krankheitserreger verursacht sind und dies auf eine schwerwiegende Gefahr für die Allgemeinheit hinweist.

Die behandlungsbedürftige Tuberkulose muss bei Erkrankung und Tod namentlich gemeldet werden. Auch die Verweigerung und der Abbruch der Behandlung einer Lungentuberkulose sind namentlich meldepflichtig. Das gehäufte Auftreten von nosokomialen Infektionen bei denen ein epidemischer Zusammenhang vermutet wird, z. B. auf der Intensivstation eines Krankenhauses, muss als Ausbruch unverzüglich, aber **nicht namentlich** dem Gesundheitsamt gemeldet werden. [4]

Meldepflichtige Nachweise von Krankheitserregern (§ 7)

In die Gruppe der **namentlich meldepflichtigen** Krankheitserreger gehören z. B. Tetanusbakterien, Diphtheriebakterien, darmpathogene Escherichia coli, FSME-Virus, Borrelien, Hepatitisviren (A, B, C, D und E), Influenzaviren, Milzbrandbakterien, Poliovirus, Tollwutvirus, Tuberkulosebakterien, Meningitisbakterien, Rotaviren, Salmonellen und Shigellen.

In der Liste befinden sich auch Erreger von Tropenkrankheiten, z. B. das Ebolavirus oder das Gelbfiebervirus.

Zur **nicht namentlichen Meldung** verpflichtet der Nachweis von Treponema pallidum (Lueserreger), HIV, Echinococcus (Fuchsbandwurm), Plasmodien (Malaria) und das Vorliegen einer konnatalen (angeborenen) Infektion – auch der Erregernachweis von Röteln und Toxoplasmose. [4]

Meldungspflichtige Personen

Zur Meldung oder Mitteilung sind nach § 8 verpflichtet:
- Der feststellende oder der behandelnde Arzt (in Krankenhäusern auch der leitende Arzt oder der leitende Abteilungsarzt)
- Die Leiter von Medizinaluntersuchungsämtern, Untersuchungsstellen und Krankenhauslaboratorien
- Die Leiter von Einrichtungen der pathologisch-anatomischen Diagnostik, wenn die Infektion erst nach dem Tod bei der Obduktion festgestellt wird
- Tierärzte bei Tieren, mit denen Menschen Kontakt gehabt haben
- Angehörige eines anderen Heil- oder Pflegeberufs, z. B. Kranken- und Altenpflegekräfte, Hebammen
- Auf Seeschiffen der Kapitän und in Flugzeugen der verantwortliche Luftfahrzeugführer

- Leiter von Pflegeeinrichtungen, Justizvollzugsanstalten, Heimen, Lagern oder ähnlichen Einrichtungen
- Heilpraktiker [4]

Merke

Die Meldepflicht besteht **nicht,** wenn dem Meldepflichtigen der Nachweis vorliegt, dass die Meldung bereits erfolgt ist. Auch Personen des Not- und Rettungsdienstes sind von der Meldepflicht befreit, wenn der Patient unverzüglich in eine ärztlich geleitete Einrichtung gebracht wird. Eine nicht bestätigte Verdachtsmeldung muss dem Gesundheitsamt unverzüglich mitgeteilt werden.

Namentliche Meldung

Die namentliche Meldung muss laut § 9 folgende Angaben enthalten:
- Name, Vorname, Geschlecht, Geburtsdatum und Hauptwohnsitz des Patienten
- Tätigkeit des Betroffenen in Lebensmittelbetrieben oder Gemeinschaftseinrichtungen, z. B. Krankenhaus, Schule, Kinderheim
- Betreuung in einer Gemeinschaftseinrichtung, z. B. Pflegeeinrichtung, Schule oder Kindergarten
- Diagnose oder Verdachtsdiagnose
- Tag der Erkrankung, der Diagnose und ggf. des Todes
- Wahrscheinliche Infektionsquelle und das Land, in dem die Infektion wahrscheinlich erworben wurde
- Name, Anschrift und Telefonnummer der mit der Erregerdiagnostik beauftragten Untersuchungsstelle
- Aufnahmen in Krankenhäuser oder Einrichtungen der stationären Pflege sowie die Entlassungen
- Blut-, Organ- oder Gewebespenden in den vorhergegangenen sechs Monaten
- Name, Anschrift und Telefonnummer des Meldenden
- Bei meldepflichtigen Krankheitserregern auch Angaben über die Art des Untersuchungsmaterials, die Nachweismethode und den Untersuchungsbefund

Die namentliche Meldung muss unverzüglich, **spätestens innerhalb von 24 Stunden** nach erlangter Kenntnis dem Gesundheitsamt, welches für den Aufenthaltsort, z. B. die Stadt, in der sich das Krankenhaus befindet, des Betroffenen zuständig ist, erstattet werden. Das für den Wohnort des Betroffenen zuständige Gesundheitsamt wird vom erstinformierten Gesundheitsamt benachrichtigt. Die Schweigepflicht (▶ Kap. 2.4) darf in all diesen Fällen gegenüber dem Gesundheitsamt durchbrochen werden. Das Gesundheitsamt verpflichtet sich aber, die gemeldeten personenbezogenen Daten nur für seine Aufgaben nach diesem Gesetz zu verarbeiten und zu nutzen. Anschließend oder spätestens nach drei Jahren werden die Daten gelöscht. [4]

Nicht namentliche Meldung

Die nicht namentliche Meldung muss laut § 10 folgende Angaben enthalten:
- Geschlecht, Monat und Jahr der Geburt
- Die ersten drei Ziffern der Postleitzahl der Hauptwohnung
- Monat und Jahr der Diagnose
- Untersuchungsbefund, Art des Untersuchungsmaterials, Nachweismethode
- Wahrscheinlicher Infektionsweg, wahrscheinliches Infektionsrisiko
- Land, in dem die Infektion wahrscheinlich erworben wurde
- Name, Anschrift und Telefonnummer des Meldenden
- Bei Malaria Angaben zur Expositions- und Chemoprophylaxe
- Bei HIV-Infektion: fallbezogene Verschlüsselung, bestehend aus dem dritten Buchstaben des ersten Vornamens, Zahl der Buchstaben des ersten Vornamens, dem dritten Buchstaben des ersten Nachnamens und Zahl der Buchstaben des ersten Nachnamens

Die nicht namentliche Meldung muss **innerhalb von zwei Wochen** auf einem Formblatt an das Robert Koch-Institut erfolgen.

Die §§ 11 und 12 befassen sich mit der regelmäßigen Datenübermittlung vom Gesundheitsamt an die zuständigen Landesbehörden und weiter an das Robert Koch-Institut. Bei bestimmten Krankheiten, z.B. Cholera, Diphtherie, Pest, Poliomyelitits, muss das RKI sofort die zuständigen Behörden der EU-Mitgliedsstaaten und die Weltgesundheitsorganisation informieren. [4]

Sentinel-Erhebungen

Das Robert Koch-Institut kann nach § 13 in ausgewählten Gesundheitseinrichtungen, z.B. in der Ambulanz eines Krankenhauses, **Sentinel-Erhebungen** (*lat.: sentinella = der Wachposten*) durchführen lassen. Dies sind anonyme Untersuchungen zur Ermittlung der Verbreitung, Gefährlichkeit sowie der örtlichen und zeitlichen Häufung von Erkrankungen, die von großer gesundheitlicher Bedeutung für das Gemeinwohl sind. Aus Restblutproben kann die Immunität der Bevölkerung gegen bestimmte Krankheitserreger festgestellt werden. Das Bundesministerium für Gesundheit entscheidet, welche Erkrankungen untersucht werden. Die ermittelten Daten bilden die Grundlage für eine gezielte Prävention. [4]

Verhütung übertragbarer Krankheiten

Werden Tatsachen festgestellt oder vermutet, die zum Auftreten einer übertragbaren Krankheit führen, ergreifen die Beauftragten der zuständigen Behörden und des Gesundheitsamts nach §§ 16–23 IfSG alle Maßnahmen zur Abwendung der hierdurch drohenden Gefahren. Für die Verhütung und Bekämpfung von übertragbaren Krankheiten können auch die im Grundgesetz garantierten Grundrechte der Bürger (▶ Kap. 1.1.1) aufgehoben oder eingeschränkt werden. Bei der Durchführung ihrer Ermittlungen und zur Überwachung der angeordneten Maßnahmen dürfen sie laut Gesetz

- Grundstücke, Räume, Anlagen, Einrichtungen und Verkehrsmittel betreten und deren Benutzung untersagen,
- in das Grundrecht auf Unverletzlichkeit der Wohnung eingreifen,
- Unterlagen einsehen und kopieren,
- den Betriebsablauf kontrollieren,
- verdächtige Gegenstände, Materialien und Proben zur Untersuchung entnehmen,
- Gegenstände, die mit meldepflichtigen Krankheitserregern behaftet sind, vernichten,
- Entseuchungs- und Entwesungsmaßnahmen durchführen (Entseuchung = Desinfektion; Entwesung = Vernichtung von Nichtwirbeltieren); Wirbeltiere vernichten, wenn diese den Krankheitserreger verbreiten.

Zur Entseuchung und Entwesung dürfen nur behördlich zugelassene Verfahren von sachkundigem Personal verwendet werden.

Für Patienten, die an sexuell übertragbaren Krankheiten oder Tuberkulose leiden, bietet das Gesundheitsamt Beratung und Untersuchungen an, im Einzelfall auch ambulante Behandlungen. Dadurch werden auch Personen erreicht, deren Lebensumstände eine erhöhte Ansteckungsgefahr für sich und andere mit sich bringen. Bei sexuell übertragbaren Krankheiten können die Angebote auch anonym in Anspruch genommen werden. [4]

Schutzimpfungen

Das Bundesgesundheitsamt, die obersten Landesgesundheitsbehörden und die von ihnen beauftragten Stellen sowie die Gesundheitsämter informieren die Bevölkerung laut §§ 20–22 IfSG über die Bedeutung von Schutzimpfungen und anderen Maßnahmen der spezifischen Prophylaxe übertragbarer Krankheiten. Beim Robert Koch-Institut ist die **Ständige Impfkommission** (*STIKO*) eingerichtet, die Empfehlungen zur Durchführung von Schutzimpfungen gibt.

LESE- UND SURFTIPP
Ständige Impfkommission: www.rki.de/DE/Content/Kommissionen/STIKO/stiko_node.html

Auf dieser Grundlage spricht die jeweilige oberste Landesgesundheitsbehörde öffentliche Empfehlungen für Schutzimpfungen aus. Die meisten der üblicherweise bei Kindern und Erwachsenen durchgeführten Impfungen sind öffentlich empfohlen, z. B. die Impfungen gegen Tetanus, Diphtherie, Keuchhusten, Hepatitis, Masern, Mumps, Röteln, Pneumokokken oder Hämophilus influenzae. Die Krankenkassen können zur Kostenübernahme für diese Impfungen verpflichtet werden. Gesundheitsämter führen unentgeltlich bestimmte Schutzimpfungen durch.

Tritt eine übertragbare Krankheit mit klinisch schweren Verlaufsformen auf und ist mit ihrer epidemischen Verbreitung zu rechnen, kann das Bundesministerium für Gesundheit die Teilnahme an Schutzimpfungen anordnen. Dadurch wird das Grundrecht der körperlichen Unversehrtheit eingeschränkt. Nur Personen, die nach ärztlichem Zeugnis nicht ohne Gefahr für ihr Leben oder ihre Gesundheit geimpft werden können, sind dann von dieser Impfpflicht ausgenommen. Eine derartige Pflichtimpfung war bis Mitte der 1970er-Jahre die Pockenschutzimpfung. Bei angeordneten und öffentlich empfohlenen Schutzimpfungen dürfen auch Impfstoffe verwendet werden, die Mikroorganismen enthalten, welche von den Geimpften ausgeschieden und von anderen Personen aufgenommen werden können.

Der impfende Arzt muss jede Impfung unverzüglich in einen Impfausweis eintragen oder, falls dieser nicht vorgelegt wird, eine **Impfbescheinigung** ausstellen. Über jede Schutzimpfung werden folgende Daten eingetragen: Datum der Schutzimpfung; Bezeichnung und Chargen-Bezeichnung des Impfstoffs; Name der Krankheit, gegen die geimpft wurde; Name, Anschrift und Unterschrift des impfenden Arztes. Im Impfausweis muss in geeigneter Form auf das zweckmäßige Verhalten bei ungewöhnlichen Impfreaktionen und auf die Ansprüche bei Eintritt eines Impfschadens hingewiesen werden. Die §§ 60–64 regeln die Versorgung beim Auftreten eines **Impfschadens.** Wer durch eine Schutzimpfung oder andere Maßnahme der spezifischen Prophylaxe, die öffentlich empfohlen oder gesetzlich vorgeschrieben oder verordnet war, eine gesundheitliche Schädigung erleidet, erhält die erforderliche Heilbehandlung und eine nach dem Bundesversorgungsgesetz angemessene Versorgung. Für die Anerkennung des Gesundheitsschadens genügt die Wahrscheinlichkeit des ursächlichen Zusammenhangs. [4]

Nosokomiale Infektionen und Resistenzen

Im Krankenhaus erworbene Infektionen sind **nosokomiale Infektionen.** Um diesen besser vorbeugen zu können, hat das Robert Koch-Institut eine Kommission für Krankenhaushygiene und Infektionsprävention sowie eine Kommission für Antiinfektiva, Resistenz und Therapie eingerichtet, die hierzu Empfehlungen erarbeitet. Leiter von Krankenhäusern, Tageskliniken, Vorsorge- und Rehabilitationseinrichtungen, Entbindungseinrichtungen, Einrichtungen für ambulantes Operieren, Dialyseeinrichtungen und Arztpraxen oder Zahnarztpraxen müssen nach § 23 IfSG sicherstellen, dass die nach dem Stand der medizinischen Wissenschaft erforderlichen Maßnahmen getroffen werden, um nosokomiale Infektionen zu verhüten und die Verbreitung von Krankheitserregern, insbesondere solcher mit Resistenzen, zu vermeiden. Dafür müssen sie die Empfehlungen der RKI-Kommissionen beachten und die innerbetrieblichen Verfahren in Hygieneplänen festlegen. Das Auftreten von nosokomialen Infektionen und Infektionen mit resistenten Erregern muss fortlaufend aufgezeichnet und bewertet werden. Die daraus erkannten Präventionsmaßnahmen müssen dem Personal mitgeteilt und von ihm umgesetzt werden. Die Aufzeichnungen darüber müssen zehn Jahre aufbewahrt und auf Verlangen dem Gesundheitsamt vorgelegt werden.

Zur Verhütung der nosokomialen Infektionen schreibt das Infektionsschutzgesetz außerdem vor:

- Hygienische Mindestanforderungen an Bau, Ausstattung und Betrieb der Einrichtungen
- Bestellung einer Hygienekommission
- Erforderliche personelle Ausstattung mit Hygienefachkräften und hygienebeauftragten Ärzten und deren Fort- und Weiterbildung
- Pflegerische und ärztliche Dokumentationspflicht, die das frühzeitige Erkennen der Infektionen erleichtert
- Qualifikation und Schulung des Personals im Bereich Infektionsprävention
- Information von aufnehmenden Einrichtungen und Praxen [4]

Bekämpfung übertragbarer Krankheiten

Sind Personen krank, krankheitsverdächtig, ansteckungsverdächtig, mit einem Krankheitserreger infiziert oder Ausscheider im Sinne der im IfSG genannten Krankheiten, gelten laut §§ 24–32 folgende Vorschriften:

- Behandlung und Nachweis der Krankheitserreger sind nur Ärzten gestattet.
- Das Gesundheitsamt stellt die erforderlichen Ermittlungen über Art, Ursache, Ansteckungsquelle und Ausbreitung der Krankheit an.
- Über Blut-, Organ- oder Gewebespenden nach dem Infektionszeitpunkt werden die zuständigen Behörden informiert, z. B. das Transplantationszentrum.
- Untersuchungen und die Entnahme von Untersuchungsmaterial müssen die Betroffenen an sich vornehmen lassen. Invasive Eingriffe bedürfen der Einwilligung. Eine innere Leichenschau kann angeordnet werden.
- Die betroffenen Personen können einer Beobachtung unterworfen werden und müssen einen Wohnungs- und Arbeitsplatzwechsel melden.
- Die Ausübung bestimmter beruflicher Tätigkeiten kann ganz oder teilweise untersagt werden, z. B. die freie berufliche Tätigkeit im Lebensmittelgewerbe.
- Notwendige Schutzmaßnahmen zur Verhinderung der Verbreitung übertragbarer Krankheiten dürfen getroffen werden, z. B. Veranstaltungs- und Versammlungsverbote.
- Bei einigen Infektionskrankheiten ist eine Absonderung (Quarantäne) erforderlich, die auch erzwungen werden kann. Nur Ärzte und Pflegepersonen haben freien Zutritt zur abgesonderten Person. Andere Personen benötigen eine ärztliche Erlaubnis. Das eingesetzte Personal muss den erforderlichen Impfschutz oder eine spezifische Prophylaxe erhalten. [4]

Weitere Regelungen des Infektionsschutzgesetzes

Vorschriften für Schulen und Gemeinschaftseinrichtungen

Für Gemeinschaftseinrichtungen, in denen überwiegend Säuglinge, Kinder oder Jugendliche betreut werden, z. B. Kindergärten und Schulen, gilt nach §§ 33–36:

- Beschäftigte und Betreute dürfen sich nicht in der Einrichtung aufhalten, wenn sie an einer der folgenden Krankheiten erkrankt sind oder ein Krankheitsverdacht besteht: Cholera, Diphtherie, Enteritis durch enterohämorrhagische E. coli (EHEC), virusbedingtes hämorrhagisches Fieber, Meningitis durch Hämophilus influenzae Typ B, Impetigo contagiosa, Keuchhusten, ansteckungsfähige Lungentuberkulose, Masern, Meningokokken-Infektion, Mumps, Paratyphus, Pest, Poliomyelitis, Scabies (Krätze), Scharlach oder Streptokokkus pyogenes-Infektionen, Shigellose, Typhus abdominalis, Virushepatitis A oder E, Windpocken, Lausbefall. Das Verbot kann nur durch ein ärztliches Urteil aufgehoben werden.
- Das Aufenthaltsverbot gilt auch für Personen, in deren Wohngemeinschaft eine der oben genannten Infektionskrankheiten auftritt oder ein Verdacht darauf besteht (mit Ausnahme von Impetigo contagiosa, Keuchhusten, Scabies, Windpocken, Scharlach und Streptokokkeninfektionen).
- Ist jemand Ausscheider von Cholera- oder Diphtheriebakterien, Salmonellen, Shigellen oder enterohämorrhagischen E. coli, darf er nur mit Zustimmung des Gesundheitsamts und unter Beachtung der verfügten Schutzmaßnahmen beschäftigt oder betreut werden.
- Kinder unter sechs Jahren dürfen die Gemeinschaftseinrichtungen nicht besuchen, wenn sie an einer infektiösen Gastroenteritis leiden oder dessen verdächtig sind.
- Vor Aufnahme ihrer Tätigkeit und mindestens im Abstand von zwei Jahren muss das Personal über die gesundheitlichen Anforderungen und Mitwirkungsverpflichtungen belehrt werden (§ 35).

Die Gemeinschaftseinrichtungen, aber auch Krankenhäuser, Vorsorge- oder Rehabilitationseinrichtungen, Einrichtungen für ambulantes Operieren, Dialyseeinrichtungen, Tageskliniken, Entbindungseinrichtungen sowie verschiedene Unterkünfte und Justizvollzugsanstalten unterliegen der infektionshygienischen Überwachung durch das Gesundheitsamt. In Hygieneplänen müssen die innerbetrieblichen Verfahren zur Infektionshygiene festgelegt sein. Auch Praxen und Einrichtungen, in denen Krankheitserreger durch Blut übertragen werden können, z. B. Tätowierungs- und Piercingstudios, werden vom Gesundheitsamt infektionshygienisch überwacht. [4]

Wasser

Wasser für den menschlichen Gebrauch muss laut §§ 37–41 IfSG so beschaffen sein, dass durch seinen Genuss oder Gebrauch eine Schädigung der menschlichen Gesundheit, insbesondere durch Krankheitserreger, nicht zu befürchten ist. Diese Vorschrift bezieht sich nicht nur auf das Trinkwasser, sondern auch auf Wasser für Lebensmittelbetriebe, Schwimm- und Badebeckenwasser, z. B. für die Hydro- und Balneotherapie, Abwasser, Wassergewinnungs-, Wasserversorgungs- und -aufbereitungsanlagen. Die Wasserüberwachung ist Aufgabe des Gesundheitsamts. [4]

Gesundheitliche Anforderungen an das Personal beim Umgang mit Lebensmitteln

Für Personen, die gewerbsmäßig Lebensmittel aus Fleisch, Fisch, Eiern oder Salate, Speiseeis, nicht durcherhitzte Backwaren und Säuglings- bzw. Kleinkindernahrung herstellen, behandeln oder verkaufen, schreibt das IfSG in §§ 42 und 43 unter folgenden Bedingungen ein Beschäftigungsverbot vor:
- Erkrankung oder Erkrankungsverdacht an Typhus abdominalis, Paratyphus, Cholera, Shigellenruhr, Salmonellose, infektiöse Gastroenteritis, Hepatitis A oder E
- Hauterkrankungen und infizierte Wunden, durch die Krankheitserreger übertragen werden können
- Ausscheider von Shigellen, Salmonellen, enterohämorrhagischen E. coli oder Choleravibrionen

Vor Aufnahme der genannten Tätigkeiten muss eine einmalige Belehrung über die Beschäftigungsverbote durch das Gesundheitsamt oder einen beauftragten Arzt erfolgen. Die Bescheinigung über diese Belehrung ersetzt das im Bundesseuchengesetz vorgeschriebene Gesundheitszeugnis. Der Arbeitgeber ist verpflichtet, diese Belehrung alle zwei Jahre zu wiederholen. [4]

Tätigkeiten mit Krankheitserregern

Wer Krankheitserreger in den Geltungsbereich dieses Gesetzes verbringen, sie ausführen, aufbewahren, abgeben oder mit ihnen arbeiten will, bedarf laut §§ 44–53 IfSG einer Erlaubnis der zuständigen Behörde. Die Erlaubnispflicht gilt nicht für die üblichen diagnostischen und therapeutischen Maßnahmen in Krankenhaus(labor) und Praxis(labor). Auch Personen, die unter Aufsicht eines Berechtigten tätig sind, benötigen keine eigene Erlaubnis. [4]

3.6 Heimrecht

Krankenhäuser fallen nicht in den Anwendungsbereich des Heimrechts, dennoch bestehen zwischen der Behandlung von Kranken und dem Aufenthalt von Menschen in stationären Pflegeeinrichtungen zahlreiche Berührungspunkte.

Es ist schwierig geworden, in Bezug auf das **Heimrecht** den Überblick zu behalten.

Unter Heimrecht versteht man die Regelungen, die für den längerfristigen Aufenthalt alter und (volljähriger) behinderter Menschen in stationären Pflegeeinrichtungen gelten. Im Zeitraum bis 2006 waren alle insoweit wichtigen Regelungen im Heimgesetz und in der Verordnung über personelle Anforderungen für Heime enthalten.

Durch die Föderalismusreform sind die Länder mit Ausnahme der Fragen des Vertragsrechts für das Heimwesen zuständig geworden. Mit Ausnahme Thüringens, wo das alte Heimgesetz noch gilt, haben inzwischen alle Bundesländer eigene Heimgesetze erlassen. Die im Heimgesetz ebenfalls enthaltenen Regelungen über die Vertragsgestaltung sind inzwischen durch das – weiterhin im gesamten Bundesgebiet geltende – **Wohn- und Betreuungsvertragsgesetz** (*WBVG*) ersetzt worden. Im Folgenden werden Grundzüge sowohl des den Ländern obliegenden Heimrechts – das in den einzelnen Bundesländern insgesamt doch sehr ähnliche Strukturen aufweist – als auch des WBVG dargestellt.

Es liegt auf der Hand, dass im Bereich des Heimrechts besondere Regelungen notwendig sind: Denn einmal kann der Kreis der Heimbewohner seine Interessen bei weitem nicht so einfach wahrnehmen, wie dies gesunden Menschen möglich ist. Zum anderen hängt häufig die gesamte soziale Existenz eines Menschen von seinem Platz in einer Pflegeeinrichtung ab. Neben einer Sicherung der Pflegequalität müssen Bewohner deshalb vor allem vor Übervorteilung und unzulässigem Druck geschützt werden.

Die Ziele des Heimrechts erfordern zunächst eine Klärung, welche Einrichtung überhaupt eine stationäre Pflegeeinrichtung darstellt. Die Krankenhäuser fallen aus dem Bereich des Heimrechts heraus: Denn Krankheit ist nach ihrer Definition ein vorübergehender Zustand. Aufgabe eines Krankenhauses ist es, die Krankheit zu heilen. Deshalb ist es bei Krankenhäusern gerade nicht vorgesehen, dass sie Patienten auf Dauer aufnehmen. Genau dies unterscheidet die Ziele eines Krankenhauses von der einer stationären Pflegeeinrichtung. Das Heimrecht findet vielmehr nur Anwendung, wenn

- in der entsprechenden Einrichtung alte Menschen oder Volljährige, die pflegebedürftig oder behindert sind, auf Dauer aufgenommen werden sollen,
- die betreffende Einrichtung entgeltlich betrieben wird und unabhängig vom aktuellen Bewohnerstand weiter bestehen soll,
- die Einrichtung neben der Unterkunft auch Verpflegung und Betreuung anbietet.

Damit fallen vor allem das „Betreute Wohnen", eine familiär organisierte Pflege und auch eine Pflege, die alte Menschen für sich selbst organisieren, nicht unter die Bestimmungen des Heimrechts.

Zur Sicherung der Qualität von stationären Pflegeeinrichtungen schreiben die entsprechenden Gesetze zunächst einmal gewisse Mindestanforderungen für die räumliche Ausstattung vor. Weiter müssen Pflege und Hygiene sowie eine ausreichende ärztliche und gesundheitliche Betreuung gesichert sein. Die in der Einrichtung beschäftigten Leitungs- und Fachkräfte, aber auch die Pflegekräfte müssen bestimmte berufliche Qualifikationen aufweisen. Gesundheits- und Krankenpfleger sowie Altenpfleger erfüllen die bestehenden Anforderungen.

Zur Verhinderung von Missbrauch sind weiterhin die wirtschaftliche und persönliche Zuverlässigkeit der Betreiber wichtig. Ihre wirtschaftliche Leistungsfähigkeit soll verhindern, dass sie in Versuchung kommen, auf das Vermögen der Bewohner zuzugreifen.

Für die Gestaltung der Vertragsbedingungen ist der Schutz vor Übervorteilung besonders wichtig. Das bedeutet, dass das vom Betreiber geforderte Entgelt den Rahmen des Angemessenen nicht überschreiten darf. Zudem muss der Pflegeplatz für einen Bewohner, der dies möchte, soweit als möglich gesichert werden. Das schließt eine Befristung der Aufnahme regelmäßig ebenso aus wie ein Recht des Betreibers zur ordentlichen Kündigung des Vertrags. Schließlich muss der Betreiber einer stationären Pflegeeinrichtung bei einer Änderung des Pflege- oder Betreuungsbedarfs eine Anpassung des Vertrags anbieten und darf auch unter solchen Umständen in der Regel nicht kündigen. Denn einmal sind derartige Verschlechterungen bei alten Menschen vorhersehbar und zum anderen ist der alte Mensch in besonderem Maß auf seine gewohnte Umgebung angewiesen. [4]

3.7 Inner- und außerbetriebliche Regelwerke zur Berufsausübung

3.7.1 Gefahrstoffverordnung

Die **Gefahrstoffverordnung** (*GefStoffV*) regelt den sicheren Umgang mit gefährlichen Chemikalien am Arbeitsplatz. Diese Stoffe gefährden die Gesundheit, weil sie explosionsgefährlich, brandfördernd, entzündlich, giftig, gesundheitsschädlich, reizend, sensibilisierend, krebserregend, fortpflanzungsgefährdend, erbgutverändernd oder umweltgefährlich sind. Im Gesundheitswesen gehören vor allem die Desinfektions- und Reinigungsmittel zu den Gefahrstoffen.

Die Gefahrstoffe müssen mit den entsprechenden Gefahrensymbolen gekennzeichnet sein. Für jeden Gefahrstoff muss ein Sicherheitsdatenblatt vorhanden und für die Mitarbeiter zugänglich sein. Es informiert über die Gefährdungsstufe, die Art der Gefährdung, beschreibt die erforderlichen Schutzmaßnahmen und das genaue Vorgehen bei Unfällen sowie Vergiftungen.

Entsprechend der Gefährdungsbeurteilung wird die Schutzstufe festgelegt. Alle Mitarbeiter, die mit dem Gefahrstoff in Kontakt kommen, müssen über den richtigen Umgang unterrichtet werden. Die für die Schutzstufe erforderliche persönliche, technische und allgemeine Schutzausrüstung muss jedem Mitarbeiter zur Verfügung stehen. [4]

3.7.2 Unfallverhütungsvorschriften im Gesundheitsdienst

Unfallverhütungsvorschriften sollen Unfallgefahren aufdecken und helfen, Unfälle zu vermeiden. Sie sind aber nur sinnvoll, wenn sie jeder genau kennt und einhält.

Die **Feuerschutzordnung** in einem Krankenhaus soll im Brandfall dazu beitragen, dass Fluchtwege und Notausgänge deutlich gekennzeichnet, bekannt und offen sind, die Feuerschutztüren rechtzeitig geschlossen und die Feuerwehrzufahrten frei sind. Ferner muss das Personal den genauen Alarmierungs- und Räumungsplan kennen und mit Feuerlöschern und Feuerdecken umgehen können. Neben den allgemeinen gibt es im Bereich des Gesundheitsdienstes aber auch weitere spezielle Gefahren, die eine besondere Unfallverhütung erforderlich machen.

Zu Beginn der Ausbildung oder Berufstätigkeit sollte jeder Beschäftigte die aktuell gültigen Unfallverhütungsvorschriften der **Berufsgenossenschaft für Gesundheitsdienst und Wohlfahrtspflege** ausgehändigt bekommen, z. B. die BGR250/TRBA 250, und darin unterwiesen werden. Er muss sich mit ihrem Inhalt vertraut machen und sie zur eigenen und der Sicherheit Dritter einhalten. Für die Einhaltung der Unfallverhütungsvorschriften sollte sich jeder persönlich verantwortlich fühlen. Außerdem muss der Arbeitgeber bestimmte, die Berufsausübung regelnde Gesetze und Vorschriften allen Mitarbeitern im Originaltext zugänglich machen, dazu gehören z. B. das Infektionsschutzgesetz (▶ Kap. 3.5), das Arzneimittelgesetz (▶ Kap. 3.2), die Biostoffverordnung (siehe unten), die Gefahrstoffverordnung (▶ Kap. 3.7.1), das Medizinproduktegesetz (▶ Kap. 3.3.1) und die Medizinprodukte-Betreiberverordnung (▶ Kap. 3.3.2), die Röntgenverordnung (▶ Kap. 3.7.4), das Arbeitszeitgesetz (▶ Kap. 3.1.4), das Mutterschutzgesetz (▶ Kap. 3.1.4), das Jugendarbeitsschutzgesetz (▶ Kap. 3.1.4) und andere mehr.

Besonders wichtige Regelungen zum Schutz der Pflegenden und zur Verhütung von Unfällen sind hier zusammengefasst:

- **Beschäftigungsvoraussetzungen.** Im Gesundheitsdienst darf beschäftigt werden, wer eine abgeschlossene Ausbildung in Berufen des Gesundheitswesens hat oder von einer fachlich geeigneten Person unterwiesen und beaufsichtigt wird. Dies gilt insbesondere für die Bereiche persönliche Hygiene, Verhalten bei Infektionsgefährdung und Maßnahmen zur Desinfektion und Sterilisation.
- **Umgang mit Behandlungsgeräten.** Mit der Bedienung von medizinischen Geräten, die bei ihrer Anwendung zu einer Gefährdung von Beschäftigten oder Patienten führen können, darf der Unternehmer nur Personen betrauen, die in der Bedienung des jeweiligen Geräts unterwiesen und über die dabei möglichen Gefahren und deren Abwendung ausreichend unterrichtet sind. Die Betriebsanleitungen müssen jederzeit eingesehen werden können.
- Die Beschäftigten müssen über die für sie infrage kommenden Maßnahmen zur **Immunisierung** bei Aufnahme der Tätigkeit und bei gegebener Veranlassung unterrichtet werden, z. B. Hepatitis-B-Impfung.
- Der Unternehmer muss dafür sorgen, dass im Arbeitsbereich aufgetretene **übertragbare Krankheiten,** die für den Beschäftigten schwerwiegende Folgen haben können, unverzüglich dem Arzt mitgeteilt werden, der die arbeitsmedizinischen Untersuchungen durchführt.

3.7 Inner- und außerbetriebliche Regelwerke zur Berufsausübung

Bereits bei Verdacht auf eine übertragbare Krankheit muss der Unternehmer durch organisatorische und hygienische Maßnahmen dafür sorgen, dass der Kontakt zum Erkrankten auf möglichst wenige Beschäftigte beschränkt wird.

- **Händedesinfektion.** Den Beschäftigten müssen leicht erreichbare Händewaschplätze mit fließendem warmen und kalten Wasser, Direktspender mit hautschonenden Waschmitteln sowie Händedesinfektionsmitteln und geeignete Hautpflegemittel sowie Handtücher zum einmaligen Gebrauch zur Verfügung gestellt werden.
- Der Unternehmer muss den Beschäftigten geeignete **Schutzkleidung** in ausreichender Stückzahl zur Verfügung stellen, wenn die Kleidung mit Krankheitskeimen verschmutzt werden kann. Außerdem muss der Unternehmer bei entsprechender Gefährdung zur Verfügung stellen: dünnwandige oder feste flüssigkeitsdichte Handschuhe, flüssigkeitsdichte Schürzen und Fußbekleidung, Gesichts- und Kopfschutz. Für die Desinfektion, Reinigung und Instandhaltung der Schutzkleidung muss der Unternehmer sorgen und eine getrennte Aufbewahrung der getragenen Schutzkleidung und der anderen Kleidung ermöglichen. Vor Betreten der Aufenthalts- und Speiseräume muss getragene Schutzkleidung abgelegt werden.
- **Hygieneplan.** Der Unternehmer hat für die einzelnen Arbeitsbereiche entsprechend der Infektionsgefährdung Maßnahmen zur Desinfektion, Reinigung und Sterilisation sowie zur Ver- und Entsorgung schriftlich festzulegen und ihre Durchführung zu überwachen.
- **Reinigung von Arbeitsbereichen.** Es müssen staubbindende Reinigungsverfahren angewendet werden. Wo dies nicht möglich ist, muss vor der Reinigung desinfiziert werden. Oberflächen von Geräten und Geräteteilen, die nicht nur einmal eingesetzt werden, müssen desinfizierbar sein.
- Spitze, scharfe und zerbrechliche Gegenstände dürfen nur sicher umschlossen in den Abfall gegeben werden.
- Den Beschäftigten müssen gesonderte, für Patienten nicht zugängliche Toiletten zur Verfügung stehen.
- Gesundheitsschädigende Einwirkungen von Arzneimitteln, Hilfsstoffen der Medizin und Desinfektionsmitteln auf die Beschäftigten müssen verhindert werden.

In Arbeitsbereichen mit erhöhter Infektionsgefährdung gelten zusätzliche Bestimmungen:

- Jugendliche unter 16 Jahren dürfen dort nicht, über 16 Jahren nur zur Erreichung ihres Ausbildungsziels unter fachlicher Aufsicht beschäftigt werden.
- Reinigungs-, Wartungs- und Instandsetzungspersonal, also nicht medizinisches Personal, muss über die Infektionsgefährdung unterrichtet werden.
- An den Handwaschplätzen müssen Wasserarmaturen installiert sein, deren Bedienung keine Berührung mit der Hand erfordert.

- An Händen und Unterarmen dürfen keine Schmuckstücke, Uhren und Eheringe getragen werden.
- Essen, Trinken und Rauchen ist nicht erlaubt. Zur Einnahme von Lebensmitteln muss ein leicht erreichbarer Raum zur Verfügung stehen.
- Die Fußböden müssen flüssigkeitsdicht, desinfizierbar und leicht zu reinigen sein. Die Wände müssen feucht zu reinigen und zu desinfizieren sein.
- Benutzte Wäsche aus den Arbeitsbereichen ist unmittelbar in ausreichend widerstandsfähigen und dichten Behältern zu sammeln und so zu transportieren, dass Beschäftigte den Einwirkungen von Krankheitskeimen nicht ausgesetzt sind. Für die Lagerung von größeren Mengen gefüllter Behältnisse muss ein besonderer Raum oder ein Behälter, der feucht zu reinigen und zu desinfizieren ist, zur Verfügung stehen.
- Bei zentralen Desinfektionsanlagen müssen deren Eingabeseite (unreine Seite) und die Ausgabeseite (reine Seite) räumlich voneinander getrennt sein. In der Eingabeseite muss Desinfektionsgut kurzzeitig gelagert werden können. Die Beschäftigten müssen vor dem Verlassen der unreinen Seite die Schutzkleidung einschließlich der Schutzschuhe ablegen und die Hände desinfizieren.
- Abfall:
  - Infektiöser Abfall muss vor dem Transport desinfiziert oder sicher umschlossen und gekennzeichnet werden.
  - Anderer Abfall aus Behandlungs- und Untersuchungsräumen, aus Kranken- und Pflegestationen und aus Laboratorien ist unmittelbar in ausreichend widerstandsfähigen, dichten und erforderlichenfalls feuchtigkeitsbeständigen Einwegbehältern zu sammeln. Diese sind vor dem Transport zu verschließen.
- Zum Heben und Umlagern von Patienten müssen leicht bedienbare, stand- und fahrsichere Hebevorrichtungen oder sonstige geeignete Hilfsmittel bereitstehen und verwendet werden.
- Benommene und unruhige Patienten müssen gegen Herausfallen aus den Betten gesichert sein.

Offiziell verantwortliche Personen und Institutionen zur Überwachung der Unfallverhütungsvorschriften entsprechend den betrieblichen Erfordernissen sind:

- Betriebsarzt (Arzt mit arbeitsmedizinischer Fachkunde)
- Hygienefachkraft
- Sicherheitsingenieur oder andere Fachkräfte für Arbeitssicherheit
- Gewerbeaufsichtsamt
- Arbeitsschutzausschuss
- Überbetriebliche Dienste von Betriebsärzten und Fachkräften in kleinen Betrieben

Diese Personen unterstützen den Arbeitgeber beim Arbeitsschutz und der Unfallverhütung. Sie sorgen dafür, dass die Vorschriften den speziellen Betriebsverhältnissen entsprechend angewendet werden, dass gesicherte arbeitsmedizinische und sicherheitstechnische Erkenntnisse verwirklicht werden und einen hohen Wirkungsgrad erreichen.

Neben den nach Gefährdungsgrad in bestimmten Zeitabständen vorgeschriebenen arbeitsmedizinischen Untersuchungen und Beurteilungen gehören auch die Beratung und die Gestaltung des Arbeitsplatzes zum Aufgabenbereich. Die Untersuchungsergebnisse müssen erfasst, ausgewertet, auf Wunsch dem Arbeitnehmer mitgeteilt und auf Anordnung den Behörden vorgelegt werden. [4]

3.7.3 Biostoffverordnung

Die **Biostoffverordnung** (*BioStoffV*) befasst sich mit dem Schutz bei Tätigkeiten mit biologischen Arbeitsstoffen, insbesondere mit Mikroorganismen und Zellkulturen, die Infektionen beim Menschen auslösen können. Sie unterteilt die biologischen Arbeitsstoffe in vier Risikogruppen der Infektionsgefährdung von unwahrscheinlich bis ernst. Die Verordnung fordert die Festlegung von Schutzmaßnahmen in einer bestimmten Schutzstufe, die angepasst ist an die Tätigkeit, die Risikogruppe des Erregers, die Dauer und Art der Exposition und die Übertragungswege.

Entsprechend dem Gefährdungspotenzial müssen geeignete Hygienemaßnahmen durchgeführt werden. Die Schutzvorschriften umfassen auch die persönliche Schutzausrüstung, allgemeine sowie technische Schutzmaßnahmen, Fachkunde und regelmäßige Unterrichtung des Personals sowie die arbeitsmedizinische Vorsorge.

Die Beschäftigten im Gesundheitswesen führen in der Regel keine besonders gefährlichen Arbeiten aus, aber z. B. beim Umgang mit Körperflüssigkeiten, bei Stichverletzungen, beim Einatmen und der Berührung von Patienten besteht eine ständige Infektionsgefährdung.

In der **BGR 250** (*Berufsgenossenschaftsrichtlinie*) bzw. der **TRBA 250** (*Technische Richtlinie Biologische Arbeitsstoffe*) findet sich eine genaue Beschreibung der Schutzmaßnahmen für einen sicheren Umgang mit biologischen Arbeitsstoffen im Gesundheitswesen und in der Wohlfahrtspflege. [4]

3.7.4 Gesetzlicher Strahlenschutz

Die Entdeckung der Röntgenstrahlen im Jahr 1895 durch Wilhelm Conrad Röntgen brachte für die Medizin einen entscheidenden Fortschritt in Diagnostik und Therapie. Leider stellte sich schon bald heraus, dass die Röntgenstrahlen und die von radioaktiven Substanzen ausgesandten Strahlen bei unkontrollierter Anwendung erhebliche Gesundheitsschäden, sogar mit Todesfolge, hervorrufen können. Schutzmaßnahmen mussten gefunden und vorgeschrieben werden. 1905 wurden erste Leitsätze und Toleranzdosen festgelegt. In den vergangenen Jahrzehnten entstanden weltweit zahlreiche internationale Organisationen, die sich mit Strahlenschutzproblemen bei allen nur denkbaren Anwendungsbereichen befassen. In Deutschland sind für den Strahlenschutz im Bereich der

Medizin wichtig: Die **Röntgenverordnung** (*RöV*) und die **Strahlenschutzverordnung** (*StrlSchV*). Diese Verordnungen sollen erreichen, dass
- die Zahl der Personen, die Strahlen anwenden dürfen, begrenzt bleibt,
- alle Personen, die mit Strahlung umgehen, die gesundheitlichen Voraussetzungen und erforderlichen Fachkenntnisse mitbringen,
- die Patienten, das Personal und die Umwelt keinen unnötigen Strahlenbelastungen ausgesetzt werden („so wenig wie möglich"),
- die festgelegten Dosisgrenzwerte eingehalten werden. [4]

Röntgenverordnung

Die **Röntgenverordnung** (*RöV*) ist an international geltende Richtlinien und Sicherheitsnormen (z. B. von EURATOM, der EU und der Internationalen Strahlenschutzkommission) angepasst. [4]

Bestimmungen für den Betrieb einer Röntgeneinrichtung

- Wer eine Röntgenanlage betreibt, muss eine Genehmigung dazu haben.
- Das Röntgengerät muss eine optimale Bildqualität bei möglichst geringer Strahlenbelastung erreichen. Es muss technisch möglich sein, die Strahlenexposition des Patienten zu messen.
- Die volle Verantwortung und die Haftung für die Durchführung und Einhaltung des Strahlenschutzes übernimmt der **Strahlenschutzverantwortliche.** Das ist meist der Betreiber der Anlage, z. B. der Radiologe oder bei Krankenhäusern der Träger. Er muss dafür sorgen, dass jede Strahlenexposition von Menschen so gering wie möglich gehalten und unnötige Strahlenexposition vermieden wird.
- Um diese Aufgabe bestmöglich zu erfüllen, benennt der Strahlenschutzverantwortliche **Strahlenschutzbeauftragte,** die ihn bei seiner Verantwortung für den Strahlenschutz unterstützen.
- Die zuständige Behörde kann den Strahlenschutzverantwortlichen dazu verpflichten, eine **Strahlenschutzanweisung** zu erlassen. In dieser Anweisung müssen alle zu beachtenden Strahlenschutzmaßnahmen aufgeführt sein.
- Für häufig vorgenommene Untersuchungen oder Behandlungen mit Röntgenstrahlen müssen schriftliche Anweisungen erstellt werden und für die dort tätigen Personen zur Einsicht bereit sein. [4]

Strahlenschutzbereiche

Die Räume, in denen Röntgeneinrichtungen betrieben werden, müssen allseitig umschlossen sein. Der Zutritt zu den Strahlenschutzbereichen ist nur folgenden Personen erlaubt:
- Bedienungspersonal.
- Zu untersuchenden Patienten oder Tieren und ihnen helfenden Personen, wenn der Arzt, Zahnarzt oder Tierarzt mit Fachkunde im Strahlenschutz zugestimmt hat.

- Auszubildenden (zwischen 16 und 18 Jahren nur, wenn festgelegte niedrigere Dosisgrenzwerte nicht überschritten werden).
- Schwangeren (auch für Beruf und Ausbildung) nur, wenn der fachkundige Strahlenschutzverantwortliche oder der Strahlenschutzbeauftragte dies ausdrücklich gestattet und besondere Dosisgrenzwerte eingehalten und dokumentiert werden.

Ein ausreichender Strahlenschutz muss vorrangig durch bauliche und technische Vorrichtungen, z. B. Abschirmwände, oder durch geeignete Arbeitsverfahren gewährleistet sein. Alle Personen im Kontrollbereich müssen ausreichende **Schutzkleidung** tragen. Zwei voneinander getrennte Strahlenschutzbereiche sind gesetzlich vorgeschrieben:

- **Kontrollbereich.** Bereiche, in denen Personen im Kalenderjahr eine effektive Dosis von mehr als 6 Millisievert oder höhere Organdosen als 45 Millisievert für die Augenlinse oder 150 Millisievert für die Haut, die Hände, die Unterarme, die Füße und Knöchel erhalten können, sind Kontrollbereiche. Sie müssen abgegrenzt und während der Betriebsbereitschaft deutlich sichtbar gekennzeichnet sein, mindestens mit den Worten: „Kein Zutritt – Röntgen".
- **Überwachungsbereiche.** In diesen können Personen im Kalenderjahr eine effektive Dosis von mehr als 1 Millisievert oder höhere Organdosen als 15 Millisievert für die Augenlinse oder 50 Millisievert für die Haut, die Hände, die Unterarme, die Füße und Knöchel erhalten. [4]

Qualitätssicherungsmaßnahmen

Vor der Inbetriebnahme oder Veränderung einer Röntgeneinrichtung muss eine **Abnahmeprüfung** durch den Hersteller oder Lieferanten erfolgen, die sicherstellt, dass die erforderliche Bildqualität mit möglichst geringer Strahlenexposition erreicht wird. In Zeitabständen von längstens fünf Jahren muss ein von der zuständigen Behörde bestimmter Sachverständiger eine erneute sicherheitstechnische Kontrolle durchführen.

Mindestens monatlich muss durch die **Konstanzprüfung** festgestellt werden, ob die Bildqualität und die Höhe der Strahlenexposition noch den Angaben der letzten Abnahmeprüfung entspricht. Falls dies nicht mehr der Fall ist, muss die Störung unverzüglich beseitigt werden.

Über beide Prüfungen müssen sofort Aufzeichnungen (technische Daten und Röntgenbilder) gemacht und mindestens zwei Jahre aufbewahrt werden. Für diese Qualitätssicherungsmaßnahmen beauftragt die zuständige Behörde ärztliche und zahnärztliche Stellen. Diese müssen sicherstellen, dass bei der Anwendung von Röntgenstrahlen am Menschen die Erfordernisse der medizinischen Wissenschaft beachtet und die angewendeten Verfahren und eingesetzten Röntgeneinrichtungen den nach dem Stand der Technik notwendigen Qualitätsstandards entsprechen. [4]

Anwendung von Röntgenstrahlen beim Menschen

Nur approbierte Ärzte und Zahnärzte mit der erforderlichen Fachkunde im Strahlenschutz dürfen in Ausübung ihres Berufs Röntgenstrahlen beim Menschen **anwenden.** Approbierte Ärzte und Zahnärzte, die nicht über die erforderliche Fachkunde verfügen, dürfen Röntgenstrahlung beim Menschen anwenden, wenn sie von entsprechend fachkundigen Ärzten oder Zahnärzten beaufsichtigt sind.

Die **technische Durchführung** der Untersuchungen ist erlaubt:
- Personen, die zur Führung der Berufsbezeichnung: Medizinisch-technischer Radiologieassistent berechtigt sind,
- Personen, die die erforderliche Fachkunde im Strahlenschutz bereits durch eine erfolgreiche andere Berufsausbildung erworben haben,
- Personen mit einer abgeschlossenen medizinischen Ausbildung, wenn sie unter ständiger Aufsicht und Verantwortung einer Person mit Fachkunde im Strahlenschutz arbeiten und selbst die erforderlichen Kenntnisse im Strahlenschutz besitzen, z. B. MFAs oder Gesundheits- und (Kinder-)Krankenpflegern.

Kenntnisse im Strahlenschutz können durch die Teilnahme an berufsbegleitenden Kursen mit Abschlussprüfung erworben werden. Eine entsprechende Bescheinigung ist für jegliche Tätigkeit in der Röntgendiagnostik und Röntgentherapie erforderlich. [4]

Anwendungsgrundsätze

- Röntgenbilder dürfen **nur auf ärztliche Anordnung** angefertigt werden, wenn sie für die Diagnostik unbedingt erforderlich sind und durch keine andere Untersuchung ersetzt werden können. Für die Indikation muss eine Rechtfertigung (rechtfertigende Indikation) vorliegen. Dasselbe gilt sinngemäß für die Röntgentherapie.
- Die Strahlendosis muss so gering wie möglich gehalten werden. Grenzwerte dürfen nicht überschritten werden. Der Körperabschnitt, der geröntgt werden soll, muss genau eingeblendet werden. Die übrigen Körperbereiche, insbesondere die Keimdrüsen, müssen bestmöglich vor der Strahlung geschützt werden.
- Helfende Personen, die sich im Kontrollbereich aufhalten, z. B. eine Mutter, die ihr Kleinkind bei der Röntgenuntersuchung festhält, müssen über mögliche Gefahren der Strahlenexposition unterrichtet werden.
- Besondere Vorsichtsmaßnahmen müssen wegen der hohen Strahlenbelastung bei Durchleuchtungen und Behandlungen mit Röntgenstrahlen beachtet werden. Hierfür dürfen auch nur speziell geeignete Röntgeneinrichtungen eingesetzt werden. Für eine Röntgenbehandlung, z. B. Krebsbestrahlung, müssen Dosis und Dosisverteilung in einem Bestrahlungsplan individuell genauestens festgelegt werden. Die Daten der Röntgenbehandlung werden in einem Bestrahlungsprotokoll festgehalten.
- Vor der Röntgenuntersuchung müssen frühere Anwendungen von ionisierenden Strahlen (Röntgenpass) und bei Frauen im gebärfähigen Alter das Bestehen einer Schwangerschaft erfragt und aufgezeichnet werden.

3.7 Inner- und außerbetriebliche Regelwerke zur Berufsausübung

- Bei jeder Röntgenaufnahme müssen die Ergebnisse der Patientenbefragung, Angaben zur rechtfertigenden Indikation, Zeitpunkt, Art der Anwendung, untersuchte Körperregion und technische Daten zur Ermittlung der Strahlenexposition des Patienten aufgezeichnet werden. Diese Aufzeichnungen müssen auf Wunsch dem Patienten in Abschrift ausgehändigt oder in seinen **Röntgenpass** eingetragen werden. Untersuchten Personen, die noch keinen Röntgenpass besitzen, soll einer angeboten werden.
- Aufzeichnungen über Röntgenbehandlungen müssen 30 Jahre nach der letzten Behandlung, Röntgenaufnahmen und die dazugehörigen Aufzeichnungen 10 Jahre nach der letzten Untersuchung aufbewahrt werden. Wenn die mit Röntgenstrahlen untersuchte Person das 18. Lebensjahr noch nicht vollendet hat, verlängert sich die Aufbewahrungspflicht bis zur Vollendung des 28. Lebensjahrs dieser Person. Die Speicherung auf zuverlässigen elektronischen Datenträgern ist erlaubt.
- Um Doppeluntersuchungen zu vermeiden, müssen die bereits angefertigten Röntgenaufnahmen mit den dazugehörenden Aufzeichnungen den mit- und weiterbehandelnden Ärzten vorübergehend überlassen werden. Wegen der gesetzlich geforderten Aufbewahrungszeiten besteht die Pflicht zur Rückgabe. [4]

Vorschriften über die Strahlenexposition

- Beruflich strahlenexponierte Personen werden zum Zweck der Kontrolle und arbeitsmedizinischen Vorsorge in zwei Kategorien eingeteilt: **Kategorie A** umfasst Personen, die z. B. im Operationssaal viele Durchleuchtungen durchführen müssen oder auf andere Weise einer höheren Strahlenexposition ausgesetzt sind. Alle übrigen, im Strahlenbereich tätigen Personen gehören der **Kategorie B** an.
- Wer im Kontrollbereich beschäftigt ist, muss ein **Dosimeter** tragen. Eine von der Behörde bestimmte Messstelle ist zuständig für die Verteilung der Dosimeter, z. B. Filmplakette oder Stabdosimeter, und die anschließende Ermittlung der Personendosis, die der effektiven Dosis entspricht. Die Dosimeter werden an der Rumpfvorderseite unter der Schutzkleidung getragen. Zur Ermittlung der Organdosis können weitere Dosimeter an besonders gefährdeten Körperteilen, z. B. Unterarme eines Operators, angebracht werden.
- Nach Ablauf eines Monats werden die Dosimeter zusammen mit den erforderlichen Angaben zur Person der Messstelle eingereicht. Die Messergebnisse werden schriftlich mitgeteilt und müssen von der Behörde 30 Jahre lang aufbewahrt werden. Für die Auswertung der Dosimeter können auch längere oder kürzere Zeitabstände angeordnet werden, z. B. arbeitswöchentlich bei Schwangeren. Auf Verlangen muss der zu überwachenden Person ein Dosimeter zur Verfügung gestellt werden, mit dem die Personendosis jederzeit festgestellt werden kann.

- Die Aufzeichnungen der Messergebnisse werden aufbewahrt, bis die überwachte Person das 75. Lebensjahr vollendet hat oder hätte, mindestens bis 30 Jahre nach der Beschäftigung. Sie müssen einem neuen Arbeitgeber mitgeteilt werden.
- **Dosisgrenzwerte:** Für die Körperdosis und die Dosis der einzelnen Organe sind höchstzulässige Grenzwerte festgelegt. Für Personen von 16 bis 18 Jahren, Frauen im gebärfähigen Alter, Schwangere und ungeborene Kinder liegen die Grenzwerte niedriger. Die Berufslebensdosis darf den Grenzwert von 400 Millsievert nur in Ausnahmefällen überschreiten. Überschreitungen der Grenzwerte müssen unverzüglich der betroffenen Person und der zuständigen Behörde unter Angabe der Gründe mitgeteilt werden.
- **Unterweisung:** Personen, die sich berufsbedingt im Kontrollbereich aufhalten oder Röntgenstrahlung anwenden, müssen vor dem erstmaligen Zutritt belehrt werden über die Arbeitsmethoden, die möglichen Gefahren, die anzuwendenden Sicherheits- und Schutzmaßnahmen und die für ihre Tätigkeit wesentlichen Inhalte dieser Verordnung. Frauen sind darauf hinzuweisen, dass sie wegen der Risiken für das ungeborene Kind eine Schwangerschaft so früh wie möglich mitteilen sollen. Diese Unterweisung muss mindestens jährlich wiederholt werden. Über Zeitpunkt und Inhalt der Unterweisung müssen Aufzeichnungen angefertigt, von den unterwiesenen Personen unterschrieben und fünf Jahre aufbewahrt werden.
- Strahlenexponierte Personen der Kategorie A müssen vor Arbeitsbeginn und weiterhin jährlich von einem zu dieser arbeitsmedizinischen Vorsorge ermächtigten Arzt untersucht oder beurteilt werden. Sie erhalten dann, falls keine gesundheitlichen Bedenken bestehen, eine Bescheinigung, dass sie im Strahlenbereich weiterbeschäftigt werden dürfen. Wenn eine Person die Grenzwerte der Strahlenexposition überschreitet, muss sie unverzüglich von einem ermächtigten Arzt untersucht werden, der dann zusammen mit der zuständigen Behörde das weitere Vorgehen festlegt. [4]

Strahlenschutzverordnung

Die **Strahlenschutzverordnung** (*StrlSchV*) regelt den Umgang mit radioaktiven Stoffen und den Betrieb von medizinischen Beschleunigeranlagen. Radioaktive Stoffe werden in der Medizin für Diagnostik (Nuklearmedizinische Untersuchungen, z. B. Szintigrafie von Schilddrüse, Knochen oder Nieren) und Therapie (Krebsbestrahlungen) eingesetzt.

Da bei der therapeutischen Bestrahlung mit sehr hohen Strahlendosen gearbeitet wird, müssen wegen der wesentlich höheren Streustrahlung die Schutzmaßnahmen für Patienten und Personal umfangreicher sein und sorgfältig beachtet werden. Dies setzt beim Personal gute Fachkenntnisse und die strenge Aufsicht durch Fachkundige voraus. Weitere Probleme ergeben sich aus der Aufbewahrung der radioaktiven Stoffe, da deren Strahlung nicht, wie beim Röntgengerät, abgeschaltet werden kann.

3.7 Inner- und außerbetriebliche Regelwerke zur Berufsausübung

Die Grundsätze, Ziele und Vorschriften der Strahlenschutzverordnung sind der zumeist höheren Strahlungsenergie angepasst, aber in den wesentlichen Punkten denen der Röntgenverordnung (siehe oben) ähnlich. Unterschiede zur Röntgenverordnung:

- Der Umgang mit radioaktiven Substanzen bedarf immer der Genehmigung durch die zuständige Behörde.
- Personen unter 18 Jahren, schwangere und stillende Frauen dürfen mit offenen radioaktiven Stoffen nicht umgehen.
- Innerhalb von zwei Monaten vor Beginn des Umgangs mit offenen radioaktiven Substanzen muss eine Untersuchung bei einem von der Behörde ermächtigten Arzt erfolgt sein, die gesundheitliche Bedenken gegen eine derartige Tätigkeit ausschließt. Weitere regelmäßige Kontrolluntersuchungen müssen je nach Strahlenexposition erfolgen und deren Ergebnisse in einer Gesundheitsakte verzeichnet werden.
- Zusätzlich zum amtlichen Filmdosimeter muss vom Personal ein **Stabdosimeter** getragen werden. Dieses Stabdosimeter kann jederzeit während der Arbeitszeit auch vom Träger selbst abgelesen werden und teilt die aktuelle Strahlenbelastung mit. Die Messwerte müssen täglich aufgezeichnet werden.
- Beim Umgang mit offenen radioaktiven Substanzen besteht die Gefahr der Kontamination mit radioaktiven Substanzen. Um diese rechtzeitig festzustellen, müssen insbesondere vor Verlassen des Arbeitsplatzes Kontrollmessungen (auch an Händen und Füßen) durchgeführt werden.
- Essen, Trinken und Rauchen am Arbeitsplatz sind wegen der Gefahr der Aufnahme von radioaktiver Substanz streng verboten.
- Für Lagerung, Beförderung und Entsorgung radioaktiver Substanzen gelten besondere Vorschriften. Über den Einkauf radioaktiver Stoffe, die verarbeitete Menge und den radioaktiven Abfall muss genau Buch geführt werden.
- Jede **Applikation** radioaktiver Substanzen an oder in Patienten muss mit Datum, Applikationsort, Strahlungsquelle und verabreichter Dosis genauestens vermerkt werden. Diese Unterlagen müssen 30 Jahre lang aufbewahrt werden.
- Zu beachten ist, dass Patienten, die mit radioaktiven Stoffen behandelt werden oder denen radioaktives Material zur inneren Bestrahlung verabreicht wurde, selbst zu **Strahlungsquellen** werden und ihre Umgebung dann zum **Kontrollbereich** wird (siehe oben).
- Die Ausscheidungen von Patienten, die mit radioaktiven Substanzen behandelt wurden oder Strahlungsquellen in sich tragen, sind ebenfalls radioaktiv und müssen bei höheren Strahlungswerten gesondert entsorgt werden. Dies gilt im Todesfall unter Umständen auch für den Leichnam. [4]

> **Merke**
>
> Unabhängig von allen gesetzlichen Verordnungen sollte jeder, der mit Strahlung umgeht, zum persönlichen Schutz stets die drei **allgemeinen Regeln** des praktisch durchgeführten Strahlenschutzes beachten:
> - A = Abstand halten
> - A = Abschirmung verwenden
> - A = Aufenthaltszeit begrenzen

3.7.5 Personenstandsgesetz

Das **Personenstandsgesetz** (*PStG*) und die **Verordnung zur Ausführung des Personenstandsgesetzes** regeln die **Anzeigepflicht** von Geburt, Tod, Heirat, Namensänderung und Ehescheidung. Geburtenbücher, Sterbebücher, Heiratsbücher und Familienbücher führen auf den **Standesämtern** die Standesbeamten. [4]

Geburtsanzeige

Die Geburt muss innerhalb einer Woche beim Standesamt des Bezirks, in dem die Geburt erfolgte, angezeigt werden. Die **mündliche** Geburtsanzeige kann von jedem Elternteil des Kindes vorgenommen werden, aber auch von jeder anderen Person, die Kenntnis von der Geburt hat. Im Geburtsregister werden beurkundet:

- Vorname(n) und Familienname des Kindes (diese können auch erst innerhalb eines Monats festgelegt werden)
- Ort, Tag und Stunde der Geburt
- Geschlecht des Kindes
- Vornamen und Familiennamen der Eltern und auf Wunsch deren Religionszugehörigkeit (bei ehelichen Kindern ist die Vorlage der Heiratsurkunde oder des Familienbuchs, bei nicht ehelichen Kindern die Vorlage der Geburtsurkunde der Mutter und des Vaters erforderlich)
- Wenn sie nicht Deutsche sind, auch die Staatsangehörigkeit der Eltern und des Kindes

In öffentlichen Krankenhäusern und Entbindungskliniken sind der Leiter der Anstalt oder die von der zuständigen Behörde dazu ermächtigten Beamten oder Angestellten verpflichtet, die Geburt **schriftlich** anzuzeigen. Angezeigt werden müssen:

- **Lebendgeburten.** Eine Lebendgeburt liegt vor, wenn bei einem Kind nach der Scheidung vom Mutterleib entweder das Herz geschlagen, die Nabelschnur pulsiert oder die natürliche Lungenatmung eingesetzt hat.
- **Totgeborene oder unter der Geburt verstorbene Kinder.** Hat sich keines der oben angeführten Lebenszeichen gezeigt und beträgt das Gewicht der Leibesfrucht mehr als 500 g, gilt sie als ein tot geborenes oder unter der Geburt verstorbenes Kind. Bei Totgeburten muss eine Todesanzeige beim Standesamt erfolgen.

3.7 Inner- und außerbetriebliche Regelwerke zur Berufsausübung

Nicht angezeigt werden muss eine **Fehlgeburt** (*Abort*): Hat sich keines der oben genannten Lebenszeichen gezeigt, und beträgt das Gewicht der Leibesfrucht weniger als 500 g, so ist die Frucht eine Fehlgeburt. Durch Fortschritte der Intensivmedizin für Frühgeborene wurde das Grenzgewicht zur Unterscheidung von Totgeburt und Fehlgeburt von 1.000 g auf 500 g reduziert. [4]

Todesanzeige

Ein Todesfall muss spätestens am dritten auf den Tod folgenden Werktag bei dem Standesamt angezeigt werden, in dessen Bereich die Person gestorben ist.

Zur **persönlichen** und **mündlichen Anzeige** sind in dieser Reihenfolge verpflichtet:
- Nächste Angehörige
- Personen, in deren Wohnung sich der Sterbefall ereignet hat
- Jede Person, die beim Tode zugegen war oder vom Sterbefall aus eigener Wissenschaft unterrichtet ist
- Die Gemeindebehörde, wenn kein Anzeigepflichtiger vorhanden ist

Im Sterberegister werden beurkundet:
- Vorname(n) und Familienname, Tag und Ort der Geburt, Religionszugehörigkeit (Vorlage des Personalausweises oder Reisepasses des Verstorbenen und seiner Geburtsurkunde).
- Ort, Tag, Stunde und Minute des Todes (Vorlage des Totenscheins).
- Letzter Wohnsitz.
- Vorname(n) und Familienname des Ehegatten (Vorlage der Heiratsurkunde) oder ein Hinweis, dass der Verstorbene nicht verheiratet war oder in einer eingetragenen Lebenspartnerschaft gelebt hat.

Sterbefälle in Krankenhäusern oder ähnlichen Einrichtungen müssen vom Leiter der Anstalt oder den von der zuständigen Behörde ermächtigten Beamten oder Angestellten **schriftlich** angezeigt werden (▶ Kap. 2.3). [4]

3.7.6 Transplantationsgesetz

Das **Transplantationsgesetz** (*TPG*) regelt die Spende und die Entnahme aller menschlichen Organe, Organteile und Gewebe, die zum Zweck der Übertragung auf andere Menschen bestimmt sind. Außerdem bildet es die Rechtsgrundlage für die Entnahme, die vorbereitenden Maßnahmen bis zur Übertragung und die Einpflanzung der Organe.

Ein wesentliches Ziel des Gesetzes ist, die Bereitschaft zur Organspende in Deutschland zu fördern. Hierzu soll jede Bürgerin und jeder Bürger regelmäßig im Leben in die Lage versetzt werden, sich mit der Frage seiner eigenen Spendenbereitschaft ernsthaft zu befassen und aufgefordert werden, die jeweilige Erklärung zu dokumentieren. Um eine informierte und unabhängige Entscheidung jedes Einzelnen zu ermöglichen, sieht dieses Gesetz eine breite Aufklärung der Bevölkerung zu den Möglichkeiten der Organ- und Gewebespende vor.

Merke

Das Transplantationsgesetz verbietet unter Androhung schwerer Strafen ausdrücklich den Handel mit menschlichen Organen und die Organentnahme ohne Einwilligung.

Das Transplantationsgesetz hat für Blut, Knochenmark sowie embryonale Gewebe und Organe keine Gültigkeit. Die Blutspende wird im **Transfusionsgesetz** geregelt. [4]

3 Organspende

Durch die Gesetzesänderung von 2012 wurde die bisher gültige Zustimmungslösung durch die **Entscheidungslösung** ersetzt. Danach muss der Verstorbene zu Lebzeiten einer Organentnahme zugestimmt haben. Liegt keine erklärte Ablehnung der Organspende vor, können auch weiterhin die Angehörigen über die Organspende entscheiden.

Die Krankenkassen und Behörden, z. B. Pass- und Ausweisstellen, haben die Verpflichtung, alle Bürger ab 16 Jahren umfassend, verständlich und ergebnisoffen über die Fragen der Organ- und Gewebespende mit aussagekräftigem Informationsmaterial aufzuklären und sie schriftlich zu befragen, ob sie Organspender sein wollen. Die Aufklärung muss regelmäßig alle zwei Jahre durchgeführt werden. Die Erklärung über die Spendenbereitschaft bleibt wie bisher freiwillig.

Jugendliche und Erwachsene können für eine Organspende nach dem Tod folgende rechtsgültige Entscheidungen treffen:

- **Einwilligung** in die Organspende: Sie ist vom vollendeten 16. Lebensjahr an möglich und kann auf bestimmte Organe beschränkt werden.
- **Widerspruch** gegen eine Organentnahme: Vom vollendeten 14. Lebensjahr an kann dieser Widerspruch erklärt werden.
- **Übertragung der Entscheidung** auf eine namentlich benannte Person ihres Vertrauens.

Die getroffene Entscheidung wird in einem Organspendeausweis dokumentiert oder – wenn möglich – auf der elektronischen Gesundheitskarte gespeichert. [4]

Merke

Viele Menschen sind im Zweifel, ob sie einer Organentnahme zustimmen sollen. Sie befürchten, dass bei einem Organspender lebensrettende Therapiemaßnahmen unterlassen werden, dass Organe ungefragt oder bereits entnommen werden, bevor der Tod endgültig eingetreten ist oder dass ihr Leichnam nicht würdig behandelt wird. Diese Zweifel werden durch die im Transplantationsgesetz vorgeschriebenen Verfahren ausgeräumt, die eindeutig die Rechte des Spenders schützen.

Organentnahme

Bevor ein Organ entnommen wird, müssen folgende Voraussetzungen erfüllt sein:
- **Der Tod des Organspenders muss festgestellt sein.** Zwei dafür qualifizierte Ärzte, die mit der nachfolgenden Organentnahme und -transplantation nichts zu tun haben, müssen unabhängig voneinander den Organspender untersuchen. Sie müssen nach Verfahrensregeln, die dem aktuellen Erkenntnisstand der medizinischen Wissenschaft entsprechen, feststellen, dass ein endgültiger, nicht mehr behebbarer Ausfall der Gesamtfunktion des Großhirns, des Kleinhirns und des Hirnstamms (*Hirntod*) vorliegt. Der Tod ist ebenfalls festgestellt, wenn ein Arzt einen länger als drei Stunden bestehenden Herz-Kreislauf-Stillstand bestätigt (*biologischer Tod*).
- Es darf kein Widerspruch gegen eine Organspende vorliegen.
- Eine Einwilligung zur Organspende muss vorliegen. Wenn dem Arzt keine schriftliche Einwilligung durch den Spender selbst vorliegt und dieser keiner bestimmten Person die Entscheidung übertragen hat, muss er dessen nächste Angehörige befragen. Dies sind Ehegatten, eingetragene Lebenspartner, volljährige Kinder, Eltern, volljährige Geschwister, Großeltern oder volljährige Personen, die dem Organspender bis zu seinem Tod nahe standen, z. B. Lebensgefährten. Dieser Personenkreis muss bei seiner Entscheidung den mutmaßlichen Willen des Organspenders beachten.
- Die Organentnahme muss von einem Arzt durchgeführt werden, der nach der ärztlichen Sorgfaltspflicht handelt und die Würde des Organspenders achtet. Der Leichnam muss anschließend in würdigem Zustand für die Bestattung übergeben werden.

Eine **Organentnahme bei Lebenden,** z. B. Spende einer Niere, ist durch das Gesetz deutlich eingeschränkt und nur zulässig wenn
- kein Organ eines Verstorbenen zur Verfügung steht,
- der Spender volljährig und einwilligungsfähig ist,
- der Spender mit dem Empfänger nahe verwandt ist oder in einer offenkundig besonderen persönlichen Verbundenheit mit ihm steht,
- der Spender umfassend aufgeklärt ist und für ihn über das Operationsrisiko hinaus keine weitere Gefährdung besteht,
- die Landeskommission zugestimmt hat. [4]

Organisation

Das Transplantationswesen besteht aus drei zusammenarbeitenden Bereichen mit verschiedenen Aufgaben:
- Koordinierungsstelle für die Organentnahme
- Vermittlungsstelle für die Organvermittlung
- Transplantationszentrum für die Organübertragung

Das Transplantationsgesetz verpflichtet Krankenhäuser und Transplantationszentren zur Zusammenarbeit mit der **Koordinierungsstelle.** Dafür benennen die Entnahmekrankenhäuser mindestens einen qualifizierten

Transplantationsbeauftragten. Er ist für die Meldung des potenziellen Organspenders an die Koordinierungsstelle und die angemessene Begleitung der Angehörigen verantwortlich. Er muss das ärztliche und pflegerische Personal regelmäßig über die Bedeutung und den Prozess der Organspende informieren.

Herz, Niere, Leber, Lunge, Bauchspeicheldrüse und Darm sind **vermittlungspflichtig**, d.h. sie dürfen nur von **Vermittlungsstellen** vergeben werden. Die europäische Vermittlungsstelle *(Eurotransplant)* ist in Leiden, Holland. Sie muss bei der Vermittlung die Erfolgsaussichten und die Dringlichkeit der Organspende berücksichtigen und orientiert sich dabei an den Wartelisten.

LESE- UND SURFTIPP
Eurotransplant: www.eurotransplant.org
Bundesverband für Gesundheitsinformation und Verbraucherschutz – Info Gesundheit e.V.: www.bgv-transplantation.de

Die Organübertragungen werden in den dafür zugelassenen **Transplantationszentren** durchgeführt. Transplantationszentren sind durch das Gesetz verpflichtet, Wartelisten zu führen, Organübertragungen zu dokumentieren, den Organempfänger psychisch zu betreuen und Qualitätssicherungsmaßnahmen durchzuführen, die einen Vergleich mit anderen Transplantationszentren ermöglichen. [4]

3.7.7 Katastrophenschutzgesetz

Das **Katastrophenschutzgesetz** regelt die Zuständigkeiten, die Maßnahmen und die Mitwirkung der Behörden, Dienststellen und Hilfsorganisationen bei der Abwehr von Katastrophen. Die Festlegung der Vorschriften ist Länderrecht. Hier wird am Beispiel des Bayerischen Katastrophenschutzgesetzes gezeigt, wie der Gesetzgeber für den Ernstfall einer drohenden Katastrophe vorgesorgt hat.

Eine **Katastrophe** im Sinne dieses Gesetzes ist ein Geschehen, bei dem Leben oder Gesundheit vieler Menschen oder die natürlichen Lebensgrundlagen oder bedeutende Sachwerte in ungewöhnlichem Ausmaß gefährdet oder geschädigt werden. Die Gefahr kann nur abgewehrt oder die Störung nur unterbunden und beseitigt werden, wenn unter Leitung der Katastrophenschutzbehörde die im Katastrophenschutz mitwirkenden Behörden, Dienststellen, Organisationen und die eingesetzten Kräfte zusammenwirken.

Katastrophenschutzbehörden sind die Kreisverwaltungsbehörden, die Regierungen und das Staatsministerium des Inneren. Sie sind für die Vorbereitung und Durchführung der folgenden Maßnahmen im Katastrophenschutz zuständig und verantwortlich:

- Erstellung von Katastrophenschutzplänen, Alarm- und Einsatzplänen
- Regelung der Katastropheneinsatzleitung, die stets ausreichend aus- und fortgebildet sein muss

3.7 Inner- und außerbetriebliche Regelwerke zur Berufsausübung

- Rasche Alarmierung der an der Gefahrenabwehr beteiligten Personen
- Bereitstellung der notwendigen Ausstattung
- Durchführung von Katastrophenschutzübungen

Externe Notfallpläne müssen für Betriebe bereit liegen, in denen schwere Unfälle mit gefährlichen Stoffen auftreten können. Sie werden erstellt, um

- Schadensfälle einzudämmen und unter Kontrolle zu bringen,
- Menschen und deren natürliche Lebensgrundlagen vor den Unfallfolgen zu schützen,
- notwendige Informationen an die Öffentlichkeit weiterzugeben,
- Aufräumarbeiten und Wiederherstellungsmaßnahmen einzuleiten.

Der externe Notfallplan muss Angaben darüber enthalten, welche Personen für die Alarmauslösung, die Benachrichtigung der Einsatzkräfte, die Koordinierung und Durchführung der Abhilfemaßnahmen sowie die Unterrichtung der Öffentlichkeit und ggf. anderer Länder ermächtigt und zuständig sind. Die Katastrophenschutzbehörde stellt das Vorliegen und das Ende der Katastrophe fest. Sie leitet den Einsatz und stimmt die Maßnahmen aufeinander ab. Sie kann für die Einsatzmaßnahmen vor Ort geeignete örtliche Einsatzleiter bestellen und schon vorab benennen.

Katastrophenhilfe ist die auf Ersuchen der Katastrophenschutzbehörde zu leistende Mitwirkung im Katastrophenschutz. Sie muss geleistet werden, wenn nicht durch die Hilfeleistung die Erfüllung dringender eigener Aufgaben ernstlich gefährdet wird. Zur Katastrophenhilfe sind – am Beispiel Bayern – verpflichtet:

- Behörden und Dienststellen des Freistaats Bayern
- Gemeinden, Landkreise und Bezirke
- sonstige der Aufsicht des Freistaats Bayern unterstehende Körperschaften, Anstalten und Stiftungen des öffentlichen Rechts
- Feuerwehren
- freiwillige Hilfsorganisationen
- Verbände der Freien Wohlfahrtspflege

Träger von Krankenhäusern, die zur Bewältigung eines **Massenanfalls von Verletzten** geeignet sind, müssen Alarm- und Einsatzpläne aufstellen und fortschreiben. Die Pläne müssen organisatorische Maßnahmen zur Ausweitung der Aufnahme- und Behandlungskapazität vorsehen. Sie sind mit der Katastrophenschutzbehörde sowie den benachbarten Krankenhäusern abgestimmt und stehen der Rettungsleitstelle zur Verfügung. Auch für Schadensereignisse innerhalb der Krankenhäuser muss der Krankenhausträger Notfallpläne aufstellen.

Die Katastrophenschutzbehörde kann zur Katastrophenabwehr von jeder Person die Erbringung von Dienst-, Sach- und Werkleistungen verlangen. Sie kann das Katastrophengebiet sperren, räumen und das Betreten verbieten. Der Katastrophenschutz wird teils vom Staat und teils von den Landkreisen und Gemeinden finanziert. Wer eine zum Einsatz des Katastrophenschutzes führende Gefahr verursacht, ist zur Zahlung der dafür aufgewendeten Kosten verpflichtet. Wer bei seinem Einsatz im Katastrophenschutz einen nicht zumutbaren Schaden erleidet, wird angemessen in Geld entschädigt. Im Todesfall haben die Unterhaltsberechtigten einen Anspruch auf Entschädigung. [4]

3.7.8 Lebensmittelrecht

Der Verkehr mit Lebensmitteln wird durch das **Lebensmittel- und Bedarfsgegenständegesetz** (*LMBG*) geregelt.

Die Verwirklichung des europäischen Binnenmarktes hat zu einer Zunahme des Angebots an Lebensmitteln, Genussmitteln, Kosmetika und Bedarfsgegenständen geführt. Das Gesetz wurde deshalb an die in der EU festgesetzten Normen angepasst. Durch ergänzende Bestimmungen für die Überwachung und Einhaltung des Lebensmittelrechts wurde die Zusammenarbeit der Mitgliedsstaaten auf diesem Gebiet geregelt.

Das Lebensmittel- und Bedarfsgegenständegesetz ist ein „Dach- und Rahmengesetz". Es kann aufgrund seiner Bestimmungen jederzeit den aktuellen Erfordernissen angepasst werden. Das Gesetz wird durch eine Vielzahl von Einzelvorschriften ergänzt. Hauptziele dieses Gesetzes sind

- der Schutz der Verbraucher vor Gesundheitsgefährdungen durch den Verzehr von Lebensmitteln und den Kontakt mit Bedarfsgegenständen,
- der Schutz vor Täuschungen,
- das Sicherstellen einer sachgerechten Information, ohne die wirtschaftliche Entwicklung zu behindern.

Das Gesetz befasst sich mit:

- **Lebensmitteln:** Stoffe, die dazu bestimmt sind, in unverändertem, zubereitetem oder verarbeitetem Zustand vom Menschen verzehrt zu werden. Dazu gehören auch deren Umhüllungen und Überzüge, die voraussichtlich mitverzehrt werden.
- **Tabakerzeugnissen,** z. B. Zigaretten, Zigarren, Pfeifentabak.
- **Kosmetischen Mitteln.**
- **Bedarfsgegenständen:** Das sind Gegenstände, die mit Lebensmitteln, Tabakerzeugnissen oder direkt mit dem menschlichen Körper in Berührung kommen, z. B. Verpackungen, Zahnbürsten, Körperpflegemittel, Spielwaren, Scherzartikel, Bekleidung, Bettwäsche, Reinigungs- und Pflegemittel.

Einige besonders wichtige Regelungen des LMBG lauten:

- Es ist verboten, Lebensmittel für andere derart herzustellen oder zu behandeln, dass ihr Verzehr geeignet ist, die Gesundheit zu schädigen, und solche Lebensmittel in den Verkehr zu bringen.
- Es dürfen nur zugelassene Zusatzstoffe verwendet werden. (Zusatzstoffe wollen die Beschaffenheit von Lebensmitteln beeinflussen oder bestimmte Eigenschaften und Wirkungen erzielen.)
- Lebensmittel müssen von ihrer Herstellung bis zur Abgabe an den Verbraucher einwandfrei beschaffen sein und dürfen nicht durch Mikroorganismen verunreinigt sein.

3.7 Inner- und außerbetriebliche Regelwerke zur Berufsausübung

- In Lebensmitteln dürfen Rückstände von Pflanzenschutzmitteln, Düngemitteln oder sonstigen Chemikalien Höchstmengen nicht überschreiten bzw. gar nicht vorhanden sein.
- In vom Tier gewonnenen Lebensmitteln dürfen Stoffe mit pharmakologischer Wirkung nur bis zu einer bestimmten Höchstmenge vorhanden sein.
- Es ist verboten, den Verbraucher durch irreführende Verpackungen, Aufmachungen oder Angaben über die eigentliche, meist geminderte Qualität und Beschaffenheit eines Lebensmittels zu täuschen.
- In Funk und Fernsehen ist jegliche Werbung für Tabakerzeugnisse verboten. In den anderen Medien darf die Werbung nicht den Eindruck erwecken, dass der Genuss von Tabakerzeugnissen geeignet ist, die Leistungsfähigkeit oder das Wohlbefinden zu verbessern. Jugendliche oder Heranwachsende dürfen durch die Werbung nicht zum Rauchen veranlasst werden.
- Kosmetische Mittel dürfen nicht die Gesundheit schädigen und keine verschreibungspflichtigen Stoffe ohne ausdrückliche Zulassung enthalten.
- Bedarfsgegenstände müssen so beschaffen sein, dass sie die Gesundheit nicht gefährden oder schädigen können. Reinigungsmittel, Pflegemittel und Spielwaren müssen so gekennzeichnet sein, dass sie mit Lebensmitteln nicht verwechselt werden können.
- Den zuständigen Länderbehörden erlaubt das Gesetz, durch wiederholte Beobachtungen und Messungen (Lebensmittel-Monitoring) gesundheitlich unerwünschte Stoffe in und auf Lebensmitteln aufzuspüren.

Die **Überwachung** der Einhaltung der Gesetzesvorschriften erfolgt durch Untersuchungsanstalten und Gesundheitsämter mit fachgerecht ausgebildetem Personal und durch aufmerksame Verbraucher. Wichtige, das Gesetz ergänzende Einzelvorschriften sind:

- **Lebensmittel-Kennzeichnungsverordnung.** Alle Zutaten eines Lebensmittels müssen in absteigender Reihenfolge ihres Gewichtsanteils auf der Verpackung angegeben werden, ebenso Zusatzstoffe und das Mindesthaltbarkeitsdatum. Auch gentechnisch veränderte Lebensmittel unterliegen der Kennzeichnungspflicht.
- **Lebensmittelhygiene-Verordnung.** Beim Umgang mit Lebensmitteln muss die Hygiene von Betriebsstätten und Personal sorgfältig beachtet werden (siehe unten).
- **Verordnung über diätetische Lebensmittel.** Diätetische Lebensmittel dienen einem besonderen Ernährungszweck, indem sie die Zufuhr bestimmter Nährstoffe steigern oder verringern oder bestimmte Nährstoffe in besonderer Beschaffenheit oder einem besonderen Mischungsverhältnis enthalten. Sie müssen sich von anderen vergleichbaren Lebensmitteln deutlich unterscheiden. An Lebensmittel für Säuglinge und Diabetiker werden besondere Anforderungen gestellt.

- **Reinheitsgebot für Bier.** Zur Bierherstellung dürfen nur Gerstenmalz, Hopfen und Wasser verwendet werden. Das Reinheitsgebot ist eines der ältesten aktuell gültigen Lebensmittelgesetze – 1516 in Bayern erlassen, gilt es seit 1919 für ganz Deutschland.

Darüber hinaus regeln zahlreiche weitere Gesetze und Verordnungen die Herstellung von Lebensmitteln. [4]

Lebensmittel- und Küchenhygiene

Die Herstellung von und der Umgang mit Lebensmitteln wird durch das Lebensmittel- und Futtermittelgesetzbuch, EG-Verordnung Nr. 852/2004 und über die Lebensmittelhygieneverordnung geregelt. Weitere Forderungen ergeben sich aus dem Infektionsschutzgesetz und den KRINKO-Empfehlungen.

Küchen müssen ein Eigenkontrollkonzept (*HACCP-Konzept*) vorweisen, über das sichergestellt ist, dass alle lebensmittelschädigenden Faktoren, z. B. Temperaturüber- oder -unterschreitungen, Lagerfehler, Kontaminationen, frühzeitig erkannt und beseitigt werden.

Alle unter dem HACCP-Konzept durchgeführten Hygiene- und Kontrollmaßnahmen müssen engmaschig und nachvollziehbar dokumentiert werden. Auch Pflege- und Wohngruppenküchen benötigen ein eigenes, reduziertes HACCP. Typische Punkte eines solchen Kontrollsystems sind:

- Wareneingangskontrolle
- Sicherung von Kühl- und Wärmeketten durch Temperaturmessung und Aufzeichnung
- Kontrolle von Lagerzeiten und -bedingungen
- Überprüfung von Desinfektions- und Reinigungsleistungen

Merke

Von allen hergestellten Speisen werden in der Küche Rückstellproben gelagert, damit im Falle eines Infektionsgeschehens eine Ursachenklärung möglich ist.

Für Küchen und Räume, die der Lagerung und Vorbereitung von Lebensmitteln dienen, gilt ein spezieller Reinigungs- und Desinfektionsplan, der die Verwendung von für den Lebensmittelbereich geeigneten Desinfektionsmittel vorsieht.

Alle Mitarbeiter, die mit der Verarbeitung und Verteilung der Lebensmittel befasst sind (z. B. Küche, Hauswirtschaft, Pflege, Betreuungsdienst), benötigen für diese Tätigkeiten eine Belehrung durch Gesundheitsamt gemäß §§ 42–43 IfSG (▶ Kap. 3.5). Außerdem gelten folgende Richtlinien:

- Personen mit ansteckungsfähigen Erkrankungen oder Kolonisationen ist der Zutritt zum Küchenbereich untersagt.
- Beim Kontakt mit und bei der Herstellung von Lebensmitteln ist das Tragen einer speziellen Schutz- bzw. Bereichskleidung notwendig.

- Vor und nach der Speisenzubereitung sowie beim Wechsel in den einzelnen Küchenbereichen ist eine Händedesinfektion durchführen.
- Fenster von Küchenräumen müssen mit abnehmbaren Fliegengittern ausgerüstet sein.
- Lagerräume müssen eine kühle und trockene Lagerung gewährleisten.
- Bei der Zubereitung, Verarbeitung und beim Transport von Lebensmittel müssen die erforderlichen Temperaturen eingehalten werden.
- Kühlschranktemperaturen sollten zwischen 4 und 7 °C liegen.

Die in Gemeinschaftsküchen hergestellten Speisen sind möglichst schnell nach der Zubereitung zu essen. Reste sind in Behältnisse für organischen Abfall zu entsorgen. Wenn es im Einzelfall nicht möglich ist, dass ein Pflegebedürftiger die Speisen unmittelbar nach der Zubereitung verzehrt, sind diese Nahrungsmittel bis zum Aufwärmen verschlossen bzw. abgedeckt maximal für den Rest des Tages, an dem sie zubereitet wurden, im Kühlschrank zu lagern. Für das Aufwärmen stehen in den Wohnbereichen der meisten stationären Pflegeeinrichtungen geeignete Mikrowellengeräte zur Verfügung. [1]

LESE- UND SURFTIPP
Feulner, M.: Wenn in sozialen Einrichtungen gekocht wird: Leitlinie für eine gute Lebensmittelhygienepraxis in sozialen Einrichtungen. Lambertus-Verlag, Freiburg, 2009.

3.7.9 Rechtlicher Rahmen der Krankenhaushygiene

Der Begriff **Krankenhaushygiene** umfasst die gesamten Aufgaben im Rahmen des Leistungsprozesses dieser Gesundheitseinrichtung. Dazu gehören ärztliche, pflegerische und therapeutische Leistungen, mit denen sich Krankheiten, Leiden und Körperschäden feststellen, heilen oder lindern lassen und die gleichzeitig geeignet sind, Krankenhausinfektionen (▶ Kap. 3.5) zu reduzieren bzw. zu vermeiden.

Die Hygiene im Krankenhaus und in Pflegeeinrichtungen umfasst die **Gesundheitsvorsorge** und **-fürsorge** sowie das **Verhüten von nosokomialen Infektionen**. Es müssen sich also alle Mitarbeiter eines Krankenhauses bzw. einer Pflegeeinrichtung dazu verpflichtet fühlen, ihre Aufgaben korrekt auszuführen, das heißt, der Sorgfaltspflicht zu genügen.

Es ist der Auftrag von Krankenhäusern und Pflegeeinrichtungen, für die Erhaltung und Förderung der Gesundheit des Menschen Sorge zu tragen, der als Kunde die Leistungen des Betriebs in Anspruch nimmt. Denn es ist immer davon auszugehen, dass der Kunde in seiner Fähigkeit beeinträchtigt bzw. unfähig ist, sich selbst zu versorgen. Damit ist seine Befähigung, die erforderlichen Hygieneschutzmaßnahmen einzuhalten, nicht oder nur eingeschränkt vorhanden. Deshalb ist es Pflicht des Krankenhauses oder der Pflegeeinrichtung, für ein entsprechendes Hygiene-Umfeld zu sorgen.

Die Gesetzgeber und weitere Institutionen befassen sich mit der Verbesserung der Hygienesituation im Krankenhausbetrieb und der wirksamen Verabschiedung, Einführung und Realisierung von Hygienevorschriften.

Merke

Die Mitarbeiter im Leistungsprozess des Betriebs sind der wichtigste Faktor der wirksamen Umsetzung dieser Vorschriften. Sie begreifen die angewandte Krankenhaushygiene als wesentlichen Teil ihrer Aufgaben, verstehen ihre Bedeutung, sind davon überzeugt und wenden sie außerdem im Berufsalltag regelmäßig an.

Eine gewollte Verschärfung der wirksamen Umsetzung der Hygienevorschriften wurde durch das **Gesundheitsstrukturgesetz** (*GSG*) vom 21.12.1992) verabschiedet, in dem der Gesetzgeber dem **Medizinischen Dienst der Krankenversicherungen** (*MDK*) das Recht einräumt, die Patientendokumentation zu prüfen, um unter anderem Fehlbelegungen festzustellen.

Die Krankenkassen erstatten dem Krankenhaus die durch eine **Fehlbelegung** verursachten zusätzlichen Berechnungstage nicht. Als Fehlbelegung wird zunehmend auch die vermeidbare nosokomiale Infektion bewertet. Die durch diese Infektionen entstandenen Kosten muss daher das Krankenhaus selbst tragen. [6]

Hygieneaspekte in der Sozialgesetzgebung

Merke

Das **Sozialgesetzbuch** umfasst zwölf Bücher. Das fünfte Buch beschäftigt sich mit den Problemen des Gesundheitswesens und das elfte Buch mit der sozialen Pflegeversicherung. Die Bücher sind als Bundesgesetze mit übergeordneter Wirkung zu verstehen. Teilweise handelt es sich um Rahmenvorschriften, die durch Landesrecht ausgefüllt werden können. Das Sozialgesetzbuch löste die **Reichsversicherungsordnung** (*RVO*) aus den Jahren 1883 und 1911 ab, die aktuell nur noch die Rechtsverhältnisse der Beamten und Dienstordnungsangestellten bei Krankenkassen regelt.

Der § 70 Absatz 2 Sozialgesetzbuch V (SGB V) fordert, „dass die Krankenhäuser und ihre Leistungserbringer auf eine humane Krankenhausbehandlung der Versicherten hinzuwirken haben". Vergleichbare Regelungen sind in den §§ 80 und 80 a des Sozialgesetzbuches XI für Pflegeeinrichtungen formuliert.

Eine humane Krankenhausbehandlung der Versicherten bedeutet, sie vor nosokomialen Infektionen im Rahmen des Leistungsprozesses zu schützen, vermeidbare Infektionen zu verhindern und ihre Entstehung zu bekämpfen.

Jede im Krankenhaus erworbene, vermeidbare nosokomiale Infektion verstößt gegen die vom Gesetzgeber geforderte humane Krankenhausbehandlung, auf die der Versicherte sich grundsätzlich bei Inanspruchnahme der Krankenhausleistungen verlassen können muss.

Der Gesetzgeber präzisiert in den §§ 135–137 des Sozialgesetzbuchs V (SGB V) den Anspruch an die Qualität des Krankenhausbetriebes und der darin tätigen Leistungserbringer. Nach § 135 a SGB V sind Krankenhäuser verpflichtet, sich an Maßnahmen zur **Qualitätssicherung** zu beteiligen, die insbesondere zum Ziel haben, die Ergebnisqualität zu verbessern. Mit dieser Präzisierung verlangt der Gesetzgeber von jedem Krankenhausbetrieb, sich intensiv mit Qualitätsmerkmalen der zu erbringenden Leistungen auseinander zu setzen. Da die Krankenhaushygiene ein wesentlicher Bestandteil der qualitativen Leistungsmerkmale ist, gilt es, diese Hygiene-Qualitätsmerkmale für den einzelnen Behandlungsfall zu beschreiben und unter dem Gebot der ausreichenden, zweckmäßigen und wirtschaftlichen Notwendigkeit der Krankenhausleistung (nach § 1 Abs. 1 Krankenhausgesetz) mit den Leistungsträgern zu vereinbaren.

Leistungsträger sind:
- Krankenhausträger.
- Krankenkassen.
- Treuhänderisch beauftragte Institutionen, die eine sozial verträgliche Preisfindung mitzugestalten haben.
- Sozialministerien der Länder. Hier werden die Leistungsbandbreiten der Krankenhäuser verbindlich in Form des Krankenhausbedarfsplanes fest- und fortgeschrieben. [6]

ACHTUNG
Von entscheidender Bedeutung in dem § 135 a SGB V ist die Verpflichtung, sich an den qualitätssichernden Maßnahmen zu beteiligen. Es steht also nicht im Ermessen einer Einzelperson im Krankenhausbetrieb, festzustellen, was Hygienequalität bei der Leistungserbringung im Behandlungsprozess am Patienten ist, sondern alle Beteiligten sind verpflichtet, Qualitätsmerkmale zu definieren und sich daran zu orientieren. Krankenhaushygiene ist damit nicht mehr nur die Aufgabe von speziell beauftragten Personen. Jeder Mitarbeiter, der in den Leistungsprozess einbezogen ist, übernimmt Verantwortung für eine qualitativ hochwertige und vereinbarte Hygieneleistung.

Hygieneaspekte im Krankenhausgesetz
Die aktuelle Überarbeitung fast aller wesentlichen Gesetze im Bereich des Krankenhauswesens hat verschiedene und vielfältige Ursachen:
- Veränderung der Gesellschaftsstrukturen (z. B. höhere Lebenserwartung)
- Veränderung der Volkswirtschaft (z. B. Rückgang der Produktivwirtschaft, Zunahme der Dienstleistungen)

- Zunehmender Einfluss der Europagesetze auf die nationale und damit Ländergesetzgebung
- Veränderte Vorstellung von Leistungsansprüchen des Einzelnen an den Staat
- Veränderte Standards im Bereich der Krankenhaushygiene
- Zunehmende Erkenntnisse aus Wissenschaft und Praxis zur Krankenhaushygiene und eine daraus resultierende Bewusstseins- und Verhaltensänderung

Diese veränderten Bedingungen führten dazu, dass die Bundesländer inzwischen „Hygieneparagrafen" in ihre **Krankenhausgesetze** aufgenommen haben.

Seit 2011 sind aufgrund von Regelungen in der Novellierung des Infektionsschutzgesetzes (▶ Kap. 3.5) alle Bundesländer verpflichtet, **Hygieneverordnungen** zu erlassen, die in Verbindung mit den schon erwähnten Gesetzen und der Richtlinie für Krankenhaushygiene und Infektionsprävention (RKI-Richtlinie für Krankenhaushygiene) den Rahmen für die Aufgaben und Verantwortung der Krankenhäuser verbindlich regelt. Mittlerweile haben alle 16 Bundesländer eigenständige Hygieneverordnungen für die Krankenhäuser verabschiedet.

Merke

Die Hygiene ist ein wichtiger Bestandteil der ärztlichen, pflegerischen und therapeutischen Behandlung. Bei dieser Aufgabe sollen alle für den Patienten Beschäftigten durch die Hygienekommission, die Hygienefachkraft, den hygienebeauftragten Arzt und die hygienebeauftragte Pflegekraft unterstützt werden.

Der Gesetzgeber des Bundes hat auf eine ergänzende Formulierung zur Krankenhaushygiene verzichtet, er verweist auf das Zusammenwirken der Bundesländer mit der Bundesgesetzgebung. Das sind im Wesentlichen:

- Das Fünfte Buch des Sozialgesetzbuches, hier die §§ 70, 135, 135 a, 136, 136 a, 137, 137 a, 137 b, 137 c, 137 d, vom 20. Dezember 1988, zuletzt geändert am 22. Dezember 2013
- Das Krankenhausfinanzierungsgesetz (KHG), hier der § 1 Abs. 1, der § 2 Nrn. 1 und 5 vom 29. Juni 1972, in der Fassung vom 10. April 1991, zuletzt geändert am 15. Juli 2013
- Die Bundespflegesatzverordnung (BPflV) 2004, hier § 2 in der Fassung vom 26. September 1994, zuletzt geändert am 15. Juli 2013
- Das elfte Buch des Sozialgesetzbuches (Soziale Pflegeversicherung), hier § 79 vom 26. Mai 1994, zuletzt geändert vom 15. Juli. 2013 [6]

Hygieneaspekte der Bundespflegesatzverordnung

Die **Bundespflegesatzverordnung** (*BPflV*) regelt und bestimmt den Rahmen der Krankenhausleistungen (§ 2).
Weitere Regelungen finden sich in § 85 SGB XI.

3.7 Inner- und außerbetriebliche Regelwerke zur Berufsausübung

Die Bundespflegesatzverordnung schreibt damit vor, welche Leistungen das Krankenhaus gemäß dem Verhandlungsergebnis für die Dauer eines Budgetjahres zu erbringen hat. Zu den Leistungen gehört auch eine qualifizierte Krankenhaushygiene, die durch das Krankenhaus zu beschreiben, deren Kostenaufwand zu ermitteln und im Rahmen der Budgetverhandlungen zu vereinbaren ist. Das Krankenhaus kann als Leistungsanbieter und -erbringer den notwendigen Aufwand für die Krankenhaushygiene in Form einer Hygieneleistungsbeschreibung (z. B. durch Hygienestandards, Hygienepläne) erstellen und im Rahmen der Bundespflegesatzverordnung vereinbaren. Diese Forderung nach Transparenz und Darstellung des Hygienehandelns leitet sich insbesondere ab aus:

§ 2 BPflV: Krankenhausleistungen „Allgemeine Krankenhausleistungen sind die Krankenhausleistungen, die unter Berücksichtigung der Leistungsfähigkeit des Krankenhauses für eine nach Art und Schwere der Erkrankung des Patienten medizinisch zweckmäßige und ausreichende Versorgung notwendig sind …". [6]

Literaturnachweis

1. Altenpflege Heute, 2. A., Elsevier Verlag, München, 2014.
2. Altenpflege Heute, 1. A., Elsevier Verlag, München, 2014.
3. Pflege Heute, 6. A., Elsevier Verlag, München, 2014.
4. Mürbe, Manfred; Stadler, Angelika: Berufs-, Gesetzes- und Staatsbürgerkunde (11. Auflage). Elsevier Verlag, München, 2013.
5. Deutscher Ethikrat: www.ethikrat.org/dateien/pdf/Infobrief_2006-02_Website.pdf (Letzter Zugriff am 15.2.2014)
6. Möllenhoff, Dieter: Organisation der Krankenhaushygiene, In: Möllenhoff H., Hygiene für Pflegeberufe, 4. A., 2005.

Register

Symbol
5-Punkt-Fixierung 16

A
Abmahnung 64
Abwehrrechte 4
Altenhilfe 124
Altersrente 114
Altersvorsorge, private 119
Anordnungsverantwortung 39
Ansteckungsverdacht 126
Arbeitgeberverband 71
Arbeitnehmer
– Haftung 64
– Vertretung 73
Arbeitskampf 72
Arbeitslosengeld 122
Arbeitslosenversicherung 120
Arbeitslosigkeit 121
Arbeitsplatzschutzgesetz 78
Arbeitsrecht 61
Arbeitsvertrag 61
– befristeter 61, 65
– Inhalt 62
– Kündigung 65
Arbeitszeitgesetz 79
Arbeitszeugnis, Inhalt 67
Arzneimittel 85
– Abgabe 90
– homöopathische 89
– radioaktive 86
– Unerwünschte Wirkungen 86
– Werbung 91
Arzneimittelgesetz 85
Ausbildungs- und Prüfungsverordnung 74
Ausscheider 126
Aussperrung 72

B
Bauchgurt 16
Berufsausbildung 73
Berufsbildungsgesetz 73
Berufsgenossenschaft für Gesundheitsdienst und Wohlfahrtspflege 138
Berufskrankheit 111
Berufsunfähigkeit 115
Berufsverband 83
Bestattungsgesetz 51
Betäubungsmittel 91
Betäubungsmittelgesetz 92
Betäubungsmittelrezept 94
Betäubungsmittel-Verschreibungsverordnung 94
Betreuer, gesetzlicher 36
Betreuungsgericht 35
Betreuungsrecht 34
Betreuungsverfahren 34
Betriebsvereinbarung 70
Bettgitter 16
Biostoffverordnung 141
Blutzubereitung 85

Bundeselterngeldgesetz 82
Bundesfreiwilligendienst 78
Bundesopiumstelle 93
Bundespflegesatzverordnung 160
Bundesurlaubsgesetz 79
Bundesverfassungsgericht 5

C
Charge 86
Charta der Rechte hilfe- und pflegebedürftiger Menschen 20

D
Delegation 39
Deutscher Pflegerat 83
Dienstvertrag 61
Dokumentation
– Anordnung, ärztliche 42
– Verantwartung 42
Dreizeugentestament 32
Durchführungsverantwortung 41

E
Elternzeitgesetz 82
Entgeltfortzahlungsgesetz 80
Erbfolge 28, 29
Erblasser 28
Erbvertrag 29
Erwerbsunfähigkeit 115
Ethik, Leitlinien 2
Ethikkodex für Pflegende 2
Euthanasie 45
Ewigkeitsklausel 5

F
Fahrlässigkeit 45, 64
Fertigarzneimittel 85
Feuerschutzordnung 138
Fixierung 15
Freiheitsberaubung 15
Freiheitsbeschränkung 14
Freiheitsentziehung 14

G
Geburtsanzeige 148
Gefahrstoffverordnung 137
Geheimnis 51
Geschäftsfähigkeit 35
Gesetzesvorbehalt 6
Gesundheitsstrukturgesetz 158
Gewerkschaft 71
Grundgesetz (GG) 4
Grundrechte 4
– Einschränkung 6
Grundrechtsmissbrauch 7

H
HACCP-Konzept 156
Haftung 43
Heimrecht 135

I
Impfstoff 86
Infektion 125
– nosokomiale 126
Infektionsschutzgesetz 124
International Council of Nurses 84

J
Jugendarbeitsschutz 80
Jugendarbeitsschutzgesetz 79

K
Kammern 84
Katastrophenschutzgesetz 152
Kinderschutzgesetz 56
Kontrollverantwortung 42
Krankenhausgesetz 159
Krankenhaushygiene 157
Krankenversicherung, Leistungen 110
Krankenversicherungsgesetz 109
Krankheitserreger 125
– meldepflichtige Nachweise 128
Krankheitsverdacht 125
Krankheit, übertragbare 125
Küchenhygiene 156
Kündigung 65
Kündigungsschutzgesetz 66

L
Lebensmittel- und Bedarfsgegenständegesetz 154
Leichenschau 49

M
Medizingeräteverordnung 100
Medizinprodukt, Patienteninformation 103
Medizinprodukte-Betreiberverordnung 101
Medizinproduktebuch 102
Medizinproduktegesetz 98
Meldepflicht 57
Meldewesen 127
Menschenrechte 5
Mindestlohn 70
Mutterschutzgesetz 81

N
Nachweisgesetz 61
Nottestament 32

O
Obduktion 54
Organspende 150

P
Patientenverfügung 20
Personenstandsgesetz 57, 148

Pflegebedürftigkeitsbegriff 109
Pflegedokumentation 57
Pflegestufe 105
Pflegeversicherungsgesetz 104
Pflichtverletzung 63

Q
Qualitätssicherung 159

R
Rechte, grundrechtsgleiche 5
Rentenversicherung, gesetzliche 113
Rollstuhltisch 17
Röntgenverordnung 142

S
Sachschaden 63
Schutzimpfung 126, 131
Schweigepflicht 55
Sentinel-Erhebung 130
Serum 86
SGB XII 120, 122
Sicherung, soziale 103

Sorgfaltspflicht 44
Sozialfürsorge 104
Sozialgesetzbuch 158
Sozialhilfe 123
Sozialversicherung 104
– gesetzliche 103
Sterbehilfe 46
Strahlenexposition 145
Strahlenschutz 142
Strahlenschutzbereiche 142
Strahlenschutzverordnung 146
Streik 72
Substitutionsmittel 94

T
Tarifvertrag 70
Tätigkeit, ärztliche 39
Testierfähigkeit 32
Testierverbot 29
Tod, Feststellung 49
Todesanzeige 149
Transplantationsgesetz 149
Tür, verschlossene 17

U
Unfallverhütungsvorschriften 137
Unfallversicherung 110
Urlaub 79

V
ver.di 71
Verfassung 4
Verfassungsbeschwerde 5
Versicherungsträger, Unfallversicherung 111
Vorsatz 45

W
Waisenrente 116
Werdenfelser Weg 19
Werkvertrag 61
Witwenrente 115

Z
Zeugnissprache 67
Zeugnisverweigerungsrecht 57